珞珈管理评论
Luojia Management Review

2010 年卷　第 1 辑（总第 6 辑）

武汉大学经济与管理学院主办

武 汉 大 学 出 版 社

图书在版编目(CIP)数据

珞珈管理评论.2010年卷.第1辑(总第6辑)/武汉大学经济与管理学院主办.
—武汉:武汉大学出版社,2010.5
ISBN 978-7-307-07753-9

Ⅰ.珞… Ⅱ.武… Ⅲ.企业管理—文集 Ⅳ.F270-53

中国版本图书馆 CIP 数据核字(2010)第 082372 号

责任编辑:柴 艺   责任校对:王 建   版式设计:詹锦玲

出版发行:**武汉大学出版社**   (430072 武昌 珞珈山)
        (电子邮件:cbs22@whu.edu.cn 网址:www.wdp.com.cn)
印刷:军事经济学院印刷厂
开本:889×1194 1/16 印张:12.25 字数:350 千字
版次:2010 年 5 月第 1 版   2010 年 5 月第 1 次印刷
ISBN 978-7-307-07753-9/F·1367   定价:30.00 元

《珞珈管理评论》
顾问及编委名单

目　　录

七 管理理论

八 技术经济与管理

CONTENTS

中资银行海外机构组织
形式影响因素研究[*]

● 陈继勇[1]　罗　岚[2]　刘学元[3]

（1，2，3 武汉大学经济与管理学院　武汉　430072）

【摘　要】随着银行业在全球跨国活动和对外直接投资中所占份额的快速增长，金融服务市场已变得越来越趋向全球化。而对于积极参与全球金融市场竞争的中资银行来说，海外机构组织形式的选择有着极为重要的意义。本文以中资银行的跨国经营为背景，运用母国宏观经济层面和东道国的数据，对影响中资银行海外组织形式的因素进行了实证分析。研究结果表明，虽然海外分行形式比较适合目前中资银行国际化战略初级阶段的需要，但是由于这次国际金融危机给全球银行业带来的深远影响，以及未来各国对外资银行监管的"子行化"趋势，中资银行海外机构的主要形式必然会由分行向子银行转变。

【关键词】中资银行　组织形式　分行　子银行

一、引　言

在全球经济一体化的竞争格局中，跨国公司为了达到它们提升全球竞争力的目的，不断寻求能够提供一系列综合性金融服务的金融机构，从而使得金融服务市场变得越来越趋向全球化。随着中国银行业的正式对外开放，中资银行的国际化进程也在稳步推进。以四大国有股份制商业银行为主体的中资银行在大量引进外资银行的产品、服务、资本和技术等要素实现国内银行业市场国际化的同时，在中央"走出去"战略方针的指导下，纷纷加快其在海外设置分支机构的步伐，充分利用国际金融市场的资金和客户资源，不断发展和壮大自身的力量。2006 年 12 月 11 日起实施的《中国外资银行管理条例》中规定外资银行若要在中国开展全面性的人民币业务，必须在中国境内注册独立的法人机构，即采取子银行的形式。而外国银行的分行则只能吸收中国居民个人 100 万元以上的定期存款，且不能开展银行卡业务，业务范围受到限制。条例正式出台后，在国内外的一些金融机构和业内人士中引起热议，再次引发了人们对跨国银行海外机构组织形式问题的关注。

对于在全球开放的金融市场中竞争的跨国银行来说，海外机构组织形式的选择有着极为重要的意义，因为组织的结构形式将会在很大程度上影响到组织的业绩（Ghoshal & Nohria，1993）。一般而言，银行跨国经营的组织形式有代表处、代理行、分行、子银行、联属行、合资银行等几种类型，它们各自具有不同

* 本文获得国家自然科学基金项目"知识溢出对我国外国直接投资地区非均衡增长的影响途径与数量测算"（编号：70773082）、国家社会科学基金重点项目"经济全球化背景下中国互利共赢对外经济开放战略研究"（编号：07AJL016）的资助。

的功能和优缺点。尤其是作为跨国银行海外机构最主要形式的海外分行和子银行，这两者在设立成本、业务范围和监管责任等方面有较大差异，决定了两者不同的适用范围。中资银行要向海外扩张，首先就要选择适合的海外机构组织形式。因此，本文以中资银行的跨国经营为背景，重点研究影响中资银行海外机构组织形式选择的各种因素，进而为中资银行未来的海外机构组织形式的选择提出可行的政策建议。

二、文献综述

近年来，全球跨国银行对外直接投资的快速发展引起了越来越多的国内外学者的关注。国外学者在跨国银行方面的研究较为成熟，但对于其海外机构组织形式方面的研究相对较少。不同时期的学者主要从跨国银行的细分市场和业务类型、不同组织形式的优缺点以及跨国银行母行和东道国环境几个方面研究了影响跨国银行海外机构组织形式选择的因素。

（一）跨国银行细分市场和业务类型

Grubel（1977）把跨国银行市场分为批发、服务和零售（wholesale，service and retail）三种。如果银行进入海外市场从事外汇交易和离岸货币等批发业务，采取分行或子银行的机构形式，就可以有效地控制、规避和化解外汇风险；如果银行进入海外市场从事商业贷款、国际结算等服务业务，一般是追随本国客户到海外市场的，采取设立分行或子银行的机构形式，从而可以内部化银企合作关系；如果银行进入海外市场从事向当地居民提供存款、贷款和结算等零售业务，一般应该采取与当地银行成立合资银行的机构形式，利用当地银行已有的网络和客户群，结合自己的竞争优势，在当地银行市场上迅速提高市场份额[①]。

Heinkel 和 Levi（1992）指出那些积极寻求服务本国的海外客户并在大的金融中心经营批发业务的银行更倾向于在海外建立母行的分行；而有意在国外市场从事一般的零售业务和商业银行业务的银行，一般乐意采用子银行的形式，因为子银行和当地银行享有同等待遇，比较容易进入当地市场，可以经营零售和私人银行业务[②]。

（二）不同组织形式的优缺点和适用范围

Goldberg 和 Saunders（1981b）分析指出在外资银行进入美国市场的时候，每个银行都选择了不同的组织形式，这主要是因为不同的组织形式有各自不同的优缺点。作者通过实证研究检验了各种影响外资银行组织形式（代理行、分行、子银行）选择的因素，包括当前回报、成本、预期将来收益等。而各因素对代理行的影响与对分行和子银行的影响是不同的：代理行更受国际业务、当前或短期利润的影响；同时 IBA（International Banking Act）对代理行和分行的增长有抑制作用，而法人银行的增长则不受其影响[③]。

（三）跨国银行母行和东道国环境因素

Parkhe 和 Miller（1998）研究了1984—1995年美国银行在21个东道国组织形式的选择，通过实证检验了东道国银行业发展程度和管制程度及银行所有权优势对美国银行海外机构组织形式选择的影响。他们

① Grubel, H. G.. A theory of international banking. Banca Nazionale del Lavoro Quarterly Review, 1977, 123: 349-364.
② Heinkel, R. L., and Levi, M. D.. The structure of international banking. Journal of International Money and Finance, 1992, 11: 251-272.
③ Goldberg, L. G., and Saunders, A.. The growth of organizational forms of foreign banks in the United States. Journal of Money, Credit and Banking, 1981b, 1: 365-374.

把东道国的环境分为银行体系发展水平、金融体系发展水平和银行业管制程度三个要素；银行的所有权优势主要包括：银行的规模、国际化程度、产品的多样性和特许权价值。其研究结果表明：小规模和低全球化的银行对子银行的偏好是与银行业和金融业发达程度成负相关的；大规模和高全球化的银行对子银行的偏好是与银行业和金融业发达程度成正相关的，而与银行业管制程度成反比。在美国跨国银行中，规模大、全球化程度高、产品多样化程度高、特许权价值高的银行往往倾向于设立子银行①。

Cerutti et al.（2007）运用了在拉丁美洲和东欧各国运作的前100名银行的原始数据，应用实证模型检测了影响跨国银行组织形式选择的因素。有关母行方面的因素有：银行的规模大小、业务倾向、国际分支机构的情况、在他国的扩张战略。有关东道国方面的因素有：对外资银行的法律限制、进入限制和公司税。其研究结果发现：在高税率和对外资银行进入和设立分行实行低管制的国家，外资银行往往倾向设立分行；希望通过拓展零售业务在东道国市场进行渗透的外资银行往往偏好设立法人机构。除此之外，由于母行对分行和子银行的法律责任存在差异，所以经济和政治风险对跨国银行选择组织形式具有相反的作用，在经济风险高的东道国，跨国银行往往愿意选择设立子银行；而在政治风险高的东道国，跨国银行却更愿意选择设立分行②。相关文献的主要内容简要归纳为如下（见表1）。

表1　　　　　　　　　研究跨国银行海外机构组织形式影响因素的主要代表文献

作　者	研究的组织形式	主要影响因素
Grubel（1977）	分行、子银行、合资银行	跨国银行的细分市场（批发、服务和零售）
Heinkel 和 Levi（1992）	分行、子银行	跨国银行所从事的业务类型（批发、零售）
Goldberg 和 Saunders（1981）	代理行、分行、子银行	当前回报、成本、预期将来收益等
Parkhe 和 Miller（1998）	分行、子银行	东道国银行业发展程度、管制程度及银行所有权优势
Cerutti et al.（2007）	分行、子银行	银行的规模大小、业务倾向、国际分支机构的情况、东道国对外资银行操作的法律限制、进入限制、公司税、政治风险、经济风险

总体上讲，目前国内学者对跨国银行海外机构组织形式方面的研究主要建立在对国外相关文献介绍的基础之上，对影响中资银行海外机构组织形式选择的因素缺乏实证数据的检验。

三、研究假设与理论模型

（一）母国宏观经济层面的影响因素

Goldberg 和 Johnson（1990）研究发现，美国银行业跨国经营的规模与美国和该国的贸易额成正相关。Yamori（1998）分析日本银行跨国经营的动因后发现，日本银行业跨国经营规模与其海外投资规模成正相关。Wezel（2005）的实证研究也发现，德国银行业进入新兴市场国家的规模与其和这些国家的双边贸易额成正相关。为了检验中资银行在海外设立机构的规模及形式是否与母国的海外直接投资和贸易进出口总额有关，即验证银行跨国经营的"跟随客户"假说，本文提出以下假设：

① Stewart R. Miller, and Arvind Parkhe. Patterns in the expansion of U. S. banks' foreign operations. Journal of International Business Studies, 1998, 29,（2）: 359-389.

② Cerutti et al.. How banks go abroad: Branches or subsidiaries?. Journal of Banking and Finance, 2007, 31: 1 669-1 692.

3

H1a：中国对外直接投资总额与中资银行海外分行及子银行的数量成正相关，即中国对外直接投资总额越大，中资银行海外分行及子银行的数量越多。

H1b：中国进出口贸易总额与中资银行海外分行及子银行的数量成正相关，即中国进出口贸易总额越大，中资银行海外分行及子银行的数量越多。

Goldberg 和 Saunders（1981）把国内存贷款利差作为影响银行当前利润的重要变量来证明东道国银行业的基本盈利情况对各组织形式选择的影响。本文用一年期存贷款利差来检验母国国内银行业盈利情况对其海外机构组织形式选择是否存在显著影响。自 1995 年以来中国的一年期存贷款利差总体上是呈增加的趋势（如表 2 所示），而中资银行营业利润的不断增长是其进行海外扩张的实力基础。基于以上分析，本文提出以下假设：

H1c：中国国内一年期存贷款利差与中资银行海外分行及子银行的数量成正相关，即中国国内一年期存贷款利差越大，中资银行海外分行及子银行的数量越多。

表2　　　　　　　　　　　　1995—2008 年金融机构人民币一年期存贷款基准利率

调整时间	定期存款一年期利率（%）	贷款一年期利率（%）	一年期存贷款利差（%）
1995 年 1 月 1 日	10.98	10.98	0
1995 年 7 月 1 日	10.98	12.06	1.08
1996 年 5 月 1 日	9.18	10.98	1.8
1996 年 8 月 23 日	7.47	10.08	2.61
1997 年 10 月 23 日	5.67	8.64	2.97
1998 年 3 月 25 日	5.22	7.92	2.7
1998 年 7 月 1 日	4.77	6.93	2.16
1998 年 12 月 7 日	3.78	6.39	2.61
1999 年 6 月 10 日	2.25	5.85	3.6
2000 年	2.25	5.85	3.6
2001 年	2.25	5.85	3.6
2002 年 2 月 21 日	1.98	5.31	3.33
2003 年	1.98	5.31	3.33
2004 年 10 月 29 日	2.25	5.58	3.33
2005 年	2.25	5.58	3.33
2006 年 4 月 28 日	2.25	5.85	3.6
2006 年 8 月 19 日	2.52	6.12	3.6
2007 年 3 月 18 日	2.79	6.39	3.6
2007 年 5 月 19 日	3.06	6.57	3.51
2007 年 7 月 21 日	3.33	6.84	3.51
2007 年 8 月 22 日	3.6	7.02	3.42
2007 年 9 月 15 日	3.87	7.29	3.42
2007 年 12 月 21 日	4.14	7.47	3.33
2008 年 9 月 16 日	4.14	7.2	3.06

调整时间	定期存款一年期利率（%）	贷款一年期利率（%）	一年期存贷款利差（%）
2008 年 10 月 9 日	3.87	6.93	3.06
2008 年 10 月 30 日	3.6	6.66	3.06
2008 年 11 月 27 日	2.52	5.58	3.06
2008 年 12 月 23 日	2.25	5.31	3.06

资料来源：中国人民银行网站。

为了检验中国银行业对外开放政策是否会影响中资银行海外机构组织形式的选择，本文引入两个政策虚拟变量：为了检验中国加入 WTO 后是否会影响中资银行对海外机构组织形式的选择，引入虚拟变量 D_1；为了检验五年过渡期满后，中国银行业正式对外开放是否会影响中资银行对海外机构组织形式的选择，引入虚拟变量 D_2。

基于以上分析，本文提出假设：

H1d：中国银行业的对外开放政策会对中资银行海外机构组织形式的选择产生显著影响。

2008 年国际金融危机席卷了全球金融业，对以发达国家为主的银行业予以重创，2008 年也是中国银行业正式对外开放的第二年。在这次金融危机中，中国对资本市场的管制以及中资银行对金融衍生产品的审慎态度，使得中资银行能够在危机中独善其身，在国际上赢得了较好的口碑。2008 年以四大国有银行为首的各项业内主要指标如资产规模、利润率等在全球银行业排名中提升迅速，这些无疑都会给中资银行的海外扩张带来良好的发展契机。为了检验这次金融危机是否会对中资银行海外机构组织形式的选择产生影响，引入虚拟变量 D_3。

基于以上分析，本文提出假设：

H1e：2008 年国际金融危机会对中资银行海外机构组织形式的选择产生显著影响。

（二）东道国的影响因素

从相关文献综述可以发现，东道国方面的因素对跨国银行海外机构组织形式的选择同样会产生重要的影响。本文借鉴前人的研究结果并结合中资银行跨国经营的现状，主要选择以下几个影响因素来进行分析：

（1）东道国（地区）人均 GDP：用来反映东道国市场的规模和经济发达程度。

（2）母国对东道国（地区）的直接投资存量。

（3）母国和东道国（地区）的双边贸易总额：母国对东道国（地区）的直接投资存量、母国和东道国（地区）的双边贸易总额属于银行在对外扩张过程中的内部化优势，而且这两个因素是国内外学者研究跨国银行对外扩展战略中所普遍采用并被实证检验的因素。

（4）东道国（地区）对外资银行的监管程度：反映东道国对外资银行机构进入的组织形式以及业务范围限制。监管程度在跨国银行对子银行与分行组织形式的选择中是一个重要的影响因素。跨国银行的监管涉及两个监管机构。一个监管机构称为母国监管机构，另一个监管机构称为东道国监管机构。不同的组织形式决定了各国监管机构间的责任划分。对于分行来说，主要的监管机构是母国监管者，而子银行的主要监管机构是东道国监管者。Parkhe 和 Miller（1998）按东道国是否允许银行直接从事证券等综合性业务为标准，将监管程度分为较低的（允许银行直接从事证券等综合性业务）和适度的（允许证券等综合性业务的开展，但全部或部分业务只能通过其下属子公司开展）两个等级。本文引用其划分标准，将监管程度作为一个虚变量引入。

（5）母国和东道国（地区）之间的地理距离：地理距离为各个国家首都和中国首都北京的距离。地理位置的远近代表着开设分行或子银行的成本大小，也是跨国银行海外扩张的区位优势所在。

综合以上东道国的影响因素，本文提出以下假设：

H2a：东道国（地区）人均 GDP、中国对东道国（地区）直接投资存量以及中国和东道国（地区）的双边贸易总额与中资银行在东道国（地区）海外分行和子银行的数量成正相关，即东道国（地区）人均 GDP、中国对东道国（地区）直接投资存量以及中国和东道国（地区）的双边贸易总额越大，中资银行在东道国（地区）海外分行和子银行的数量越多。

H2b：东道国的监管程度以及中国和东道国之间的地理距离与中资银行在东道国（地区）海外分行的数量成负相关，即东道国对外资银行的监管程度越松，中国和东道国之间的地理距离越近，中资银行在东道国（地区）海外分行的数量越多。

H2c：东道国的监管程度与中资银行在东道国（地区）海外子银行的数量成正相关，即东道国对外资银行的监管程度越严，中资银行在东道国（地区）海外子银行的数量越多。

（三）理论模型

综合上述母国宏观经济层面和东道国的影响因素，本文尝试构建一个研究中资银行海外机构组织形式影响因素的理论模型，见图 1：

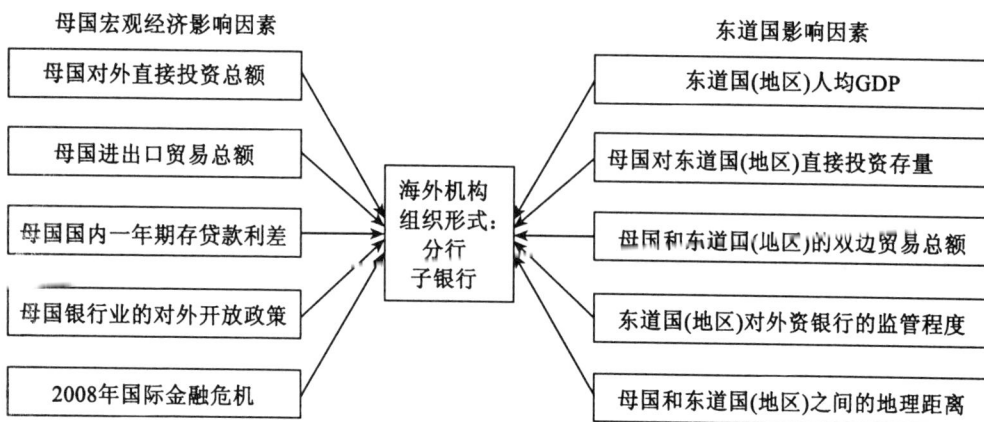

图 1　中资银行海外机构组织形式影响因素研究的理论模型

四、实证结果分析

（一）行业背景

在所有中资银行中，中国银行是最早也是目前在海外开设分支机构最多的银行。1929 年中国银行开始在海外设立分行，抗日战争前已有伦敦、大阪、新加坡、纽约 4 家海外机构。改革开放后，中国银行的海外机构进一步发展、壮大。1979 年 6 月 3 日中国银行卢森堡分行开业。这是中华人民共和国成立后中国银行设立的第一个海外分行。此后，纽约、悉尼、巴黎、东京等分行相继开业。1997 年赞比亚中国银行（子银行）、布达佩斯代表处开业，1998年巴西圣保罗代表处开业，2000年南非约翰内斯堡分行、马来西亚中国银行（子银行）开业，填补了中国金融机构在非洲、东欧和南美洲的空白。至2007年底，中国银行的海外机构进一步发展到689家，分布在全球28个国家与地区，资产总额合人民币13955亿元，占中国银行资产总额的23%，实现利润合人民币262亿元，占中国银行当年利润的42%。

与中国银行相比，国内其他商业银行受早期的专业分工和资本规模等的限制，海外经营起步较晚。但随着金融体制改革的深化，各银行普遍经营外汇业务、发展海外业务，相继设立了海外分支机构。截至2008年末，工商银行已在境外15个国家和地区设有21家营业性机构，分支机构134家，与122个国家和地区的1358家境外银行建立了代理行关系，境外网络已具一定规模。建设银行在香港、新加坡、法兰克福、约翰内斯堡、东京、首尔设有分行，在香港设有两家全资子公司——中国建设银行（亚洲）股份有限公司和建银国际（控股）有限公司，并在伦敦、纽约及悉尼设有代表处。农业银行在香港、新加坡设有分行，在纽约、伦敦和东京设有代表处。交通银行除香港分行外，在其他海外地区设有纽约、东京、新加坡、首尔、法兰克福、澳门分行和伦敦代表处。招商银行在香港拥有永隆银行和招银国际金融有限公司两家全资子公司和香港分行，在美国设有纽约分行和代表处。2008年10月，招商银行纽约分行正式开业，这是美国1991年实施《加强外国银行监管法》以来批准设立的第一家中资银行分行。

据银监会统计，截至2008年底，5家大型商业银行共有78家一级境外营业性机构；共收购（或参股）5家境外机构，涉及收购金额约合71.3亿美元。这些境外机构分布在亚洲、欧洲、美洲、非洲和大洋洲，业务范围涵盖商业银行、投资银行、保险等多种金融服务领域①。截至2008年底，各银行海外机构的主要类型、数量以及主要东道国（地区）的分布情况分别见表3和表4。

表3　　　　　　　　　　　　2008年中资银行海外机构数量及组织类型

	海外机构总数（包括支行）	海外机构类型			
		分行	全资子银行	境外控股公司	代表处
中国银行	806	44	13	16	2
工商银行	155	10	6	4	
建设银行	11	6	2		3
农业银行	5	2			3
交通银行	10	7		2	1
招商银行	5	2	1	1	1
民生银行	1				1
浦发银行	1				1
光大银行	1				1
广发银行	2	1			1

资料来源：各银行网站和各银行2008年年报。

---

① 中国银监会．中国银行业监督管理委员会2008年报．2009-06-01. http：//www.cbrc.gov.cn/chinese/home/jsp/index. jsp.

表4   **2008 年中资银行海外机构主要国家（地区）分布情况①**

洲 别	东道国（地区）	分行数量	子银行数量	代表处数量	合 计
亚洲	中国香港	6	5	4	15
	印度尼西亚	2	1		3
	日本	6		1	7
	中国澳门	4			4
	新加坡	5	1		6
	韩国	8			8
	泰国	1			1
	越南	1			1
	菲律宾	1			1
	哈萨克斯坦	1	2		3
	阿联酋		1		1
	马来西亚		1		1
非洲	南非	2			2
	赞比亚		1		1
欧洲	英国	5	3	3	11
	德国	5			5
	法国	2			2
	俄罗斯		2		2
	卢森堡	3	2		5
	意大利	1			1
	匈牙利		1		1
	瑞士		1		1
拉丁美洲	开曼群岛	1			1
美洲	加拿大	4	1		5
	美国	6		3	9
	巴西		1	1	2
	巴拿马	1			1
大洋洲	澳大利亚	7	1	1	9
	合计	72	24	13	109

资料来源：各银行网站和各银行 2008 年年报。

---

① 本表主要反映中资银行海外一级经营性机构的国家（地区）的分布情况，故合计数没有包括支行及境外控股公司的数量。

（二）实证模型及结果分析

本文中有关母国和东道国宏观经济层面数据主要来源于历年《中国统计年鉴》、《中国经济年鉴》以及国研网世界经济数据库，中资银行的相关数据主要来源于各银行网站以及银行各年年报。

1. 母国宏观经济影响因素模型及结果分析

本文选取中资银行中已在海外设有机构的十家银行作为样本：工商银行、农业银行、中国银行、建设银行、交通银行、招商银行、广发银行、光大银行、民生银行和浦发银行。从母国宏观经济数据中主要选择进出口贸易总额（TIE）、对外直接投资总额（TODI）、国内银行业市场一年期存贷款利差（II）以及三个政策虚拟变量 D_1（设 2002—2008 年的值为 1，其他年份值为 0）、D_2（设 2007—2008 年的值为 1，其他年份值为 0）和 D_3（设 2008 年的值为 1，其他年份值为 0）作为自变量，选择中资银行海外分行总数（TBN）和子银行总数（TSN）分别作为因变量，运用 1995—2008 年的时间序列数据，建立多元回归模型：

模型 A：$TBN_t = \beta_0 + \beta_1 TIE_t + \beta_2 TODI_t + \beta_3 II_t + \beta_4 D_{1t} + \beta_5 D_{2t} + \beta_6 D_{3t} + \mu_t$

模型 B：$TSN_t = \beta_0 + \beta_1 TIE_t + \beta_2 TODI_t + \beta_3 II_t + \beta_4 D_{1t} + \beta_5 D_{2t} + \beta_6 D_{3t} + \mu_t$

模型中因变量 TBN_t、TSN_t 分别代表 1995—2008 年各年中资银行在海外设立的分行总数和子银行总数。β_0 为常数项，μ_t 为误差项。

为了避免多元回归中的多重共线问题，在做回归分析之前，首先通过各变量之间的相关系数矩阵观察自变量有无高度相关。经观察发现，自变量 TODI 和 TIE 高度相关。故在模型 A、B 中，仅保留和因变量有更高相关性的自变量 TODI。

本文运用 EViews5.0 软件得出模型 A、B 的回归结果如表 5、表 6 所示。

表 5

模型 A			
自变量	回归系数	t-Statistic	Prob.
TODI	0.046637	4.1019	0.0034
II	3.947585	5.2135	0.0008
D_1	6.644794	4.8558	0.0013
D_2	3.990134	1.5964	0.1490
D_3	12.29566	3.7214	0.0059
C	18.05522	8.2753	0.0000
统计量			
R-squared	0.987744		
Adjusted R-squared	0.980083		
F-statistic	128.9436		
Prob（F-statistic）	0.000000		

从模型 A 的各个统计量来看，R-squared 统计值很接近 1，F 统计值大于临界值，说明模型方程拟合程度很好，回归方程总体是显著线性的。自变量 TODI、II、D_1 和 D_3 均在 5% 的显著性水平下和海外分行总

数成正相关，而自变量 D_2 的影响不显著。

表6

		模型 B	
自变量	回归系数	t-Statistic	Prob.
TODI	0.044880	5. 2275	0. 0008
II	1. 400959	2. 4502	0. 0399
D_1	2. 179703	2. 1093	0. 0679
D_2	0. 724783	0. 3840	0. 7110
D_3	5. 506924	2. 2072	0. 0583
C	2. 094076	1. 2710	0. 2394
统计量			
R-squared	0.965249		
Adjusted R-squared	0.943530		
F-statistic	44. 44240		
Prob（F-statistic）	0. 000013		

从模型 B 的各个统计量来看，R-squared 统计值很接近 1，F 统计值大于临界值，说明模型方程拟合程度很好，回归方程总体是显著线性的。自变量 TODI 和 II 在 5% 的显著性水平下、D_1 和 D_3 在 10% 的显著性水平下与海外子银行总数成正相关，而自变量 D_2 的影响不显著。

从所选样本银行历年的海外机构设立情况可以看出，除了中国银行在 20 世纪较早地进行了海外机构的布局外，国内其他商业银行的海外经营起步较晚。海外分行作为目前中资银行海外机构最主要的组织形式，主要是服务于两国之间的贸易往来，为在海外投资的中国企业提供批发和结算、清算业务，以此保持原有的银行与客户之间的长期业务关系。以上实证分析验证了在中国银行业的跨国经营中，同样存在"追随客户"现象，即假设 H1a 成立。

银行的海外扩张战略必须依托于其母行雄厚的资本实力和良好的国际声誉。而雄厚的资本主要来源于国内较高的经营利润，这对海外分行的设立尤为重要，因为海外分行可以充分利用母行的融资支持，获得范围经济与规模经济的好处。从所选样本历年的财务报表可以看出，近年来中资银行的税后利润逐年呈两位数的百分比增长，其中又以四大国有股份制商业银行的利润增长额为首。这与在所有中资银行的海外机构中，四大银行的海外机构数量占绝大比重有着直接的关系。回归结果中 II 与 TBN、TSN 均成显著正相关，且 II 对 TBN 的影响大于对 TSN 的影响，故假设 H1c 成立。

2001 年中国加入 WTO，对外开放的进程逐步加快，进而对中资银行的海外发展战略带来较为显著的影响。其主要表现为四大国有银行加大新设海外分支机构的力度，陆续将原有的代表处升级为分行，并尝试建立子银行。由此可见中国银行业的对外开放政策会对中资银行海外机构组织形式的选择产生显著影响，其对海外分行数量的影响大于对海外子银行数量的影响，假设 H1d 成立。

如前所述，2008 年金融危机给中资银行的海外扩张带来了良好的发展契机，同时也使得各个国家对外资银行的监管日趋严格，逐步朝着"子行化"的趋势发展。中资银行要想对东道国市场进行更深入的渗透，和当地银行开展更有力的竞争，就必须采取子银行的形式为当地客户提供金融零售服务。由此可见，2008 年国际金融危机对中资银行海外机构组织形式的选择带来较为深远的影响，其影响主要体现在海外分行向子银行形式的转变，故假设 H1e 成立。

2. 东道国影响因素模型及结果分析

根据目前中资银行海外机构主要分布的国家（地区）情况，本文从中选择 17 个国家（地区）作为样本，选取东道国（地区）人均 GDP（PCGDP）、母国对东道国（地区）直接投资存量（HODI）、母国和东道国（地区）的双边贸易总额（HIE）、东道国（地区）的监管程度（REG，分别用 0 和 1 表示监管程度较低和监管适度）以及母国和东道国（地区）之间的地理距离（DIS）作为自变量，分别选取中资银行在这些国家（地区）设立的海外分行数量（HBN）和子银行数量（HSN）作为因变量，运用 2008 年度的截面数据，建立多元回归模型：

模型 C：$HBN_i = \beta_0 + \beta_1 PCGDP_i + \beta_2 HODI_i + \beta_3 HIE_i + \beta_4 REG_i + \beta_5 DIS_i + \mu_i$

模型 D：$HSN_i = \beta_0 + \beta_1 PCGDP_i + \beta_2 HODI_i + \beta_3 HIE_i + \beta_4 REG_i + \beta_5 DIS_i + \mu_i$

模型中因变量 HBN_i、HSN_i 分别代表中资银行在 17 个东道国（地区）设立的分行数量和子银行数量。β_0 为常数项，μ_i 为误差项。

首先通过各变量之间的相关系数矩阵观察到各自变量之间无高度相关，故将所有自变量纳入，模型 C 的回归结果如表 7 所示。

表 7

		模型 C	
自变量	回归系数	t-Statistic	Prob.
PCGDP	7.25E-05	2.8509	0.0158
HODI	0.001742	0.8604	0.4079
HIE	0.000850	1.6793	0.1212
REG	1.216601	0.9506	0.3622
DIS	−4.63E-05	−0.3672	0.7204
C	0.304949	0.1740	0.8650
统计量			
R-squared		0.661400	
Adjusted R-squared		0.507491	
F-statistic		4.297349	
Prob（F-statistic）		0.020586	

从模型 C 的各个统计量来看，R-squared 统计值为 0.66，F 统计值大于临界值，说明模型方程拟合程度较好，回归方程总体呈线性。但只有自变量 PCGDP 在 5% 的显著性水平下和因变量成正相关，其他自变量的影响均不显著。

总体来看，目前中资银行的国际化进程还处在起步阶段。所选样本银行中，除了中国银行在全球各洲均有海外机构设置、布局较为完整以外，其余中资银行的海外机构布局基本上是本着"以亚太为主体，以欧美为两翼"的方针。从表 4 可以发现，目前中资银行的海外机构主要集中在几个全球重要的国际金融中心，比如：中国香港、印度尼西亚、日本、新加坡、卢森堡、瑞士、英国、美国、开曼群岛等。这种区位的选择对国际化进程尚处在初级阶段的中资银行来说无疑是正确的。由此可以说明在模型中地理距离（DIS）虽然和因变量成负相关，但影响并不显著，不能通过检验，所以在修正模型时首先剔除自变量 DIS。

在模型 D 中，剔除自变量 DIS 的回归结果如表 8 所示。

表 8

		模型 D（修正）	
自变量	回归系数	t-Statistic	Prob.
PCGDP	2.32E-05	1.886159	0.0837
HODI	0.005098	5.494788	0.0001
HIE	−0.000414	−1.698454	0.1152
REG	1.209975	2.121748	0.0554
C	−0.830882	−1.333719	0.2071
统计量			
R-squared		0.730566	
Adjusted R-squared		0.640755	
F-statistic		8.134450	
Prob（F-statistic）		0.002060	

从模型 D 的各个统计量来看，R-squared 统计值为 0.73，F 统计值大于临界值，说明模型方程拟合程度较好，回归方程总体呈线性。自变量 HODI 在 5% 的显著性水平下、PCGDP 和 REG 在 10% 的显著性水平下与因变量成正相关。自变量 HIE 的影响不显著。

如前所述，对于分行来说，主要的监管机构是母国监管者，而子银行的主要监管机构是东道国监管者。由此可以解释在模型 C 中自变量东道国（地区）的监管程度对东道国（地区）分行数量的影响并不显著，而在模型 D 中和东道国（地区）子银行数量成显著正相关。故上述假设 H2b 不成立，假设 H2c 成立。

将模型 C 中未能通过检验的自变量剔除后，得到如下回归结果，见表 9。

表 9

		模型 C（修正）	
自变量	回归系数	t-Statistic	Prob.
PCGDP	6.40E-05	2.7264	0.0164
HIE	0.001072	2.3896	0.0315
C	1.150150	1.6014	0.1316
统计量			
R-squared		0.607064	
Adjusted R-squared		0.550930	
F-statistic		10.81461	
Prob（F-statistic）		0.001446	

从修正后的模型 C 和模型 D 可以看出，自变量东道国（地区）的 PCGDP 与东道国（地区）分行数量（HBN）和子银行数量（HSN）均成显著正相关。而自变量母国对东道国（地区）的双边贸易总额（HIE）、母国对东道国（地区）的直接投资存量（HODI）分别和东道国（地区）分行数量（HBN）、子银行数量（HSN）成显著正相关。由此验证了银行的海外机构更倾向于设立在经济发展程度较高、国民收入较高的国家或地区，以便寻找更多的发展机会，并再次验证了银行在对外扩张过程中的内部化优势理论，以及对不同组织形式的影响差异，故上述假设 H2a 成立。

五、总结和建议

上述实证分析表明，目前在中资银行的海外经营性机构中，海外分行数量所占比重较大，而海外子银行数量所占比重相对较小。总结上述被验证的各假设，本文可以得出影响中资银行海外机构组织形式选择的主要因素：

一是在中国银行业的跨国经营中，同样存在"追随客户"现象，中资银行的国际化正处在起步阶段，选择海外分行作为最主要的组织形式，目的是更好地为在海外投资的中国企业提供批发、结算和清算服务。

二是中资银行国内营业利润的持续增长，成为其海外分行所依托的雄厚资本来源。

三是中国银行业的对外开放政策使得中资银行加大其海外机构布局的力度，主要体现为增设新分行与原代表处升级为分行。

四是中资银行业的海外机构主要设在港澳地区、日本、新加坡、韩国及欧美部分国家，由于这些东道国和地区的金融环境优于国内，采用分行形式意味着以海外分行资产抵补本国损失的可能性更大，因而在一般意义上选择分行形式对国内银行业是有利的。

虽然从目前来看，海外分行形式的选择符合中资银行国际化战略阶段性的需要，但从长远来看，这种组织形式的选择将会极大地限制中资银行海外业务的范围以及自身的竞争实力。由于中国目前仍实行较为严格的分业经营，海外分行没有独立法人地位，其经营范围受母行经营范围所限，这就意味着在众多已实行混业经营的国家，中资银行的海外分行只能以传统的商业银行业务与实行混业经营的外国银行竞争。而不同于分行形式的子银行则可以其独立的法人主体地位和受东道国法律约束的优势，使其经营范围更为广泛，业务开展更为灵活。尤其是在经历了 2008 年国际金融危机后，由于中资银行受这次危机的影响较小，而金融危机导致银行客户从追求更高收益变为更关心资产安全性，从而为中资银行的海外机构带来了良好的发展契机。中资银行要想抓住机遇，对东道国（地区）的市场进行更深入的渗透，就必须以子银行的形式开展零售业务，努力争取当地客户，不断提升自己的竞争实力。加之随着今后各国对外资银行的监管越来越趋于"子行化"，而受东道国监管约束较少的分行形式将越来越难于申请，所以中资银行未来海外机构的组织形式应该由分行向子银行形式转变。中资银行应对这种海外机构"子行化"趋势的当务之急，就是要解决目前子银行设立的资本金障碍。解决途径一方面是增加子银行的资本金，另一方面是实现子银行当地资金来源的多元化，其最根本的问题还是要大力发展当地市场的零售业务。

本文主要运用母国宏观经济层面数据和东道国相关数据研究了影响中资银行海外分行和子银行两种形式的主要因素。和发达国家的跨国银行相比，中国银行业的国际化进程尚处在初级阶段，所以本研究具有一定的前瞻性，但同时也缺乏更多的数据和实践支撑，从而存在一定的局限性：一是可选样本的容量不够大；二是所选择的影响因素不够全面，比如缺少母行相关数据的分析；三是只选择了最具代表性的分行和子银行形式，没有对银行海外机构的其他形式做出分析。以上不足有待于在今后的研究中进行更进一步的探讨与完善。

参 考 文 献

［1］ 冯嗣全，欧阳令南．银行国际化：组织机构形式的选择．财经科学，2003，5.

［2］ 冯嗣全，欧阳令南．基于地理信息的银行国际化选址问题研究．财经论丛，2004，1.

［3］ 李长春．子行还是分行：银行跨国经营的组织形式选择．金融与经济，2008，8.

［4］ 卢少辉，曾庆斌．银行业海外扩张的机构形式选择．发展研究，2006，1.

［5］ 王向荣．本土化经营——中资银行海外机构的跨国营销．商业经济文荟，2006，4.

［6］ 解正山．外资银行危机监管法律问题探析——以跨国银行分行与子行为视角．南方金融，2008，5.

［7］ 张邯玥，田高良．中国商业银行海外机构经营管理中的存在问题及其对策研究．经济问题探索，2008，5.

［8］ Anderson, E., and Gatignon, H.. Modes of foreign entry: A transaction cost analysis and propositions. Journal of International Business Studies, 1986, 17.

［9］ Berger, A., Buch, C. M., De Long, G., and De Young, R.. Exporting financial institutions management via foreign direct investment mergers and acquisitions. Journal of International Money and Finance, 2004, 23 (4).

［10］ Buch, C. M., and Lipponer, A.. Clustering or competition? The foreign investment behavior of German banks. International Journal of Central Banking, 2006, 2 (June).

［11］ Focarelli, D., and Pozzolo, A. F.. Where do banks expand abroad? An empirical analysis. Journal of Business, 2006, 79 (1).

［12］ Goldberg, L. G., and Johnson, D.. The determinants of U. S. banking activity abroad. Journal of International Money and Finance, 1990, 9.

［13］ Goldberg, L. G., and Saunders, A.. The determinants of foreign banking activity in the United States. Journal of Banking and Finance, 1981, 5.

［14］ Gray, H., and Gray, J.. The multinational bank: A financial MNC? Journal of Banking and Finance, 1981, 5.

［15］ Jan-Egbert Sturm, and Barry Williams. Characteristics determining the efficiency of foreign banks in Australia. Journal of Banking and Finance, 2008, 11 (32).

［16］ Maria Lehner. Entry mode choice of multinational banks. Journal of Banking and Finance, 2009, 10 (33).

［17］ Mutinelli, M., and Piscitello, L.. Foreign direct investment in the banking sector: The case of Italian banks in the 1990s. International Business Review, 2001, 10.

［18］ Moshiran, F.. Financial services: Global perspectives. Journal of Banking and Finance, 2004, 28.

［19］ Neeltje Van Horen. Foreign banking in developing countries: Origin matters. Emerging Markets Review, 2007, 5 (8).

［20］ Robert Lensink, Aljar Meesters, and Ilko Naaborg. Bank efficiency and foreign ownership: Do good institutions matter?. Journal of Banking and Finance, 2008, 5 (32).

［21］ Von Der Ruhr, and Michael Ryan. Following or attracting the customer? Japanese banking FDI in Europe. Atlantic Economic Journal, 2005, 33.

［22］ Wezel, T.. Foreign bank entry into emerging economies: An empirical assessment of determinants and risks predicated on German FDI data. Deutsche Bundesbank Working Paper, 2005.

[23] Williams, B.. Positive theories of multinational banking: Eclectic theory versus internalization theory. Journal of Economic Surveys, 1997, 11.

[24] Yamori, N.. A note on location choice of multinational banks: The case of Japanese financial institutions. Journal of Banking and Finance, 1998, 22.

信息经济环境中的动态比较优势战略研究

● 徐　姗

（杭州电子科技大学国际经济与贸易研究所　杭州　310018）

【摘　要】随着社会信息化和经济全球化的不断深入，一国要素禀赋结构和技术水平的动态化特征日趋显著，传统静态比较优势理论已经不能解释国际贸易格局的变化。本文在对现有比较优势战略思想进行评述的基础上，结合信息经济这个新的经济形态，提出了"动态比较优势战略"，系统阐述了这一贸易战略的思想内涵，并深入分析了信息经济对于一国比较优势动态演化的促进作用。信息经济环境中，发展中国家只有大力加强信息化建设，实施动态比较优势战略，才能优化对外贸易结构，实现对外贸易的健康和谐发展。

【关键词】信息经济　动态比较优势战略　比较优势陷阱　后发优势　贸易结构优化

一、问题的提出

传统的比较优势理论基于静态的框架，从各国间劳动生产率差异或资源禀赋差异的角度，揭示了国际贸易产生的原因及一国在现存资源和供求力量作用下的最优贸易模式。然而，随着全球经济化和信息社会化的不断深入，一国技术水平和要素禀赋结构的动态化特征日趋显著。发展中国家根据传统静态的比较优势理论指导自身的贸易结构不仅没有得到福利的改进，甚至还日益出现贸易条件恶化、贫困增长现象。因此，有必要从动态的角度来研究比较优势理论，并结合现实的经济环境提出相应的动态比较优势战略。

目前国内外关于比较优势战略的研究大多基于发展国家的角度，仅从提升要素结构或促进技术创新某一方面着手进行探讨，而缺乏一个系统、综合的比较优势战略框架。本文在对现有比较优势战略研究进行评述的基础上，进一步提出"动态比较优势战略"，对这一战略的内涵进行探讨，并结合信息经济这个新的经济形态，进一步提出信息化建设对比较优势动态演化的影响和作用。这对完善比较优势战略理论、指导发展中国家如何把握这个新经济形态优化贸易结构、摆脱"比较优势陷阱"具有重要的理论和现实意义。

本文的第二部分对比较优势战略的相关思想的演进进行评述；第三部分在前面研究的基础上进一步提出"动态比较优势战略"的内涵；第四部分结合信息经济这个新的经济形态，分析信息经济对比较优势动态演化的促进作用；最后是全文的总结。

二、比较优势相关战略综述及评析

对于比较优势战略的取向，经济理论界存在不同的观点，分歧的焦点就在于如何对待和运用比较优势理论。本文对现有的比较优势相关战略做一个梳理，并加以评析，为后续提出动态比较优势战略进行铺垫。

（一）林毅夫等人的比较优势战略思想

国内学者林毅夫与其合作者是比较优势战略的倡导者，他们对比较优势战略思想进行了深入的阐述（林毅夫，1998；林毅夫、孙希芳，2003）。该比较优势战略基于 H-O 要素禀赋理论，认为一个国家主要产业的要素密集度应与该国家的要素禀赋一致，重点描述了比较优势战略下一国通过要素结构升级导致产业结构升级的动态过程。

根据要素禀赋理论，落后国家与发达国家之间的根本差别在于要素禀赋结构的差别，即人均资本存量的相对份额以及资本积累率的差别。因此，一个经济系统中产业结构和技术结构总体水平的升级，从根本上说，依赖于该经济中要素结构的变化，所以一个发展中国家经济发展的目标应该定位于尽可能快地提升本国的要素禀赋结构。遵循比较优势战略来发展将使发展中国家加快经济增长，增加稀缺要素积累。由于资本相对稀缺，资金的回报率高，资本积累的速度将远高于劳动力和自然资源增长的速度，这样要素禀赋结构就可以得到较快的提升。这个过程中，资本由相对稀缺变为相对丰富，资本的价格也随之变得更加便宜，企业为了降低成本就必须根据价格信号进行调整。随着要素禀赋结构和比较优势的动态变化，最终一个经济的产业和技术结构也随之自然升级。

根据这一思想，遵循比较优势战略有助于欠发达国家向发达国家收敛。倘若一味实行"赶超战略"，脱离要素禀赋结构来人为地提升产业结构，必然扭曲价格体系，压制市场机制作用，到时无论受扶植的产业还是受压抑的产业都会因为整个经济发展战略违背要素禀赋而获得更少的经济剩余，最终适得其反。

（二）比较优势战略悖论

国内学者高鸿业早在 20 世纪 80 年代就提出像中国这样的发展中国家按照比较优势原则来参与国际分工将永远成为初级产品和劳动密集型产品的出口国（高鸿业，1982）。

胡汉昌和郭熙保（2002）认为，中国运用比较优势战略主要存在三方面问题：

首先，就现实的对外贸易而言，由于不同要素之间具有替代性，资本、新材料以及贸易壁垒都会促使发展中国家的劳动密集型产品不具备竞争优势，中国的比较优势产品尤其是劳动密集型产品的出口收益不可能长期化。

其次，就长期的对外贸易战略而言，比较优势产品特别是劳动密集型产品出口不可能依靠企业根据要素价格的信号变化自发地向资本密集型转变。专业化生产的比较利益在自由贸易的国际分工格局中容易得到强化，以比较优势来参与国际分工，发展中国家在国际贸易中将难以摆脱依附地位。

最后，由于存在大国贸易的局限性和劳动密集型产品无力带动产业结构升级等问题，就整个国民经济而言，比较优势战略同样不能作为整个经济发展的主体战略。

这一批判同样也在现实的经验中得到了验证，多数发展中国家按照静态比较优势参与国际分工，陷入"比较优势陷阱"，即生产并出口初级产品或劳动密集型产品的一方相对于生产技术密集型产品的一方总处于弱势，并且这种差距还将越来越大，以致前者的潜在优势得不到发展，从而落入恶性循环。一般而言，发展中国家的要素禀赋状况决定了其生产初级产品和劳动密集型产品的比较优势，若发展中国家以比较优势理论指导贸易，将导致因外贸而增加的有效需求大部分流到国外。这样的外贸形式难以从根本上带动本国经济的发展，并且落后国家的这样一种比较优势意味着强化了原来的低层次产业结构。

（三）后发优势理论

美国经济史学家格申克龙（A. Gerchenkron）在总结德国和意大利等国家经济追赶成功的经验基础

上，于 1962 年创立了后发优势理论。他认为，工业化前提条件的差异将影响发展的进程，后发国家具有一种得益于落后的"后发优势"（advantage of backwardness），即相对落后程度越高，后增长速度越快。简单来说，后发优势就是后发国家及地区经济发展相对落后和迟缓所形成的有利条件或存在的各种机遇。这一理论是一个单向移动的体系，以技术和知识从发达国家流向不发达国家为前提，认为欠发达国家利用发达国家已有的技术和制度，可以实现工业化跃进，缩小与发达国家的差距。格申克龙进一步指出，欠发达国家的工业化进程并不是发达国家所走过工业化进程的简单复制，而可能实行发达国家所没有的新组织和替代发展手段。因此从内容和速度来看，它们的工业化和发达国家走过的工业化进程相比可能存在相当大的差异。

后发优势的内容包括制度和技术两个方面：制度性后发优势是指后发国家向发达国家的制度学习，即模仿和借鉴各种先进制度并经过本土化改进所产生的效应；而技术性后发优势则表现为后发国家从发达国家引进各种先进技术，经过模仿、消化、吸收和改进带来的利益。东亚新兴工业化国家和地区在进行工业化跃进期间，除了实行以新古典学派的竞争和市场原理为基础的外向型出口主导增长战略外，还具有在经济运行中为培育特定产业而实行的政府主导和接入特征。根据后发优势理论，这些国家和地区在接近发达国家市场来扩大市场和实现规模经济的同时，也学习了国外先进制度和技术，获得外部经济效应。因此，东亚经济的高速发展主要得益于较好地利用了后发优势，促进了产业和技术的快速升级。

（四）对比较优势相关战略思想的评析

关于比较优势战略的争论可以归纳为两个方面：

一方面，动态与静态的矛盾。林毅夫等人提出按照传统的 H-O 理论来指导经济发展和对外贸易，这样可以发挥要素禀赋决定的比较优势，积累要素，逐步调整要素禀赋结构。而对其的批判主要是基于其静态的思想，认为一直以初始比较优势作为指导战略，发展中国家只会永远处于低端水平，不断强化自身的低端产业发展，最终陷入"比较优势陷阱"。

另一方面，要素与技术的矛盾。后发优势的提出同样是基于对林毅夫等人比较优势战略思想的批判，认为发展中国家不能仅仅依靠发展传统优势产业来积累要素，调整要素禀赋结构，而应该通过技术引进和制度创新来提高自身的技术发展水平，促进产业和技术升级，最终激发后发优势的实现。

根据动态比较优势理论的思想，一国的比较优势动态演化主要是基于两条途径：一条是技术进步引致的比较优势升级，另一条是要素禀赋结构引致的比较优势升级。技术进步主要又是通过一国自身的技术或制度创新、产业自身的"干中学"，以及对国际技术外溢的吸收与消化，而要素禀赋结构的变动又主要产生于要素的跨境流动和自身经济发展导致的要素积累（如图 1 所示）。

因此，以上各种与比较优势理论相关的战略思想其实都可以被涵盖于动态比较优势的框架之中。林毅夫等人的比较优势战略是基于要素禀赋结构升级方面的动态比较优势实现途径，主张通过发展比较优势产业，发展经济，积累资本要素，提高产业结构。而后发优势理论主要的侧重点在于提出发展中国家基于落后地位的"后发优势"的激发，提出了制度和技术两种方式，这显然是动态比较优势实现中的技术提升路径。

然而，上述思想也有其自身的局限性：

首先，林毅夫的比较优势战略仅仅是基于要素禀赋理论，忽略了技术因素对比较优势的影响，并且其主张的仅发展传统优势产业也不被现实经验所支持。发展传统优势产业固然有利于经济的发展和资本要素的积累，但究竟能否整体上提升经济体的要素禀赋结构和产业结构还取决于国外的要素相对积累速度。换言之，这一比较优势战略仅从自身情况出发，而忽略了与外界尤其是发达国家要素相对积累速度的比较，倘若本国的资本相对于劳动的积累速度很快，而资本丰裕的发达国家相对积累速度更快，那么本国仍然是

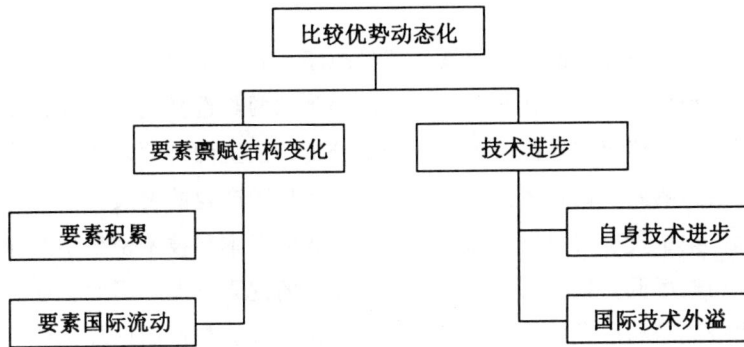

图1　比较优势动态化的实现路径

处于资本劣势，产业结构仍然得不到提升，从而不断固化自身的弱势地位。因此，在经济全球化的今天，运用要素积累提升自身产业结构不能仅看自身的情况谈所谓的"循序渐进"，而应将自身情况与他国相联系，因为比较优势理论本身就是一种在比较中肯定自身优势的理论。

其次，通过"比较优势陷阱"的出现来否定林毅夫等人的比较优势战略也过于极端，任何国家都不可能脱离自身情况决定的比较优势来发展其弱势产业，要扶植和发展高层次产业，必然需要各方面的包括人力、资金和技术的储备，而发展传统优势产业是最有效、最关键的方式。

最后，后发优势理论的提出并非对比较优势的否定，它提出了发展中国家除比较优势以外的另一潜在优势的存在，从技术变迁这一方面研究了这一潜在优势实现的途径，但其对于技术提升的来源仅局限于对国外技术的引进和二次创新，忽略了自身研发投入的作用和要素积累的作用。

三、动态比较优势战略的内涵

通过对各类比较优势战略思想的比较和评析，我们发现它们均是动态比较优势理论在不同方面的体现，具有一定的片面性。本文在动态比较优势理论的基础上，提出一个综合的贸易战略框架——"动态比较优势战略"，并对其内涵进行系统的阐述。

Stephen Redding ①从发展中国家的角度，认为发展中国家的经济贸易发展普遍面临一个两难选择：按照现有的在低技术产品上的比较优势参与国际分工，进行专业化生产，或重点发展其现在不具优势但具有生产率增长潜力，并且有可能在将来获得比较优势的高技术部门。这项研究在 Krugman（1987）和 Lucas（1988）的两个大国内生增长与国际贸易模型的基础上进行分析，将 Ricardo 贸易模型与"干中学"导致的内生技术进步模型相结合，分别对自由贸易和采取选择性贸易与产业政策（selective trade and industrial policies）两种情况进行了完整的福利分析，认为比较优势由过去的技术变革内生决定，并进一步影响现在的技术变革速率，受发展中国家的发展现状约束，如果根据现有的比较优势进行自由贸易，福利就会受损，因此文中主张政府适当的有选择的干预，这样会同时促进本国和贸易伙伴国的利益。这显然体现了一种动态比较优势战略的思想。

静态的正向的比较优势战略主张自由贸易，战略目标是谋取在既定静态比较优势下的近期静态比较利益，但忽略了潜在动态比较优势产业成长所需要的时间变量，战略手段为自由贸易，资源的配置方式主要以市场机制为主。以后发优势假说为基础的逆向比较优势战略主张进行贸易和产业保护，战略目标是谋取

---

① Redding. S. . Dynamic comparative advantage and the welfare effects of trade. Oxford Economic Paper, 1999, 51：15-39.

潜在优势产业在远期的动态比较利益，但放弃了近期的静态比较利益，战略手段主要为保护贸易，资源配置的方式以市场为主。

而动态比较优势战略是一种综合的经济发展和贸易战略，它既提倡按照比较优势进行分工，又强调政府扶持潜在优势产业，实现后发优势。在实践中，上面提到的两难选择确实存在，尤其对具有一定工业化发展基础的发展中国家。若以传统比较优势为指导进行分工，注重的是静态比较优势，长此以往不仅会固化自身的不利地位，还会影响处于比较劣势的资本和技术密集型产业的发展，拉大与发达国家的差距。若以创造后发优势为目标，集中资源大力发展和扶持处于劣势的资本和技术密集型产业，这种违背比较优势理论的赶超做法不仅成功概率低，且不利于该国经济和贸易的健康发展。因此，动态比较优势战略综合的就是传统的静态比较优势战略和后发优势战略，采取正向比较优势与逆向比较优势相结合的方式共同指导经济和贸易的发展：一方面，遵循比较优势原理，大力发展和出口具有优势的劳动密集型产品与部分资本密集型产品；另一方面，又适度突破比较优势原理，利用发展传统优势产业所得的经济剩余来积累资本、引进技术等，发展资本、技术密集型产业。在世界需求结构升级和产业结构升级加速、国际贸易竞争日益激烈的环境下，静态的比较优势决定的资源配置在短期内可能是最优的，但长期而言必定劣化。反之，若一边通过静态优势产业积累稀缺要素，一边发展具有潜在优势的资本、技术密集型产业，短期内效果虽达不到最优，但长期势必不断优化，产业结构和比较优势也必然得到动态的转变。

综上所述，动态比较优势战略的内涵包括以下几点：

（1）主张自由贸易与保护贸易的有机统一，一方面通过自由贸易获得静态比较优势的贸易利益，另一方面通过保护手段促进结构升级，改善贸易条件。

（2）战略目标是取得综合的比较利益，既要通过发挥以资源、劳动密集型产业为主的静态比较优势，获得静态利益；又要通过扶持以资本、技术、信息密集型产业为主的后发优势产业的成长，谋求长期可持续性的比较利益，以实现近期利益与远期利益的有机结合。

（3）战略手段为自由贸易与保护贸易的组合。自由贸易是国际趋势，自然有其存在的正当性；保护贸易对于一国的幼稚产业而言是必不可少的，也有其合理性。

（4）在信息经济环境中贸易客体也日益多元化，既有商品贸易也有要素贸易，既注重有形贸易也注重无形贸易，尤其是技术贸易。

（5）资源配置主要以市场机制为主，配合适当的计划机制。为发挥自由贸易和保护贸易的互补作用，需要不断地优化市场环境，使要素价格能够真正反映比较优势的状况，有效地发挥市场机制作用，然而计划机制的作用也不容忽视，这里的计划机制主要是指符合市场经济规则的有计划的政府宏观调控。

四、信息经济与比较优势的动态演化

动态比较优势战略的制定离不开一国所处的经济环境，因而讨论信息经济环境中的动态比较优势战略就不能脱离信息经济本身的特征。这一部分着重讨论信息经济环境对比较优势动态演化的作用。

信息经济是以现代信息技术等高技术为物质基础，以信息、知识、智力为主要投入，信息产业起主导作用的一种新经济形态。与传统的能量经济时代不同，资本、劳动力等传统生产要素的投入不再起决定性的作用，经济的发展不再以消耗大量物质能量为代价，在信息经济中，信息作为一种现代要素，在经济发展中的地位与传统的要素并驾齐驱，通过信息要素的投入和信息技术的应用，物质要素不断被节约，价值的增加突破了能量经济中 $1+1=2$ 的线性现象，取而代之的正是"蝴蝶效应"经济学中所提出的"非线性"增长模式。

在信息经济环境中，技术进步的来源与形式更加多样化。根据内生增长理论的动态比较优势的研究，影响一国技术进步的重要内生因素主要包括"干中学"、自身的研发投入、对技术外溢的吸收以及其他外生因素。不同因素对技术进步产生的效应不同，从而对比较优势动态变化的影响效果也不尽相同：部门专有的"干中学"会不断加强原来的分工模式，深化并锁定初始的比较优势；而研发投入导致的自身创新与对外溢技术的有效吸收则可能逆转初始的分工模式，实现比较优势质的变化。

信息技术的广泛应用和信息要素的投入，有助于提高传统产业的生产效率，促进企业的"干中学"和研发创新，以及先进技术在国际范围内的外溢。传统的国际技术外溢渠道主要有国际贸易、FDI 和高素质人才流动。而信息经济环境中信息技术的发展不仅促进了先进技术在国际贸易、FDI 及人才流动等原有渠道溢出量的增加，还为国际技术外溢提供了另一条新的渠道。借助信息基础设施和先进的信息技术，落后的发展中国家能够最大限度接触到国外先进的技术。信息技术这一新的国际技术外溢渠道日益成为发展中国家吸收国际技术的主要渠道。

不仅如此，信息经济中一国的要素数量由于经济的发展和要素的跨国流动也处于不断的变化和积累中，各类要素的相对禀赋结构变动直接为比较优势的动态演化提供了有利的条件。要素禀赋结构的动态变化主要通过"内生积累"和"外生转移"两条途径实现：一方面，信息要素成为经济增长的重要投入，不仅加快了经济的增长速度，而且改变了经济的增长方式，经济的增长加速了资本的积累，从而提高了资本和信息等软要素的相对丰裕度，优化了一国的要素禀赋结构，这一过程是内生的，是经济增长的结果；另一方面，开放经济环境中，各类要素在互联网环境中的流动更加频繁，信息技术促进了 FDI 的发展，人力资本也可以在劳动力不发生位移的情况下跨境流动，要素的跨境流动直接改变一国各类要素的相对比例，影响要素禀赋的结构。

由上可知，信息经济的来临为发展中国家比较优势动态升级提供了契机。在动态比较优势理论的基础上，将信息经济的各标志特征贯穿其中，我们可以进一步归纳出信息经济环境中一国实现比较优势动态升级的四条路径：

路径一：信息技术的广泛应用，信息、人力资本等软要素的投入，以及对 R&D 部门的投入——部门"干中学"效率提高，并且自身研发创新成功率增大——推动技术进步——比较优势动态变化。

路径二：通信和互联网技术的广泛应用，电子商务日益频繁——促进了非竞争性的知识、技术通过国际贸易、FDI 和互联网在全球范围内的外溢——一国的技术进步加快——比较优势动态变化。

路径三：信息等软要素本身的乘数效应和高渗透性——信息产业作为第四产业迅速崛起，并成为国民经济的支柱；同时传统要素的利用率大大提高，传统产业效率增加，相比之前能以更低的投入得到更高的产出——国民经济快速增长，经济实力增强，使得一国的资本要素和信息等软要素迅速积累，劳动力要素比例相对降低——各部门的资本劳动比不断提高，要素结构升级——比较优势动态变化。

路径四：通信技术、互联网技术的迅速发展和普及——对劳动力、资本等传统要素的跨境流动起到一定的促进作用，人力资本等软要素可以在劳动力不发生位移的前提下，通过互联网技术实现跨境流动——一国的要素禀赋结构变化加快——比较优势动态变化。

五、结 论

动态比较优势战略作为指导经济贸易发展的主要战略，综合了静态比较优势和后发优势战略的精髓。它主张的是自由贸易与保护贸易的有机统一，一方面通过自由贸易获得静态比较优势的贸易利益，另一方面通过保护手段促进结构升级，改善贸易条件。战略目标是获得近期和远期的综合利益，既通过发挥以资源、劳动密集型产业为主的静态比较优势，获得静态利益；又通过扶持以资本、技术、信息密集型产业为主的后发优势产业的成长，谋求长期可持续性的比较利益。

信息经济环境中，信息化水平是决定发展中国家实现比较优势动态演化的一个关键因素，因此，信息化建设对于一国动态比较优势战略的实施、产业和贸易结构的优化至关重要。对于信息化水平仍然落后的发展中国家而言，信息化建设应该成为发展中国家未来一段时间的主要任务之一。信息化建设不仅是政府的行为，同时需要企业和公众的共同努力，包括健全信息化发展的外部环境、推动信息化基础设施的建设、重视信息化人才的培养、大力发展信息产业、推动信息技术进步以及完善信息化的应用环境六个方面。发展中国家只有大力加强信息化建设，实施动态比较优势战略，才能提升国际分工中的地位，实现对外贸易的健康和谐发展。

参 考 文 献

[1] 高鸿业．比较成本说不应构成我国外贸发展战略的理论基础．经济研究参考资料，1982，44．

[2] 韩民春，徐姗．国外动态比较优势理论的演进．国外社会科学，2009，3．

[3] 胡汉昌，郭熙保．后发优势战略与比较优势战略．江汉论坛，2002，9．

[4] 黄树洪．信息化对经济增长的影响研究．西安：西安理工大学出版社，2007．

[5] 李辉文，董红霞．现代比较优势理论：当代国际贸易理论的理论基准．国际经贸探索，2004，2．

[6] 林毅夫．要素禀赋、比较优势与经济发展．中国改革，1999，8．

[7] 林毅夫，孙希芳．经济发展的比较优势战略．国际经济评论，2003，6．

[8] Gerchenkron, A.. Economic backwardness in historical perspective: A book of essays. Cambridge: Belknap Press of Harvard University Press, 1962.

[9] Grossman, G., and Helpman, E.. Innovation and growth in the global economy. Cambridge: MIT Press, 1991.

供应链管理要素对物流服务
及公司绩效影响：实证研究

● 张光明[1]　　张越洋[2]

（1，2 武汉大学经济与管理学院　430072）

【摘　要】本文采用实证研究方法，以中国制造企业为背景，研究供应链管理要素对物流服务和公司绩效的影响。研究发现，供应链合作关系、协调管理对物流服务和公司绩效都有显著影响，但供应链信息要素对物流服务和公司绩效没有显著影响，供应链整合对物流服务有显著影响，对公司绩效没有显著影响，物流服务绩效对公司绩效有显著影响。

【关键词】供应链管理　物流服务绩效　公司绩效

一、引　言

在供应链环境下，物流服务绩效的影响因素众多，形成机理复杂，它不仅受到企业自身物流资源、能力、战略以及外部环境的影响，还受到特定的供应链环境及其管理要素的影响，所以，物流服务绩效（LSP）是这些要素的函数，并表现出复杂的非线性特征。供应链的本质表现为供应链成员之间建立合作关系网络，基于顾客需求的过程整合，通过信息共享与协调管理机制实施供应链管理，所以，本文认为，供应链管理的主要要素包括合作关系、信息共享、整合以及协调管理。这些要素实质上反映了跨越企业边界的供应链管理能力，也表现为物流服务的支持绩效。国内外已有大量文献研究供应链管理的某些要素如信息技术、合作、整合等对物流绩效或公司绩效的影响，但没有进行系统的研究，特别是缺乏针对中国背景的较为系统全面的研究，本文就是以中国制造企业为背景，实证研究供应链管理要素对物流服务绩效和公司绩效的影响。

二、研究假设的提出

供应链合作关系（也称协作关系，关系导向）是指在一定时期内，供应链上有相互联系的企业之间，通过共享信息、共担风险、共享收益而建立起来的一种契约关系。好的供应链关系是供应链整合的必要因素，而合作的基础是相互之间的信任。Dyer 等（1998）、Lambert 等（2004）、Panayides 等（2005）、Corsten 等（2005）、Morris 等（2005）从不同角度对合作关系与物流或供应链绩效的关系进行了研究。供应链合作关系主要通过以下途径影响 LSP：第一，关系有利于实现信息共享，降低交流成本、库存成本及其他运作成本；第二，关系有利于对顾客需求作出及时的响应，提高物流服务质量、柔性和竞争的差异性，提高顾客满意度从而改进 LSP；第三，关系有利于供应链成员之间的相互学习、知识共享和物流服务创新，实现 LSP 的持续改进。所以，本文提出如下假设：

假设1：供应链合作关系与物流服务绩效正相关。

假设2：供应链合作关系与公司绩效正相关。

供应链物流整合是指同供应商和顾客增加与物流相关的交流，并同他们有更大的物流活动协调以及更模糊的组织区分（Stock 等，2000）。由于物流活动过程的复杂性，供应链物流整合不仅涉及物流职能，还涉及物流与生产、物流与营销界面的整合，以及财务和人力资源的计划、分配和控制；不仅是企业内部的整合，更是供应链视角下的整合，具体表现为组织、过程（流程）、信息、资源等的整合，目的是将所有供应链物流活动形成一个系统并协调运作，以便以最小的成本给顾客提供所期望的物流服务，实现整体最优。

Daughterty 等（1996）、Stock（2000）、Stank 等（2001）、Vickery 等（2003）、Cristina 等（2005）对供应链整合相关问题及其与绩效的关系进行了研究。本文认为，供应链物流整合通过以下途径作用于 LSP：更有效的物流服务运作，提高物流服务效率；充分的信息共享，降低库存、成本，减少感知的差异，提高顾客服务水平；资源、能力的互补与效用的发挥，增强环境的适应能力。所以，本文提出如下假设：

假设3：供应链整合与物流服务绩效正相关。

假设4：供应链整合与公司绩效正相关。

供应链合作、整合依赖于以先进的信息技术和网络技术为基础的信息共享。信息技术对物流和公司绩效与竞争力的影响受到学者们的关注，但没有取得一致的结论。早期的研究如 McFarland（1984）、Parsons（1983）、Wiseman（1985）认为，信息技术直接与公司绩效和维持竞争优势有关，但 Zahra 等人（1993）的研究得出不同结论，信息技术与绩效并无直接关联。一些学者认为信息技术是强化物流竞争力的重要途径，是增强能力、降低成本的极少数生产力工具之一，物流信息能力能够带来世界级绩效。Bowersox 和 Closs（1996）就认为，及时准确的信息对于物流的作用比历史上任何时候都重要。但也有不计其数的事实表明信息技术的扩张会浪费公司资源，没有达到预期的效果。波特（2003）指出，许多新的信息技术被用于改善经营效率，达到最佳实务的状态，而非强化独特的定位；新一代信息技术工具隐藏的危险是：大多企业会如法炮制，而不知不觉产生同质化竞争的结果，不利于客户选择，并触发相互毁灭的竞争。可见，如果 IT 的能力和普及性已经达到成熟阶段，其战略重要性就会降低，就不能提供战略性竞争优势。在中国背景下，信息能力对 LSP 的影响需要进行进一步的研究。

信息技术的利用与信息共享对 LSP 的影响体现在以下几个方面：提高预测能力，减少不确定性和牛鞭效应，从而降低库存成本；促进关系承诺，减少交易成本和机会主义行为；基于供应链学习，构建组织记忆，实现知识共享；提高运作效率。所以，本文提出如下假设：

假设5：供应链信息共享与物流服务绩效正相关。

假设6：供应链信息共享与公司绩效正相关。

由于供应链的复杂性，以及信息不对称、缺乏信任与合作、利益分配不公平等可能导致供应链关系恶化、生产与库存成本增加、缺货等供应链失调现象，不能实现期望的竞争优势，所以，需要企业加强供应链协调管理。供应链协调管理表现在企业高层管理者对供应链管理理念有清晰的理解，建立了完善的基于过程的有利于强化供应链管理的管理体系以及基于合作关系的持续改进机制，面向双赢或多赢的绩效评价与激励体系，具有适应供应链管理的物流人才等。所以，本文提出假设如下：

假设7：供应链协调管理与物流服务绩效正相关。

假设8：供应链协调管理与公司绩效正相关。

另外，大量的研究表明，物流服务绩效有利于通过降低物流成本、提高顾客满意度和忠诚度、提高市场份额和竞争力，提高财务绩效。所以，本文提出假设如下：

假设9：物流服务绩效与公司绩效正相关。

三、研究方法

（一）变量定义与测量

1. 供应链管理要素的测量

供应链管理要素主要体现在供应链整合、合作关系、信息共享、协调管理等方面，其基本特征是跨越企业边界，涉及多个相关方，这是区别于传统物流管理的根本所在。作为探索性研究，本文将它们作为测量供应链要素的主因子。本文选取16个项目来测量这些供应链要素，这些项目的选取是在参考了多个国外学者（Daughterty 等，1996；Ellinger 等，2000；Stank 等，2001；Christopher 等，2004；Kuo-chung 等，2005）文献的问卷模型基础上经过修改整理而成，所有项目均采用 Likert 五点量表，从完全不同意或十分差到完全同意或十分好。

2. 物流服务绩效与公司绩效的测量

参照国外文献，本文采用物流服务质量、顾客感知、成本、柔性等项目来反映物流服务绩效。对公司绩效，本文选取利润率、资产回报率、投资收益率、市场占有率与竞争力等项目来测量。由于绩效的动态性以及许多绩效指标难以定量描述，所以采用主观测评法来测量。

（二）样本获取

本文以制造业物流服务为研究对象。问卷设计出来后先访问了作者所熟悉的少数企业高管，部分人员指出了问卷中的问题，比如有的问题重复或含义比较模糊、难以填写等，提出了很好的修改建议。经过适当修改后，问卷的发放主要通过武汉大学经济与管理学院在职研究生班、MBA 以及作者熟悉的企业等途径进行，先后大约发放问卷200份，但由于多种原因，实际回收问卷120份，回收率为60%，其中有效问卷93份，总有效率46%。问卷涉及行业包括机械、电子、汽车、食品、制药等，既有国有企业，也有股份制、"三资"、民营企业。从地域分布来看，主要在武汉、深圳等地。参与调查的人员一般都有4年以上的工作经验，职位大多是企业的中高层管理岗位，对本单位有关供应链物流十分熟悉。由于采取了无记名方式和感知性测评，不涉及任何个人隐私和企业机密，保证了问卷填写的真实性和可信性。

（三）样本可靠性检验与因子分析

1. 信度检验

信度指衡量变量的内部一致性或稳定性，本文采用 Cronbach α 一致性系数来检验问卷的信度，采用 SPSS11.5 计算出各项因子的信度。

16个供应链要素的方差分析 $F = 14.5849$，$P \leqslant 0.0001$，说明量表重复度量效果良好。Hotelling T 检验 $F = 10.2127$，$P \leqslant 0.0001$，说明量表项目之间得分的相等性好，项目具有内在的相关性。信度检验 Cronbach α 值为 0.91，标准化 Cronbach α 值为 0.9092。信度检验表明，16个供应链要素具有很好的一致性、稳定性。应用因子分析析出四个主因子，分别命名为供应链协调管理、信息、关系、整合，经检验，它们的 Cronbach α 值分别为 0.8723、0.8611、0.7928、0.7660。物流服务绩效四个测量项目的信度检验 Cronbach α 值为 0.7370，公司绩效四个项目的信度检验 Cronbach α 值为 0.8525，整个问卷的总信度 Cronbach α 值为 0.9236，说明信度均较高。

2. 效度检验—因子分析

问卷的设计是在参考了国外学者研究的基础上经过修改而成，所以具有良好的内容效度。结构效度采用因子分析法进行检验。经 Bartlett 检验，Bartlett 值为 822.717，$P \leqslant 0.001$，说明相关矩阵不是单位矩阵，可考虑进行因子分析。本文采用主成分分析法，析出特征值大于 1 的 4 个主因子，根据其具有的意义，分别代表供应链协调管理、信息、整合与关系，它们的具体内容见表 1 中黑体数字对应的项目。因子分析中的 KMO 值为 0.859，大于 0.5 接近 1，说明因子分析结果可以接受，效度较好。四个因子累计贡献率为 70.347%，说明这四个因子能够用来代表全部供应链要素，具有很好的效度。其因子分析结果见表 1。

表1　　　　　　　　　　　　　　　　　供应链要素因子分析

项　　目	因　素			
	1	2	3	4
信息功能	.279	**.825**	.120	.047
先进的信息技术	.182	**.823**	.003	.138
信息准确、及时	.030	**.743**	.273	.259
信息方法、程序	.399	**.742**	.215	-.138
组织整合	.382	.325	**.629**	.007
顾客需求过程导向	.041	.187	**.787**	.212
物流服务多样化	.472	.225	**.617**	.193
迅速组织物流资源	.138	.000	**.740**	.245
相互信任与承诺	.327	.105	.160	**.777**
致力于关系强化	.132	-.067	.255	**.813**
关系持续时间	.131	.287	.126	**.697**
供应链管理实施	**.543**	.448	.144	.120
供应链物流体系	**.692**	.425	.247	.074
供应链持续改进	**.703**	.005	.248	.391
供应链绩效与激励	**.835**	.162	.160	.231
供应链物流人才	**.799**	.293	.072	.153
方差贡献率（%）	21.289	20.269	21.289	14.054
累计贡献率（%）	21.289	41.558	56.292	70.347

四、统计分析

（一）描述性分析

描述性分析主要是分析各个项目测量得分的分布状态，包括最小值、最大值、均值与标准差等信息。所有供应链要素项目测量得分均值为 3.3945，在平均值 3 之上，最小得分为 2.9140，最大为 4.0538。测量均值得分较高的是有关供应链关系方面（平均为 3.9391），说明企业十分重视与供应商、经销商和顾客关系的建立。得分较低的是有关供应链协调管理方面（平均为3.1269），特别是供应链绩效与激励及人才方面，得分在一般水平以下，这与我国目前供应链管理状态是基本吻合的，说明企业还有待加强供应链绩效考核与激励，加强供应链物流人才的培养。LSP与公司绩效得分均高于平均值，描述性统计结果见表2。

表2　　　　　　　　　　　　　　　　　项目测量描述性统计结果

	最小值	最大值	均　值	标准差
供应链协调	2.9140	3.3118	3.1269	.1769
供应链信息	3.1183	3.4086	3.3280	.1400
供应链整合	3.1183	3.5914	3.3871	.1997
供应链关系	3.8065	4.0538	3.9391	.1250
物流服务绩效	3.0430	3.6989	3.3844	.2706
公司绩效	3.3656	3.5591	3.4597	.0794

（二）相关性分析

1. 供应链要素之间的相关性分析

将因子分析析出的供应链要素的均值进行相关性分析，结果见表3。

表3　　　　　　　　　　　　　　　　供应链要素之间的相关性分析

		供应链协调	供应链信息	供应链整合	供应链关系
供应链协调	皮尔逊相关	1	.596（**）	.599（**）	.511（**）
	Sig.	.	.000	.000	.000
供应链信息	皮尔逊相关	.596（**）	1	.474（**）	.292（**）
	Sig.	.000	.	.000	.005
供应链整合	皮尔逊相关	.599（**）	.474（**）	1	.504（**）
	Sig.	.000	.000	.	.000
供应链关系	皮尔逊相关	.511（**）	.292（**）	.504（**）	1
	Sig.	.000	.005	.000	.

注：** 表示在0.01水平上显著（双尾 T 检验），* 表示在0.05水平上显著（双尾 T 检验），下同。

结果表明，供应链协调、信息、整合与关系相互之间存在显著相关，说明它们相互依赖，共同形成供应链环境作用于物流服务绩效和公司绩效。

2. 供应链要素与 LSP、公司绩效的相关性分析

首先，不考虑控制变量，对供应链要素各个主因子与 LSP 和公司绩效的相关性进行分析，见表4。从表4可以看出，在0.01的置信水平下，LSP 与供应链信息不显著相关，与其他供应链要素均成显著性相关。公司绩效与供应链协调管理水平、信息及关系在0.05的水平下成显著性相关，而与供应链整合不显著相关；在0.01的水平下，公司绩效与供应链信息不显著相关，而供应链整合与 LSP 成显著性相关，说

明整合通过 LSP 作用于公司绩效。

表 4　　　　　　　　　　　　供应链要素与 LSP 的相关性分析

		供应链协调	供应链信息	供应链整合	供应链关系
LSP	皮尔逊相关	.489（**）	.206（*）	.285（**）	.327（**）
	Sig.	.000	.048	.006	.001
公司绩效	皮尔逊相关	.277（**）	.224（*）	.007	.300（**）
	Sig.	.007	.031	.948	.003

如果将销售额、员工人数、企业产权性质分别或同时作为控制变量，分析发现，LSP 与供应链信息不显著相关，与其余因子均成显著性相关，说明这些控制变量对其相关性没有明显的影响；公司绩效除与供应链整合不显著相关外，与其余因子都成显著性相关，说明这些变量对供应链要素与公司绩效的相关性没有明显的影响。如果将 LSP 作为选择变量，分析供应链要素对公司绩效的影响，发现如果 LSP 低于平均水平，供应链要素对公司绩效没有显著影响，说明 LSP 在供应链要素对公司绩效的影响中有着重要的作用。

3. LSP 与公司绩效的相关性

经检验，LSP 与公司绩效存在显著相关性，见表 5。如果将销售额、员工人数、企业产权性质分别或同时作为控制变量，LSP 与公司绩效仍然显著相关，说明它们对两者之间的相关性没有明显影响。

表 5　　　　　　　　　　　　LSP 与公司绩效的相关性

		物流服务绩效	公司绩效
物流服务绩效	皮尔逊相关	1	.527（**）
	Sig.	.	.000
公司绩效	皮尔逊相关	.527（**）	1
	Sig.	.000	.

（三）回归与方差分析

1. 物流服务绩效与供应链要素回归分析

将 LSP 作为因变量，供应链要素四个因子作为自变量，进行方差与回归分析，采用 Enter（全部输入）法，模型的复相关系数 $R = 0.682$，$R^2 = 0.464$，$F = 19.082$，$P \leqslant 0.0001$，说明模型线性关系成立。Durbin-Watson 检验值为 2.316，说明回归分析中的残差是相互独立的。所以，可以进一步进行多元线性回归分析，其结果见表 6、表 7。

表 6　　　　　　　　　　　　方　差　分　析

模　型	平方和	自由度	均　方	F	Sig.
回归偏差	15.941	4	3.985	19.082	.000
残差	18.379	88	.209		
全部偏差	34.320	92			

表7 **LSP 与供应链要素线性回归分析**

模 型	未标准化系数		标准化系数	t	Sig.	共线性统计	
	系数 B	标准误差	Beta			容许度	方差膨胀因子 VIF
常数	3.384	.047		71.418	.000		
供应链协调管理	.299	.048	.490	6.276	.000	1.000	1.000
供应链信息	.124	.048	.202	2.595	.011	1.000	1.000
供应链整合	.173	.048	.284	3.635	.000	1.000	1.000
供应链关系	.196	.048	.322	4.122	.000	1.000	1.000

表6和表7表明，LSP 与供应链四个因子在 0.05 的水平下均有显著相关性，但在 0.01 的水平下"信息"对 LSP 没有显著影响。共线性统计中变量的容许度均为1，方差膨胀因子（VIF）为1，说明回归模型中变量不存在显著多重共线性。

2. 公司绩效与供应链要素回归分析

同样，对公司绩效与供应链要素进行回归分析，结果见表8。结果表明，在 0.01 的水平下，公司绩效与供应链信息和整合没有显著相关性，同前面的相关性分析结果一致。

表8 **公司绩效与供应链要素线性回归分析**

模 型	未标准化系数		标准化系数	t	Sig.	共线性统计	
	系数 B	标准误差	Beta			容许度	方差膨胀因子（VIF）
常数	3.460	.072		48.101	.000		
供应链协调管理	.228	.072	.296	3.157	.002	1.000	1.000
供应链信息	.177	.072	.229	2.441	.017	1.000	1.000
供应链整合	.020	.072	.026	.275	.784	1.000	1.000
供应链关系	.221	.072	.287	3.059	.003	1.000	1.000

如果将销售额3000万元作为选择变量，分析发现，销售额小于3000万元时，只有供应链协调管理对 LSP 影响显著，其他方面影响不显著，说明当企业规模较小时，供应链信息、关系与整合对 LSP 影响不是很显著，一方面表明规模较小的企业没有认识到供应链管理的重要性，另一方面也表明较小的企业在这些方面水平较低。同样，以员工人数250人作为选择变量，当人数少于250人时，供应链信息的影响不显著，说明较小的企业是否采用先进的信息技术与信息共享对 LSP 没有直接的关联性。从企业经营的性质来看，对于国有企业，供应链要素对 LSP 的影响不显著；而对于股份制企业，供应链信息对 LSP 有显著影响；对于"三资"企业，供应链整合对 LSP 的影响显著。可见，不同的企业受到供应链要素的影响侧重点具有一定的差异。

3. LSP 与公司绩效回归分析

本文采用后向回归方法分析 LSP 对公司绩效的影响。后向回归分析表明，首先剔除的是顾客需求柔性，说明顾客需求柔性对企业绩效的影响较小或者并不直接影响公司绩效，而是通过影响顾客感知间接影响公司绩效。然后剔除的是服务质量，这里物流服务质量主要针对的是企业内部的感知，所以其对公司绩效的影响也较小，对公司绩效影响最大的是顾客感知和物流服务成本，这和以往常规的理解是一致的，顾客感知代表了物流服务外部绩效，而成本反映了物流服务内部绩效，共同对公司绩效产生影响。

五、结论与启示

（一）结论

实证结果表明，假设1、2、3、7、8、9成立，而假设4、5、6不成立，和国外研究结果基本吻合，即供应链合作关系、协调管理对LSP和公司绩效都有显著影响，但供应链信息要素对LSP和公司绩效没有显著影响，供应链整合对公司绩效也没有显著影响。值得注意的是，供应链整合对LSP有显著影响，LSP对公司绩效有显著影响，说明供应链整合通过LSP对公司绩效产生影响，这和国外学者的研究结果也是一致的。

（二）启示

通过对制造企业供应链要素对LSP和公司绩效影响的实证研究，本文得出了具有理论和实际指导意义的结论，部分假设得到支持。从总体上看，企业不同程度地实施了供应链管理，企业充分认识到加强供应链合作关系的重要性，但在供应链协调管理方面特别是供应链绩效与激励及人才方面，还处在较低水平，说明企业还有待加强供应链绩效考核与激励，加强供应链物流人才的培养。

供应链要素对LSP和公司绩效有影响，但不同的要素影响的显著性程度不同。供应链关系与协调管理对LSP和公司绩效有直接而显著的影响，所以，企业要充分重视供应链合作关系的建立，加强供应链整合与协调管理。供应链整合对LSP有直接的影响，间接作用于公司绩效，显现出供应链整合的重要性。为了更好地实现供应链物流整合，企业应该更多地采用3PL、4PL，提升物流服务水平。

实证研究没有发现供应链信息要素对LSP和公司绩效的直接影响，其原因可能在于：第一，我国企业的供应链信息还处在较低水平，同国外先进企业还有不小的差距，还不足以形成竞争优势对绩效产生影响；第二，由于供应链管理水平的局限，信息要素还没有发挥其应有的作用，在短期内没有取得明显的效果；第三，信息技术普及或成熟，仅仅是资格要素，难以形成差异化，显然，这是不符合我国实际的。2005年中国物流信息中心对中国企业物流信息化现状和趋势进行了问卷调查（吴志惠等，2005），发现只有35.7%的企业建立了物流或供应链管理信息系统，另有32.2%的企业准备建立，这从一个侧面说明中国企业物流信息化建设还有待于进一步加强。这也说明现阶段企业信息化重点是加强外部形象宣传和提高内部管理水平。而国外企业认为最主要的驱动因素是提高运作效率、改进客户服务和引导客户需求。

本文的实证研究虽然取得了预期的结果，但存在一定的局限，需要在以后的研究中进一步考虑。主要表现在：第一，研究模型没有考虑更多的影响变量，如企业竞争战略、经营环境等；第二，由于LSP的形成机理十分复杂，本文缺乏结构方程模型的建立，没有进行路径分析；第三，由于测评建立在主观感知基础上，所以，难免产生参加测评人员的感知与企业实际的偏差；第四，由于企业经营的路径依赖，供应链要素对绩效的影响往往具有一定的时间滞后性，所以，因果关系处在不同的时间面，会在一定程度上影响结果的真实性。

参 考 文 献

[1] Dyer Jeffrey H. , and Harbir Singh. The relation view：Cooperative strategy and sources of interorganizational

competitive advantage. Academy of Management Review, 1998, 23 (4).

[2] Lambert, D. M., and Knemeyer, A. M.. We're in this together. Harvard Business Review, 2004

[3] Panayides, Photis M., and Meko So. The impact of integrated logistics relationships on third-party logistics service quality and performance. Maritime Economics & Logistics, 2005, 7.

[4] Corsten Daniel, and Nirmalya Kumar. Do suppliers benefit from collaborative relationships with large retailers? An empirical investigation of ECR adoption. Journal of Marketing, 2005, July.

[5] Matthew Morris, and Craig R. Carter. Relationship marketing and supplier logistics performance: An extension the key mediating variables model. Journal of Supply Chain Management, 2005, 41 (4).

[6] Stock Gregory N., Noel P. Greis, and John D. Kasarda. Enterprise logistics and supply chain structure: The role of fit. Journal of Operations Management, 2000, 18.

[7] Daughterty, P. J., Ellinger, A. E., and Gustin, C. M.. Integrated logistics: Achieving logistics performance improvements. Supply Chain Management, 1996, 1 (1).

[8] Stock Gregory N., Noel P. Greis, and John D. Kasarda, Enterprise logistics and supply chain structure: The role of fit. Journal of Operations Management, 2000, 18.

[9] Stank, Theodore P., Scott B. Keller, and Daivd J. Closs. Performance benefits of supply chain logistical integration. Transportation Journal, Winter/Spring, 2001-2002

[10] Vickery, Shawnee K., Jayanth Jayaram, Cornelia Droge, and Roger Calantone. The effects of an integrative supply chain strategy on customer service and financial performance: An analysis of direct versus indirect relationships. Journal of Operations Management, 2003, 21 (5).

[11] Cristina Gimenez, and Eva Ventura. Logistics-production, logistics-marketing and external integration: Their impact on performance. International Journal of Operations and Production Management, 2005, 21 (1).

[12] David J. Closs, Thomas J. Goldsby, and Steven R. Clinton. Information technology influences on world class logistics capability. International Journal of Physical Distribution & Logistics Management, 1997, 27 (1).

[13] 迈克尔·波特. 竞争论. 高登第, 李明轩, 译. 北京: 中信出版社, 2003.

[14] 吴志惠, 刘卫战, 李雅慧. 2005 中国物流信息化调查报告. 中国物流, 2005, 5.

融资租赁治理模式在物流外包中的应用研究

● 余泳泽

（南开大学经济学院　天津　300371）

【摘　要】 融资租赁是现代金融领域一种良好的融资模式，融资租赁在发展过程中，由于自身灵活性的特点，适应经济发展的实际需要逐步产生很多创新形式，如杠杆租赁、项目租赁等，而这些创新模式还没有在物流业得到有效的应用。本文提出了融资租赁在物流外包领域应用的基本实现形式和创新实现形式，并证明了其在物流外包中的适用性和优越性，以及引入这一模式带来的收益和相关政策建议。

【关键词】 物流外包　专用性资产投资　融资租赁

一、引　言

融资租赁 20 世纪 50 年代作为一种金融创新产品产生于美国，当时主要是作为一种融资方式向一些无法获得银行贷款的企业提供便捷融资。从 20 世纪 80 年代，融资租赁被许多国家引进采用，在世界范围内得到广泛普及和发展，在世界经济增长中的重要性不断增强。

国内融资租赁的研究主要分为三个方向：财务角度、法律角度和经济学角度，其中经济学对融资租赁的关注主要是将其作为中小企业融资的重要方式。罗杰（2005）提出按揭式融资租赁。周淑惠（2006）研究阐明，融资租赁作为融资和融物相结合的融资方式，相对于银行信贷等其他融资方式更适合中小企业的发展需要。蓝薇（2006）指出融资租赁兼具有金融与贸易的双重职能，具有其他融资途径不可比拟的优势。侯以苍（2006）阐明了融资租赁对于设备的购进的一些好处。在物流业，融资租赁主要是一种设备租赁模式，即由专业的融资租赁公司向第三方物流企业或生产企业提供其所需的物流设备，以租金的方式回收成本并获取收益。融资租赁公司利用其资金优势，通过让渡物流设备的占有和使用权获得收益，而第三方物流企业或生产企业通过租赁获得物流设备，减少资金占用，并且可以降低设备贬值、技术进步、市场需求变化等因素带来的风险。很多第三方物流企业处于创建初期，资金有限，既急需设备又不能占用大量资金，于是许多第三方物流企业开始寻求以租代购或融资租赁的方式获得所需叉车设备。

融资租赁是现代金融领域一种良好的融资模式。融资租赁作为一种融资的具体运作模式，是在实践领域不断探索完善的，现有关于融资租赁的文献主要集中在对现有模式进行分类、对各种模式的特点及适用范围进行阐述、对融资租赁合同的研究，以及论证融资租赁运作模式对于改善中小企业财务状况、解决其融资困难等方面的优势，并没有从更深的理论层面研究融资租赁模式，虽然有很多文献关注融资租赁过程中所有权的转移，但并没有探讨其契约安排以及这种契约安排可能带来的激励作用。融资租赁在发展过程中，由于自身灵活性的特点，适应经济发展的实际需要逐步产生很多创新形式，如杠杆租赁、项目租赁等，而这些创新模式还没有在物流业得到有效的应用。本文提出了融资租赁在物流外包领域应用的创新实现形式并证明了其适用性、优越性。

二、融资租赁治理模式在物流外包中的实现形式

（一）基本实现形式

为了提高第三方物流企业的专用性资产投资水平，生产企业采用融资租赁的模式给予第三方物流合作方融资优惠，降低了第三方物流企业的风险，从而促进其进行专用性投资。将融资租赁模式引入物流外包领域，激励第三方物流企业专用性资产投资的治理模式，其基本实现形式主要体现在合同安排、风险分担、所有权配置三个方面。

1. 合同安排

把融资租赁模式引入物流外包，不仅利用其融资功能，而且利用双方的融资租赁合同对原有的物流外包合同进行保障，形成更为紧密稳固的双边合作形式，激励第三方物流企业的专用性资产投资。物流需求方和第三方物流企业之间的融资租赁合同中，物流服务需求方充当出租人，第三方物流企业根据自身情况和合作企业的物流活动实际需求在设备供应商处选择适用的设备，之后物流需求方承担付款义务，具体模式如图1所示。

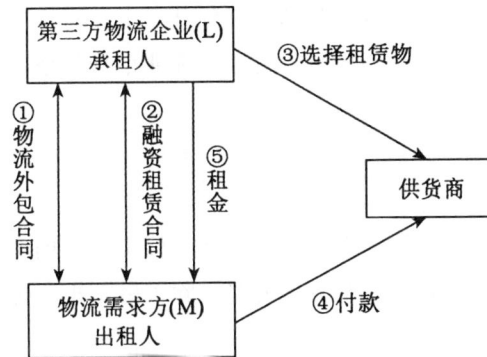

图 1　物流外包中融资租赁的交易模式

具体的流程叙述如下：

第一步：第三方物流企业（L）和物流需求方（M）有进行物流外包合作的意愿，双方签订一份物流外包合同，规定合作内容、价格条款等必要信息。双方签订物流外包合同之前，M 要对 L 的能力、信誉、管理层以及未来发展潜能做充分的调研、论证，确保其希望与之建立长期合作关系。

第二步：如果双方物流合作依赖于 L 的某项物质资产投资，而 L 由于资金或风险原因，缺乏投资意愿和能力，M 可以考虑通过融资租赁的方式给予 L 资金融通，同时降低其投资风险。双方签订一份融资租赁合同，使得 L 通过融资租赁的方式获得该项资产，规定租赁期限、贴现率和每期还款等信息。

第三步：第三方物流企业根据自己的经验和双方合同需要，寻找供货商，挑选适当的设备。

第四步：物流需求方将无条件进行付款，使第三方物流企业拥有该设备的使用权。

第五步：第三方物流企业需要按合同规定，定期支付 M 租金。

2. 风险分担

在传统物流外包合作中，由于第三方物流企业规模小，融资能力和抗风险能力均较差，在合作中处于

劣势，不愿意进行专用性资产投资。在物流外包中引入融资租赁合同，由于融资租赁合同规定出租人将承担较多风险，双方合作地位趋于平衡，有助于合作关系的稳定。融资租赁使得物流需求方即出租人承担较多风险，主要体现在以下几方面：

第一，从当事人义务履行期间来看，出租人基本上在交易初期就履行完了主要义务（融资义务）。此后，出租人除向承租人负有平静占有担保义务之外，其余均为消极义务。

第二，由于融资租赁标的物的专用性是针对出租人的产品物流服务的，即使第三方物流企业不能继续履约，出租人也可以较好地处置或继续使用租赁物。

第三，整个租期内承租人占有租赁物，增加了出租人的监督成本。"占有剩余所有对出租人来讲是不利的"，出租人不可能知晓物之状态。在物流外包中，第三方物流企业在其对租赁物完全占有的期间，可能将其应用于其他客户的服务中，使得固定资产的折旧速度大于融资租赁合同所规定的租赁年限，这样一旦承租方不能继续履约，出租人得到的租金不足以弥补损失。

3. 所有权配置

融资租赁合同体现了对于标的物所有权强制性和灵活性的并存：一方面，融资租赁是中长期合同，一般租赁期接近租赁物的使用寿命。出租人完全根据承租人需要无条件购买租赁物，所以租赁期内承租人不得以任何理由终止支付租金或有任何讨价还价行为，如果承租人有任何违约行为导致合同被提前终止的话，出租人就有两种选择权：其一是取回租赁物，放弃对承租人未付清租赁债务的追索权；其二是请求加速支付未付清租赁债务，放弃对租赁物的所有权。另一方面，对于全额清偿的融资租赁合同，期末由于承租人已经支付了全部货款，所以标的物所有权自动转移到其名下；对于非全额清偿的租赁合同，承租人在期末有权选择续租、退租或留购，留购价格为事先约定，并非市场价格，这样承租人可以占有剩余，以激励其最佳使用资产。

（二）创新实现形式

融资租赁作为一种现代化的融资手段，在近年的发展过程中逐步创新，形成了很多具有独特优势的创新实现形式，根据物流外包合作中的特殊性及具体需要，除了融资租赁传统形式之外，还需要充分发展其创新形式的应用。

1. "杠杆租赁"的融资租赁形式

融资租赁出租人需要具有较强的资金实力，因此生产企业很难独立为其物流服务提供商提供足够的资金融通。在这种情况下，可以考虑应用融资租赁创新的杠杆租赁形式，物流需求方并不提供融资租赁所需要的全部资金融通，而是以标的物以及自己的信用为担保，引入银行贷款，共同为3PL提供资金融通。这种情况类似于3PL用其购置的资产进行按揭贷款，其物流合作伙伴充当了担保人的角色，形成一种新的物流金融模式。

这种形式下，银行把贷款发放给资信情况更好的制造业企业，而制造业企业充当为3PL提供资金融通的出租人，一方面稳固其物流合作关系，激励第三方物流企业的专用性资产投资；另一方面相对于银行，物流需求方对3PL的财务运营状况更为了解，且对融资租赁物的监管能力远远大于银行。除此之外，第三方物流企业融资租赁的标的物是针对生产企业物流需要的，如果所有权最终没有转移，标的物对物流需求方的价值也远大于其对于银行的价值，减少了因专用性带来的损失。

物流需求方通过融资租赁模式激励第三方物流企业进行专用性资产投资，采用杠杆租赁的具体模式如图2所示。模式涉及四个合同，首先物流需求方（M）与3PL签订物流外包合同，在此基础上，M对3PL的资信以及运营情况进行严格审查，如果希望长期合作并为之提供资金融通，双方再签订融资租赁合同，然后M根据3PL要求与设备生产企业签订购买合同。由于租赁期间，M是租赁标的物的所有者，利用标的物为抵押与银行签订抵押贷款合同。因此，资金的最终来源仍然是银行，只是以资信状况较好且对3PL更为了解的制造企业为担保，降低银行的贷款风险，融资租赁所有权和使用权分离的特点，使得租赁标的物同时也是抵押物的设备在租赁期的所有权属于制造企业，防止3PL破产等因素对贷款造成的风险，这是一种适合应用于物流外包领域的融资租赁模式。

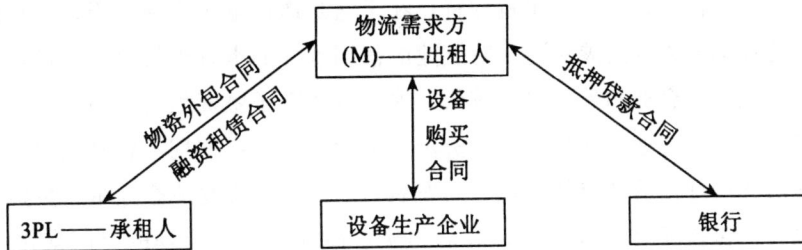

图2　物流外包中杠杆租赁的交易模式

2．"项目租赁"的融资租赁形式

物流外包中专用性资产投资从另一个角度来讲是针对合作项目的，根据这一特点，引用项目融资租赁的形式，不仅可以促进专用性投资，而且可以促进资产的最优使用，使双方更大程度地实现利益共享，风险共担。项目融资租赁是融资租赁的一种创新形式，区别于传统融资租赁之处在于，双方并没有事先规定固定的还款金额和周期，租金以租赁物本身投产后所产生的现金流为基础，双方约定按一定比例支付，即出租人和承租人共享该租赁项目的收益。它在基本融资方式上由简单融资租赁的企业融资方式转变为立足于项目收益的项目融资方式，因此不溯及项目母体，也不需第三方提供担保。在还租方式上，它采用定期不定额方式，在会计准则上属于或有租金，多少源于项目的收益。"项目租赁"的融资租赁模式可以降低第三方物流企业的还款压力，因为其还款额直接取决于其承担的物流外包项目，使得物流需求方无法提前终止物流合约，保证了第三方物流企业专用性投资的收益。

融资租赁因为形式灵活的特点近年来发展迅速，物流外包中合作双方可以根据自身特点选择更为适用的融资租赁模式，使得物流需求方充当出租人的形式更为多样，增加其为第三方物流企业提供融资租赁的积极性，有效激励第三方物流企业的专用性资产投资。

三、融资租赁治理模式的效果评价

（一）融资租赁模式可提高物流需求方的外包收益

相对于物流需求方对高端物流的需求，目前我国第三方物流企业仍处在发展初期，规模较小，资金有限，抗风险能力较弱，诸多因素制约了物流服务质量的提高。通过融资租赁模式为3PL提供资金融通，给物流需求方带来的收益主要体现在以下三方面：

第一，培育满足自己需求的物流服务提供商，形成长期稳定的关系。

第二，有效控制投资用途，保证收益。物流需求方在外包中引入融资租赁的模式，一方面为3PL提供了资金融通，在其发展初期为其提供资金支持；另一方面融资租赁模式严格限制了资金的使用方向，在给予物流服务商扶持的同时，保证资金用在自己的项目上，最大限度地保证了物流需求方的收益。

第三，激励3PL进行专用性资产投资，获得高质量物流服务。融资租赁合同将资产所有权与物流外包合同直接挂钩，使得被违约方拥有资产所有权的最终选择权，从而降低3PL的专用性投资风险，激励其投资，保证物流需求方所获得物流服务的质量。

（二）融资租赁模式可激励 3PL 的专用性资产投资

在物流外包中引入融资租赁模式，可解决第三方物流企业发展初期的资金来源问题，并通过与 3PL 形成长期稳定的合作关系，降低其投资风险，有效激励其专用性资产投资。融资租赁的进入门槛较低，相对于银行信贷和金融市场直接融资，融资租赁的特点在于它是通过融物实现融资，在具体操作上，主要看重租赁项目本身的效益和其未来的发展潜力，对企业的信用状况的审查也仅限于项目本身，一般不需要第三方担保，总体上在办理时对企业担保的要求较低。这充分体现了融资租赁在中小企业发展过程中的重要作用，物流企业正是这种中小企业的典型代表，资金需求量大，但在初期不容易获得贷款和直接融资。除此之外，融资租赁在财务处理上的特点使其能够为发展初期的第三方物流企业带来更多的资金融通。总的来说，融资租赁通过分期付款和延期付款使 3PL 获得资金融通，通过合理的合同安排降低其专用性投资套牢的风险，从而提高 3PL 专用性资产投资的水平，其所有权与控制权的分离又保证了 3PL 获得资产使用权从而能高质量地完成物流服务。

（三）融资租赁模式可促进物流业的发展

随着融资租赁业务的不断发展，其金融方面的功能从简单的融资功能扩展到全方位的金融功能。融资租赁之所以在全球持续蓬勃发展，其本身所具有的独特优势是根本内在原因。与银行信用等传统融资方式相比，融资租赁具有资金用途明确、担保简单、方便、灵活等特点，发展融资租赁具有重要的经济意义，此外国家为扶持融资租赁业制定的特殊优惠政策，是融资租赁高速发展的外因。从宏观角度来看，在物流领域引入融资租赁带来的经济效益主要体现在以下几个方面：保证投资方向，促进物流业发展。融资租赁有利于国家控制投资规模和方向，调整产业结构和实现产业结构的升级换代。降低银行信贷风险，优化物流业融资环境。另外，租赁具有独特的逆市场发展特点，对宏观经济有一定的调节作用。在经济繁荣时期它的融资功能发挥主导作用，在经济萧条时期它的融物功能（推销功能）发挥主导作用，有利于抚平宏观经济的不利波动，保持宏观经济平稳持续发展。无论市场朝哪个方向变化，也都能给融资租赁业带来商机，从而有利于调节作用的正常发挥。

四、融资租赁在物流外包领域应用的政策建议

本文主要证明了在物流外包中引入融资租赁，有利于激励第三方物流企业的专用性资产投资。同时通过对融资租赁这一现代融资模式的研究，分析了物流外包中引入融资租赁的具体形式及其给各方带来的收益。政府应通过政策配合，鼓励融资租赁在物流外包中的应用。

（一）营造良好的租赁环境

营造良好的租赁环境，除了要努力培育诚信的市场主体、有实力的出租人外，更重要的是加强立法，理顺监管秩序。我国融资租赁业仍处在一种多头管理、政策不一的状态，融资租赁业管理呈现"三足鼎立"的格局：一是商务部监管四十多家中外合资和两三家外商独资租赁公司；二是商务部管理大约 1 万家内资租赁公司；三是银监会管理十多家金融租赁公司以及一些兼营融资租赁业务的企业集团、财务公司和信托租赁公司。由于我国现有融资租赁业务主要是以融资为目的的简单形式，职能部门的监管关注的是金融机构或专营租赁公司，对于厂商从事融资租赁业务仍没有明确的监管单位。从发达国家的经验来看，逐步淡化行政管理，通过全面有效的法制对融资租赁各个行为主体加以规范、监管是长期、持久发展的有

效形式。

（二）给予政策优惠

融资租赁由于其表外融资以及税前扣除折旧等特点，成为中小企业融资的重要途径，在获得资金融通的同时，最小程度地影响企业再融资能力，通过加速折旧在发展初期使企业获得更多的发展资金。为了促进物流业的发展，我国税法对物流企业固定资产投资有很多优惠政策，包括加速折旧、增值税减免等，这些优惠政策都是以物流企业为直接受益主体的。

由于银行信贷很难满足物流企业发展需求，越来越多的物流企业希望通过融资租赁模式获得发展的资金，而租赁公司和生产企业作为融资租赁出租人承担风险的同时，并不能同时享受与物流企业自身投资相同的优惠政策，这使得物流外包的融资租赁发展缓慢。国家可以推行一些鼓励性政策，比如在物流领域，允许融资租赁资产在出租人账户里按资产方式加速折旧，享受税前扣除以及降低税率等优惠政策。

（三）加大"银租合作"

在我国，银行信贷是企业融资的最主要途径，但由于中小物流企业规模小、信用等级较低、缺乏担保抵押，很难获得大规模的银行信贷。本文提出的融资租赁模式，生产企业为了激励自己的物流服务提供商进行更多的专用性资产投资，通过融资租赁的模式给予其资金融通，这样既解决了中小物流企业融资问题，同时有效激励了专用性资产投资。生产企业充当融资租赁出租人，与其从市场成熟的物流服务商处获得服务相比，对其自有资金占用较大，单单是第三方物流企业专用性投资带来的物流服务质量提高，有时不足以激励生产企业通过融资租赁模式给予第三方物流企业资金融通。这种情况下，可以采用"银租合作"的模式购进融资租赁标的物，一方面，银行将贷款发放给生产企业，以其信用及固定资产作为担保，大大降低了贷款风险；另一方面，生产企业从银行获得资金融通再将其转给自己的物流服务提供商，在有效激励物流服务提供商投资的同时，并没有过多占用自有资金。同时，需要国家相关政策给予支持，银行在信贷投放上给予优惠，同时生产企业在财务处理上得到一定放宽，使得其为物流企业提供的资金融通最小限度地影响自身的财务指标。

总之，采用融资租赁的模式解决物流外包中的专用性投资不足的问题，不仅需要融资租赁所有权的设置对于物流外包契约的改进，还需要政策法律、合同安排以及财务可行性等多方面的配合才能实现，最终形成"资金合作—业务合作—退出机制"相结合的合作机制，实现"物流外包合同—融资租赁合同"的相互补充、相互促进，在提高物流外包中专用性投资水平的同时，使双方合作关系更加稳固，在合作中获取更多的收益。

参 考 文 献

[1] Artz, K. W., and Brush, T. H.. Asset specificity, uncertainty and relational norms: An examination of coordination cost in collaborative strategic alliances. Journal of Economic Behavior & Organization, 2000, 41.

[2] Bensaou, M., and Anderson, E.. Buyer-supplier relations in industrial markets: When do buyers risk making idiosyncratic investments. Organization Science, 1999, 10 (4).

[3] Clein, B.. Borderlines of law and economic theory: Transaction cost determinants of unfair contractual arrangements. American Economic Review Thesis and Proceeding, 1980, 70.

[4] Coase, R. H. . The nature of the firm. Journal of Law. Economics and Organization, 1937, 4.

［5］ Crawford, V. . Long-term relationships governed by short-term contracts. Princeton University，1986.

［6］ Dyer, J. H. , and Singh, H. . The relational view：Cooperative strategy and sources of inter-organizational competitive advantage. Academy of Management Review，1998，23（4）.

［7］ Georg Noldeke, and Klaus M. Schmidt. Option contracts and renegotiation：A solution to the hold-up problem. RAND Journal of Economics，1995.

［8］黄秀清．租赁经济研究．北京：商务印书馆，1997.

［9］蓝薇．论融资租赁对我国中小企业的金融支持．特区经济，2006，5.

［10］李学伟，曾建平，卢勃．中国物流交易模式理论．北京：清华大学出版社，2004.

［11］刘彦平．第三方物流的契约经济理论分析．学习与探讨，2006，2.

［12］汤世强，季建华．供应链合作伙伴关系中的一个多阶段投资有限期合作模型．上海交通大学学报，2005，39.

［13］田宇，朱道立．物流联盟形成机理研究．物流技术，2000，2.

［14］王春艳．专用性投资的模块化治理研究［硕士学位论文］．大连理工大学，2004.

［15］杨瑞龙，杨其静．专用性、专有性与企业制度．经济研究，2001，3.

［16］游战清，何军，郑利强．依托融资租赁，建设现代物流．权威论坛，2003，11.

［17］余晓川，季建华，邵晓峰．物流合作中最优专用性投资的激励契约设计．上海交通大学学报，2006，9.

［18］张珩，黄培清，张存禄．企业供应关系的供应商专用性投资．中国管理科学，2002，3.

［19］郑志刚．产权作为提供专用性投资激励机制的缺陷和通路管制理论．南开经济研究，2001，6.

［20］周淑惠．论融资租赁对我国中小企业的金融支持．商业现代化，2006，485.

运营战略、服务供应链与供应链整合

● 吴先明[1]　杜丽虹[2]

（1，2 武汉大学经济与管理学院　武汉　430072）

【摘　要】 全球供应链管理已日益成为运营战略的核心问题，尤其亚太地区在全球供应链中的地位逐渐提升，对其供应链管理战略的研究也随之备受关注。本文基于"第三届运营与供应链管理国际会议"的主题讲座和最新研究成果，对国内外供应链管理领域的研究趋势和理论发展进行了梳理，由此概括总结该领域研究的最新趋向乃是集中在关键运营活动的竞争优势、服务供应链管理、供应链整合以及供应链绩效评价等方面，并对未来供应链管理的理论发展方向进行展望。

【关键词】 运营战略　服务供应链管理　供应链整合　供应链绩效

亚太地区国家已成为全球制造中心，在全球供应链中占有越来越重要的地位。亚太地区公司规模的迅速扩大及其策略的变化，不仅带动地区经济的发展，更牵动全球经济的走向，这是历史上前所未有的。为促进亚太地区和区域外研究者之间的合作，探讨亚太地区经济发展和公司运作与供应链战略，"第三届运营与供应链管理国际会议"（ICOSCM2009）于 2009 年 7 月 28 日至 30 日在武汉大学举行。此次国际会议由武汉大学、重庆大学和香港中文大学联合举办，国内外学者 160 余人参加了会议，其中约 60 名学者来自国外或境外院校和研究机构，包括美国、英国、法国、加拿大、澳大利亚、丹麦、瑞典、日本、印度、马来西亚、斯洛文尼亚、中国香港、中国台湾等国家和地区。中国工程院院士李京文，英国伦敦商学院（London Business School）资深教授、欧洲运营管理学会创办人及原主席 Chris Voss，美国印第安纳大学（Indiana University）Kelly 商学院资深教授、《创新教育决策科学》和《质量管理》杂志主编 Barbara Flynn，佐治亚理工学院（Georgia Institute of Technology）管理学院教授、《生产与运作管理》杂志副主编 Vinod Singhal，亚里桑那州立大学（Arizona State University）商学院资深教授、《决策科学》杂志主编 Vicki Smith-Daniels，香港中文大学管理学院教授、《运营管理》和《决策科学》杂志副主编赵先德，国务院发展研究中心《管理世界》杂志编辑部主任尚增健，中国社会科学院工业经济研究所研究员、《经济管理》杂志副主编周文斌等参加了这次会议。与会代表对企业运营战略发展的新趋势、服务供应链管理、供应链整合以及供应链绩效评价等问题进行了深入研讨。现将主要内容综述如下。

一、企业运营战略的新趋势

在全球竞争的新形势下，企业的运营战略越来越多地关注与企业的全球竞争战略相协调，关注如何通过关键运营活动的改善来增强企业的竞争优势。全面质量管理（TQM）是企业建立竞争优势的重要方法，然而，全面质量管理并不是总能达到预期的效果，这里的一个关键因素是企业质量文化（quality culture）

的建立问题。美国福德汉姆大学（Fordham University）的 Sarah Jinhui Wu 认为，TQM 在一些企业无法成功实施的原因在于两个方面：其一，质量管理不是一项简单的实践过程或技术，它需要以某种价值系统作为基础；其二，质量实践中许多互相依赖的基本假设在进行全面质量管理时往往会受到置疑。因此，价值系统在质量管理中具有极为重要的作用，而质量文化则是价值系统在企业落地生根的载体。Sarah Jinhui Wu 检验了不同水平的质量文化对企业质量管理实践绩效的影响差异，发现质量文化在企业文化中若能占据主导地位，相应的质量管理实践在企业运营或特定环节中就能表现出更高的质量绩效（higher quality performance）。澳大利亚南澳大学（University of South Australia）的 Kym Fraser 以汽车代理商（new car dealership）市场为例，分析了质量文化在代理商企业的重要实践作用。Kym Fraser 认为，质量文化包含全面质量管理实施的基本原则和因素，即高层管理支持（top management support）、以顾客为中心（customer focus）、流程管理（process management）和员工参与（employee involvement）。实证研究证明，质量文化对于提高汽车代理商的服务水平和经营绩效具有显著的积极影响。重庆大学黄波等人提出了基于双边道德风险的质量控制模型（quality control model based on double-sided moral hazard）。这一模型强调通过质量跟踪和溯源（quality tracing），从供应商和企业两方面进行质量控制，从而保证最终产品质量，并使供应商和企业双方都能获得最佳的质量效益。

企业运营战略研究的另一重要课题是存货管理问题。南京理工大学宋华明等人对存货决策模型进行了修正和改进，他们将厂房规模（lot size）、生产率（production rate）和生产周期（lead time）考虑进来，对存货决策和订单生产决策进行整合，重新构建了解决最佳订货量和生产决策问题的整合存货模型（integrated inventory model）。南京财经大学的王亮和李世勋则以零售业为例，探索了基于两级配送中心的最佳存货决策模型，以实现零售企业采购、配送、运输和销售系统中整体成本最低。台湾长庚大学张锦特和政治大学林育谆则针对季节等周期性因素对最佳存货决策模型进行了修正。

产品召回（product recalling）是企业运营战略研究中备受关注的新兴课题。香港中文大学赵先德和李怡娜等人以中国公共贸易企业为例研究了产品召回对股东财富的影响。他们以中国 29 家上市公司 2002—2008 年的数据为样本，将我国企业产品召回制度对经营回报的影响与西方企业的相关影响进行比较分析，结果发现，产品召回对企业经营绩效确实存在负面影响，并且，这种负面影响在中国市场比西方市场表现得更为显著。贵州财经学院袁开福等人则将产品召回与存货决策相结合，提出包含产品召回的存货决策模型。他们认为，已用产品往往会遵循一定比率由顾客处回收到企业中来，这类已用回收产品（return product）中满足质量要求的部分将由企业再制造，另一部分则会被企业丢弃。再制造产品与产成品在满足顾客需求方面具有同样的价值，回收产品的质量好坏将会影响产成品参与再制造的比例，最终影响企业所生产产品满足顾客需求的比例。实证结果显示，回收产品的质量水平越高，越有助于提高企业产品满足顾客需求的水平，越有助于企业控制生产成本和提高生产效率。

二、服务供应链管理

服务供应链（service chain）是近年来企业运营领域的重点研究课题之一。美国杨百翰大学（Brigham Young University）的 Scott E. Sampson 肯定了服务供应链的重要价值，认为服务供应链是以顾客为中心的流程化模式，应特别关注对顾客和供应商双方的所有权、所拥有的权利和所掌握的信息等问题的研究。Sampson 强调服务供应链中的双向关系，即服务供应链既涉及从生产者到顾客的关系，同时也包括从顾客反馈到生产者的关系。在此过程中，顾客将扮演双重角色，一是作为生产投入要素的提供者，二是作为流程产出品的消费者。

武汉大学孙慧敏构建了一个企业服务利润链（service profit chain）筛选模型，筛选出影响企业服务利润链的关键因素，包括企业服务运营机制（operating mechanism）、顾客与员工的满意和忠诚（customer and staff's satisfaction and loyalty）。孙慧敏认为，服务利润链与企业内部运营质量之间存在必然的逻辑联系，这种联系表现在以下方面：从顾客角度看，企业收益和获利能力增长与顾客忠诚度之间存在联系，而顾客忠诚又取决于顾客满意度，顾客满意度则与企业服务价值链相关联；从员工角度看，服务价值链的收益和运作情况受到员工满意度和忠诚度的直接影响，而员工满意度最终由企业技术支持和激励政策等因素决定。山西财经大学张爱文认为，服务供应链整体水平提升应将响应性物流服务的自然特征（natural characteristics of responsive service logistics）与满足顾客需求的规范特征（regularity of operation on customers' requirement）相结合。响应性物流服务是近年来物流研究领域的一个新兴课题，它强调物流企业在将服务传递给顾客过程中的响应和协调能力，强调满足顾客定制化和个性化的服务需求。英国埃克塞特大学（The University of Exeter）Roger Maull 通过研究 ILS（International Linen Service）案例，筛选出影响服务供应链的主要因素，并构建了一个服务供应链发展的闭合圈。

伦敦商学院 Chris Voss 指出，学者们对服务供应链这一新兴课题表现出极大的研究热情，大多数成果集中探讨影响服务供应链的关键因素，在方法上多以模型研究和案例研究为主，但目前在影响因素提炼和因素体系构建等方面尚未达成共识，并且始终存在研究重点和研究视角较为分散的问题。Chris Voss 认为，在服务供应链研究系统中应该包含服务购买（purchasing of services）、服务网络（service network）、服务导向软件系统（service oriented software）、服务外包（service outsourcing）、服务模块化设计（modular service design）和双向服务平台（two-sided service platform）等关键内容，这也是服务供应链管理的未来研究方向。

三、供应链整合

与会学者特别关注供应链整合（Supply Chain Integration，SCI）对供应链管理（SCM）的重要作用。西安交通大学霍宝锋和香港中文大学赵先德将 SCI 定义为"供应链成员间的战略合作，通过组织内部和跨组织的合作管理来实现产品流、服务流、信息流和现金流的有效和畅通，并最终在低成本和高效率条件下最大化满足顾客需求"。SCI 包括内部整合和外部整合两种形式，但无论哪种整合形式，关系管理、信任和关系承诺等因素对整合绩效将发挥重要作用。台湾中山大学侯君溥等人提出了信息共享战略（Information Sharing Strategy，ISS），强调战略导向的信息共享在供应链整合中的重要作用。信息共享战略是将信任和承诺两大要素通过过程和内容控制作用于整个供应链，最终实现降低供应链不确定性和提高供应链绩效的目的。他们构建模型并通过实证检验证明了影响供应链信息共享的过程方面（process aspect）和内容方面（content aspect）的因素。其中，过程方面包括供应链成员间的正式交流和相互适应因素，内容方面包括信息共享的质量、宽度和渠道等因素。中欧国际工商学院的 Martin Lockström 和 Joachim Schadel 对中国汽车行业 30 家企业进行案例分析，认为买方主导制（buyer-side leadership）将有利于激励供应链成员间的信任和承诺。华中科技大学关旭等人重点研究了供应链管理中的现金流问题，提出通过加强现金流服务提供商的现金流控制能力来促进供应链环节的协调、合作和共享。美国得克萨斯 A&M 大学（Texas A&M University）的彭晓松研究了供应链整合中的技术和环境驱动因素。他认为，在供应链整合过程中，不同成员间为实现信息交流将积极引入信息技术（IT）和任务环境（task environment），两者间的协同效应将直接影响供应链整合的信息管理绩效。其中，任务环境将从复杂性（complexity）、动态性（dynamism）和包容性（munificence）三个维度来影响管理过程，而信息技术则在制造环节基层运作、企业经营整合和企业间合作沟通三个方面为企业的供应链管理提供技术支持。

日本早稻田大学（Waseda University）的 Seung-Jin Ryu 和 Hisashi Onari 运用纳什均衡理论来解决供应

链自同谈判中面临的信息风险和合同风险问题。他们构建了合作协商模型（collaborative negotiation model）来提高供应链谈判所实现的合作绩效。他们发现，当供应链各方存在信息不对称时，各方在合同确定中所能实现的均衡点较低，意味着只能获得较低的合作效益；而当合作协商模型启动时，各方信息共享程度将得到提高，在信息沟通和协商双赢的原则推动下，供应链各方将达到更高的利益均衡点。马来西亚理工大学（University Sains Malaysia）的 Suhaiza Zailani 等人研究了绿色采购环节中的风险驱动因素，实证检验表明，来自消费者、行政机构等方面的舆论压力、政策变化以及社会责任是绿色采购环节中的关键风险因素。英国诺丁汉大学（Nottingham University）Ying Kei Tse 和 Kim Hua Tan 的实证研究证实，全球供应链中最重要的风险因素是产品质量风险。

供应链整合需要解决的一个关键问题是供应链成员的筛选问题。伦敦大学皇家霍洛威学院（Royal Holloway，University of London）的 David Barnes 研究了敏捷供应链（agile supply chain）管理中的成员选择问题。David Barnes 构建了一个成员选择的四步骤模型，并确定了三层次筛选标准。这一模型强调，应从候选成员的潜在整合性和可用信息两个维度对其进行初选（selection preparation）、预分类（pre-classification）、终选（final selection）和应用反馈（application feedback），在此过程中对潜在成员进行评价、反馈并最终确定对象。三层次筛选标准包括一般层次 GHC、行业导向层次 IHC 和最佳层次 OHC。中国矿业大学徐敏等人也研究了全球化条件下的供应链成员选择问题，他们提出，应从收益、机会、成本和风险四个维度衡量备选成员，并构建了相应的分析网络和指标框架。

供应链整合需要解决的另一个难题是协调机制问题。西南财经大学李胜等人基于退款期权契约（refund contract option）视角构建了供应链整合的协调模型。他们认为期权契约不仅可以为供应链整合协调过程设定相关标准和尺度，而且可以降低未来的风险，退款契约在其中的作用尤为明显。浙江大学刘南等人构建了基于回购契约（buy-back contract）的供应链整合协调模型，其基本要素包括回购合同、成本分担政策和销售回扣政策。这一模型强调合同在明确供应链成员间的协调机制、分散风险和收益分配等方面的重要作用。江苏科技大学王利等人提出了合作利润分配模型（the model of cooperation profit allocation），并对合作利润分配的实施机制进行了推演。该模型包含结构合作利润分配和运营合作利润分配两个层面。前者强调"质量变化"（quality change），主要基于供应链成员间"双向"（double-directional）合作和"主从"（principal-subordinate）合作关系确定利益分配机制；后者强调"数量变化"（quantity change），主张通过双赢和协商一致原则在供应链成员之间分配合作利润。

四、供应链绩效评价

供应链绩效评价是供应链研究中的前沿课题。供应链绩效评价首先需要解决的问题是绩效评价指标问题。中南大学卜华白等人通过研究虚拟企业绩效（Virtual Enterprise Performance，VEP）来为跨组织绩效问题提供分析框架和指标体系。他们运用模糊层次分析法（fuzzy-AHP method）创建了包含两层指标的企业绩效评价体系，即从盈利能力、运营能力、流动性、控制风险能力、内部管理、发展和创新能力等方面筛选关键二级指标，对跨组织绩效进行衡量。美国密歇根州立大学（Michigan State University）Carol Prahinski 和香港中文大学赵先德等以物流企业为例，对社会和经济因素对物流企业绩效的影响进行了实证研究。研究表明，来自政府、竞争者和消费者三方面的压力因素对物流企业绩效具有显著影响，其中对废料物流的影响程度明显高于回收产品物流。泰国国立法政大学（Thammasat University）的 Tritos Laosirihongthong 和美国内华达大学拉斯维加斯校区（University of Nevada Las Vegas）的 Keah Choon Tan 等人以亚洲汽车行业的 OEM 制造商为例，探讨了供应链绩效的衡量指标和影响因素，发现供应链管理投入、供应链整合、信息共享、供应链成员设施布局和地理区位等因素对供应链绩效具有重要影响。美国佐治亚理工学院的 Vinod Singhal 研究了供应链中断（supply chain disruption）对企业绩效的影响。他认为供应链中断的频率和程度将直接影响企业绩效，而这种影响作用又受到企业特征和竞争环境因素的调节。

美国印第安纳大学的 Barbara B. Flynn 一直致力于高绩效生产方式的研究。她提出了影响生产绩效的指标体系并在论文中进行了实证检验。她认为，生产模式决定了供应链管理的战略方向，因此，高绩效生产模式的决定因素同样会对供应链绩效产生直接影响。纽约州立大学（State University of New York）的 Nallan C. Suresh 肯定了生产绩效在供应链管理中的重要作用，并通过实证研究证实，单元型制造系统（Cellular Manufacturing System，CMS）、功能型工业布局（Functional Layout，FL）以及劳动力流动性（labor flexibility）对生产绩效具有显著的积极影响。戴顿大学（University of Dayton）Martin Stöβlein 则在研究中证实了参与行动研究（Participatory Action Research，PAR）方法对于提高供应链绩效的重要作用。他认为，PAR 方法有助于提高工人生产率、生产安全和满意度，有助于企业实现更高效的生产和流程管理，最终提高企业绩效。

五、研究展望

面对产业全球化和全球竞争的新环境，企业的运营和供应链管理面临许多新的机遇和挑战。与会学者认为，未来的研究需要把握全球化条件下供应链管理和企业运营的新特点，积极探索新形势下企业的战略创新和经营模式变革。在企业运营和供应链管理领域，具有重要研究价值的课题包括：亚洲企业尤其是发展中国家企业供应链管理的特性研究；制造类企业和服务类企业供应链管理的差异研究；供应链整合的管理机制和绩效评价指标研究；供应链风险识别和防范预警系统研究；供应链中断问题研究；质量管理和质量文化建立机制研究；供应链整合中的信息共享、信任、承诺等特定因素的实证研究等。未来的研究将集中体现两大特色：一是更广泛的数据和更先进的方法在现有课题上的拓展和创新；二是新兴课题的理论模式探讨和实证检验。

参 考 文 献

[1] Wu, Sarah Jinhui, Zhang Dongli, and Schroeder, R. G.. The impact of quality culture on quality practices customization. The Third International Conference on Operations and Supply Chain Management, Wuhan, Jul. 28 to Aug. 5, 2009：212-214.

[2] Fraser, Kym. Maintenance management：A review of what models are being used in industry today. The Third International Conference on Operations and Supply Chain Management, Wuhan, Jul. 28 to Aug. 5, 2009：738-748.

[3] Huang, Bo, Meng, Wei-dong, and Tao, Feng-ming, Li, Yu-yu. Design of quality control mechanism in ATO supply chain with double-sided moral hazard based on quality tracing. The Third International Conference on Operations and Supply Chain Management, Wuhan, Jul. 28 to Aug. 5, 2009：410-415.

[4] Song, Hua-ming, and Yang, Hui. Integrated inventory model with lot size, Production rate and lead time interactions. The Third International Conference on Operations and Supply Chain Management, Wuhan, Jul. 28 to Aug. 5, 2009：149-156.

[5] Wang, Liang, and Li, Shi-xun. Algorithm analysis of optimal inventory levels in a distributed two-echelon retailer system bases on poisson demands. The Third International Conference on Operations and Supply Chain Management, Wuhan, Jul. 28 to Aug. 5, 2009：381-385.

[6] Chang, Ching-Ter, and Lin Yu-Chun. A precise EOW model for seasonal demand variations. The Third International Conference on Operations and Supply Chain Management, Wuhan, Jul. 28 to Aug. 5, 2009: 83-89.

[7] Zhao, Xiande, Li, Yina, and Flynn, B. B., Ng, S.. The impact of product recall announcements on shareholder wealth: A study of publically traded companies in China. The Third International Conference on Operations and Supply Chain Management, Wuhan, Jul. 28 to Aug. 5, 2009: 789-790.

[8] Yuan, Kaifu, and Gao, Yang. Inventory decision-making on a hybrid system considering return products' quality and enterprises' service level. The Third International Conference on Operations and Supply Chain Management, Wuhan, Jul. 28 to Aug. 5, 2009: 157-164.

[9] Sampson, Scott E.. Understanding service supply chains. The Third International Conference on Operations and Supply Chain Management, Wuhan, Jul. 28 to Aug. 5, 2009: 805-806.

[10] Sun, Huimin. The determinants of efficient operation in service profit chain. The Third International Conference on Operations and Supply Chain Management, Wuhan, Jul. 28 to Aug. 5, 2009: 777-782.

[11] Zhang, Aiwen, and Chen, Junfang. The mode analysis of service logistics on the basis of quick response. The Third International Conference on Operations and Supply Chain Management, Wuhan, Jul. 28 to Aug. 5, 2009: 790-794.

[12] Maull, R., and Maull, W. etc. What is a service: The case of international linen service. The Third International Conference on Operations and Supply Chain Management, Wuhan, Jul. 28 to Aug. 5, 2009: 807-810.

[13] Huo, Baofeng, Zhang, Min, and Zhao, Li, Zhao, Xiande. Relationship management and supply chain integration: Literature review and a research framework. The Third International Conference on Operations and Supply Chain Management, Wuhan, Jul. 28 to Aug. 5, 2009: 484-492.

[14] Ho, Chin-Fu, Hung, Wei-Hsi, and Jou, Jau-Jeng, etc. Strategic orientation towards information sharing in supply chain management. The Third International Conference on Operations and Supply Chain Management, Wuhan, Jul. 28 to Aug. 5, 2009: 55-62.

[15] Lookstrom, Martin, and Schadel, Joachim, etc.. Antecedents to supplier integration: A multiple-case study in the Chinese automotive industry. The Third International Conference on Operations and Supply Chain Management, Wuhan, Jul. 28 to Aug. 5, 2009: 386-399.

[16] Peng, David. The environmental and technology drivers of value chain integration: An empirical study. The Third International Conference on Operations and Supply Chain Management, Wuhan, Jul. 28 to Aug. 5, 2009: 205-206.

[17] Ryu, Seung-Jin, and Onari, Hisashi. A collaborative negotiation model for realizing bargaining contract of nash bargaining solution. The Third International Conference on Operations and Supply Chain Management, Wuhan, Jul. 28 to Aug. 5, 2009: 695-700.

[18] Zailani, Suhaiza, and Eltayeb, Tarig. Drivers for green purchasing: An empirical study. The Third International Conference on Operations and Supply Chain Management, Wuhan, Jul. 28 to Aug. 5, 2009: 308-314.

[19] Tse, Ying Kei, Tan, Kim Hua, and Ng, Stephen. Managing product quality risk in global supply chain. The Third International Conference on Operations and Supply Chain Management, Wuhan, Jul. 28 to Aug. 5, 2009: 259-267.

[20] Wu, Chong, and Barnes, David. Partner selection in agile supply chains: A multi-phase conceptual model. The Third International Conference on Operations and Supply Chain Management, Wuhan, Jul. 28 to Aug. 5, 2009: 451-459.

[21] Li, Sheng, Dai, Dai, and Xu, Haiyan, etc.. A supply chain coordination model based on refund contract option. The Third International Conference on Operations and Supply Chain Management, Wuhan, Jul. 28 to Aug. 5, 2009: 366-372.

[22] Liu, Nan, Li, Yan, and Zhou, Haijian. Supply chain coordination with buy-back contracts in a two-period selling season. The Third International Conference on Operations and Supply Chain Management, Wuhan, Jul. 28 to Aug. 5, 2009: 508-514.

[23] Wang, Li, Ni, Mingming, and Qian, Wei. Design the model of cooperation profit allocation mechanism of one kind of supply chain. The Third International Conference on Operations and Supply Chain Management, Wuhan, Jul. 28 to Aug. 5, 2009: 416-422.

[24] Bu, Huabai, and Gao, Yang. A two-tier comprehensive evaluation measure model about VEP: Based on fuzzy-AHP method. The Third International Conference on Operations and Supply Chain Management, Wuhan, Jul. 28 to Aug. 5, 2009: 14-18.

[25] Ye, Feng, Zhao, Xiande, and Prahinski, Carol. The impact of institutional pressures, Top managers' posture and reverse logistics on firm performance. The Third International Conference on Operations and Supply Chain Management, Wuhan, Jul. 28 to Aug. 5, 2009: 206-211.

[26] Laosirihongthong, Tritos, Tan, Keah Choon, and Adebanjo, Dotun. Supply chain management and operational performance: An exploratory analysis of ASEAN automotive OEM suppliers. The Third International Conference on Operations and Supply Chain Management, Wuhan, Jul. 28 to Aug. 5, 2009: 515-522.

[27] Suresh, Nallan C.. Performance comparisons of cellular manufacturing and functional layout using chained labor flexibility. The Third International Conference on Operations and Supply Chain Management, Wuhan, Jul. 28 to Aug. 5, 2009: 173-176.

[28] Vaughn, Lisa M., and Stößlein, Martin. The benefits of applying participatory action research methodologies to supply and operations management. The Third International Conference on Operations and Supply Chain Management, Wuhan, Jul. 28 to Aug. 5, 2009: 910-924.

企业激励因素与职业经理人
能力发挥度的关系研究[*]

● 李锡元[1]　伊丽莎[2]

（1，2 武汉大学经济与管理学院　武汉　430072）

【摘　要】本文是针对企业激励因素与职业经理人能力发挥度之间关系的实证研究，通过调查问卷的方式获取相关数据，并运用 SPSS 社会科学统计软件对数据进行统计分析和归纳总结。研究表明，职业经理人对企业激励因素的感受程度会影响他们的能力发挥度，其中工作激励因素影响更大；职业经理人的个人特征和企业特征会影响他们对企业激励因素的感知以及他们的能力发挥度。因此，企业要充分重视激励制度的安排，实现企业激励的科学化，保证职业经理人激励的有效性，提高职业经理人的能力发挥度，最终全面提高企业的竞争力。

【关键词】企业激励因素　职业经理人　能力发挥度

职业经理人的能力与企业的生存和发展密切相关，只有激励他们发挥能力才能使企业在激烈的竞争中始终保持生命力并立于不败之地。然而，目前我国绝大多数企业对职业经理人存在激励不足的问题，本文研究哪些激励因素对职业经理人能力发挥有影响及其影响程度，这将为现代企业寻求职业经理人激励路径提供依据并有助于调动他们的工作积极性和提高他们的能力发挥度。

一、文献综述

（一）激励因素的分析

1. 分类

激励因素是指产生激励效果的要素，它阐述的是人受激励后的行为是由什么激发并赋予活力的[①]。研究一类人激励影响要素的问题最终要归结为探究这类人的需要是什么，研究对职业经理人的激励因素，即研究哪些因素能够有效地满足经理人的需要，能更好地激励经理人努力工作[②]。

Newstrom J. W. 与 Davis K. 把激励影响要素分成两类：外在性激励源与内在性激励源[③]。前者诱发的

---

* 本文为教育部人文社会科学一般项目"企业激励因素与职业经理人能力发挥度的关系研究"（编号：07JA630078）的阶段性研究成果。

① Stephen P. Robbins. Organizational behavior：Concepts，Controversies and application. Prentice Hall Inc，1996：166.

② 杜刚，周金瑞，郭均鹏. 基于工作激励因素的企业人才类型分析. 决策与决策支持系统，1997：61-63.

③ Newstrom，J. W.，and Davis，K.. Organizational behavior—Human behavior at work. New York：McGraw-Hill Companies，1997：34.

动机是外在性的，当事者自身无法控制而由外界环境来支配，可进一步分为物质性和精神性激励源。后者的激励源泉则来自所从事的工作本身，依靠工作活动本身或工作任务完成时所提供的某些因素来满足，又可分为工作活动本身和工作活动完成的激励源。赫兹伯格在双因素理论中把激励影响因素分为两类：保健因素和激励因素①。保健因素的改善只能消除不满但不能激发积极性和促进生产率的增长，主要包括公司政策、行政管理、监督、与主管的关系、工作条件、与下级的关系、地位、安全等因素。激励因素的改善能激励职工的积极性和热情，从而提高生产率，主要包括工作富有成就感、工作成绩能得到社会承认、工作本身具有挑战性、负有重大的责任、在职业上能得到发展和成长等。从员工满意度量表中也可得出关于员工激励的因素：工作回报维度，包括工作认可度、事业成就感、薪酬福利、晋升机会；工作本身维度，包括工作合适度、职权匹配度、工作挑战性、工作胜任度；工作环境维度，包括工作条件、工作时间、工作地点；工作群体维度，包括领导信任、交流沟通、信息开放度；企业本身维度，包括企业文化、参与管理、规章制度②。中国科技大学学者在"企业科技人员激励因素强度分析"的研究中提出了企业科技人员的激励因素层次模型，见表1。该模型有4个层次：第一层表示企业技术人员主要关心的所有激励要素；第二层包含物质激励和精神激励两项内容；第三层包括5项内容；第四层包括14项具体的激励因素③。

表1　　　　　　　　　　　　　　　中国企业科技人员激励因素层次模型

第一层次	第二层次	第三层次	第四层次
激励	物质激励	传统报酬	工资
			奖金
			福利
		股权	股票期权
			技术股
	精神激励	个人发展机会	晋升
			培训
		工作内容适合度	符合个人要求
			工作挑战性
			工作成就感
		工作氛围	团队合作
			参与决策
			工作自由度
			工作设施

2. 排序

美国麦肯锡管理咨询公司（1998）通过对77家不同行业公司的200名高级行政人员的调查，将员工的激励因素分为公司因素、工作因素和薪酬与生活因素三个类别。在公司因素维度中，公司价值和文化

① Herzberg, F.. The motivation to worker. New York：Willey, 1959：156.

② 白芙蓉，张金锁，张茹亚．员工满意度与顾客满意度．企业研究，2002，3：55-56.

③ 姜丹，薛承会．企业科技人员激励因素强度分析．中外科技信息，2001，2：44-47.

（58%）、先进的管理制度（50%）、公司富有挑战性（39%）被列为最为重要的员工激励因素；薪酬与生活因素维度中，工作自由和自治度（56%）、工作挑战性（51%）和职位发展（39%）被列为最重要的激励因素；而工作因素维度中薪酬因素比较重要，但与前两个维度相比，各项因素的重要程度则没有那么高①。Kovach（1995）在对美国工业界的企业管理者和雇员进行的激励因素研究中发现管理者对雇员各项激励需求进行的排序与雇员对自己实际需要进行的排序存在明显差异②（见表2），管理者制定的多项激励政策往往没有真正满足员工的激励需求，难以达到其应有的激励效果。天津大学学者在关于我国企业人才激励影响因素的研究中，通过对沈阳市某国有企业技术与管理人才进行问卷调研得到了10项主要的激励因素以及它们对实际激励效果影响强度的排序（见表3），其中工作条件因素、人际关系因素和领导认可因素对于实际激励效果最为重要。

表2　　　　　　　　　　　　　　　　美国工业界的员工需求因素调查结果

激励因素	管理者	工人
高薪	1	5
工作稳定性	2	4
升迁及企业成长	3	6
好的工作环境	4	7
有趣的工作	5	1
管理层对员工的关心	6	8
合理的制度	7	9
工作所受的赞誉	8	2
关心员工的日常生活	9	10
工作认同感	10	3

表3　　　　　　　　　　　　　　　　激励因素对激励效果的影响程度排序

激励因素	影响强度排序
工作条件：专业对口程度、研究经费与设备、钻研业务的氛围	1
人际关系：同事之间的感情、相互合作关系、领导办事公正性	2
领导认可：工作自主权、领导信任、工作认可、赏识和重用	3
人才奖励：人才奖励办法的合理性	4
职称评定：升职政策的公平性、完善性	5
收入状况：收入与付出劳动之间的反差、分配制度的科学合理	6
社会风气：社会风气、清正廉洁程度	7
身心健康：工作对身心健康的影响、医疗条件	8
住房条件：住房面积、质量、环境	9
成长环境：本地区尊重知识、尊重人才的风气	10

① Elizabeth G. Chambers, Mark Foulon, Helen Handfield-Jones, Steven M. Hankin, and Edward G. Michaels Ⅲ. 人才战争. 麦肯锡高层管理丛林，2000，6：50-63.

② Kovach, K. A.. Employee motivation, Addressing a crucial factor in your organization's performance. Employment Relation Today, 1995, 22（2）：93-105.

（二）职业经理人能力及发挥度的分析

1. 职业经理人能力

保罗·戴蒂和莫里恩·安德森将职业经理人能力分为个人的才能（涉及自我理解和发展，包括认识能力、成熟才能、发展能力）、人际关系的才能（涉及了解和管理别人，包括影响力、领导能力、凝聚能力、洞察能力）、定性的才能（涉及了解和管理工作，包括专长能力、外部能力、企业内能力、行动和组织能力）三方面①。"MAP 管理才能评鉴"（Managerial Assessment of Proficiency）中指出负有管理重责的企业主管人员应具备行政能力（包括时间管理与排定、目标与标准设定和计划与安排工作）、沟通能力（包括倾听与组织信息、给予明确的信息和获得正确信息）、督导能力（包括训导与授权、评估部署与绩效和行为规范与智商）和认知能力（包括问题确认与解决、决断与风险衡量和清晰思考与分析)②。我国学者李靖在企业管理人员核心能力量表中这样分类：过程管理，包括决策、计划、组织、管理、控制这五个传统管理的核心成分；目标管理，包括创新、自我发展、沟通以及时间管理；压力管理，指向压力、风险、危机与适应；人际团队；知识意识，包括专业知识技能和从事经营管理活动的意识、感觉③。

2. 经理人能力状况比较

派瑞博士按"MPA 管理才能评鉴"所设定的 12 项基础能力，通过对全球 7 万名职业经理人进行研究，得出中国经理人在"目标与标准设定"方面的能力表现最为突出，与 17 个国家 7 万余名做过评鉴的经理人相比，指数为 75%，显示该项能力的水准在全球处于前 1/4 的位置。其他较高的能力为"计划与安排工作"，指数为 67%；"决策与风险衡量"，指数为 59%。但在部分能力上，中国职业经理人的能力较弱。最弱的能力为"倾听与组织信息"，指数为 20%。其他如"清晰思考与分析"，指数为 32%；"评估部署与绩效"，指数为 41%，与全球职业经理人相比，处于后 1/3 的位置。就 12 项能力所分属的四个能力组来比较，中国职业经理人在与"事"有关的工作能力群和认知能力群方面都有较佳的表现，平均指数为 53%，但在与"人"有关的沟通能力群和领导能力群方面，平均指数为 39%，表现不尽如人意。而美国和新加坡的职业经理人在"对事"与"对人"的能力上差距甚小，可以说是平衡发展④。

3. 职业经理人能力发挥度的影响因素

职业经理人拥有良好的能力，并不代表他就可以在企业经营中使其能力得到发挥，作用得到体现，因为能力的最终发挥程度是许多因素作用的结果，可归纳为三方面的因素：企业外部因素，主要指的是社会的经济、政治、文化、科技环境以及行业特点、市场特点等；企业内部因素，主要包括企业的管理制度、激励机制等；职业经理人本人因素，指经理人自身的努力程度、自身的适应性等。本研究重点研究企业内部因素中激励因素（以后简称企业激励因素）对职业经理人能力发挥度的影响作用。

（三）企业激励因素与能力发挥相关性的研究

赫茨伯格的"双因素理论"认为真正能起激励作用的只有激励要素，保健因素不影响激励效果。但我国部分学者却认为，在我国的国情和文化背景下，赫茨伯格列举的保健因素和激励因素都能激励人才能力的发挥。

---

① 保罗·戴蒂，莫里恩·安德森. 有才能的总经理. 北京：时事出版社，2003：135.

② Managerial Assessment of Proficiency & Perspectives. http://www.bw.edu

③ 李靖. 企业管理人员核心能力量表的编制. 心理科学，2003，26（5）：957-958.

④ 水平. 中国职业经理人还缺什么. 时代潮，2001，17：30-31.

国内能够为此观点提供依据的实证研究有两类，一类是以喻春生等（1989）① 为代表的中国人需求重要性实证调查。该研究论述了如果想研究诱发人们的激励效果的影响因素，首先要了解被激励者的需求内容以及强度，因为正是这些需求诱发了人们的工作动机。需求重要性研究分别在中国东部的丝织、机械、制药、日用化工等行业的工厂进行了问卷调查，对中国人最需要的 5 项需求做了调查和分析，结果如表 4 所示：

表 4

中国人需求重要性顺序表

项目排序	需求项目	选择人数百分比（％）
1	工资奖金比较高	15.4
2	能发挥我的才能	13.5
3	有所作为，获得自我实现感	10.7
4	福利待遇比较好	10.4
5	能体现个人价值	6.6
6	工作有保障，职业稳定	5.5
7	能够从工作中得到友情	4.6
8	有自信心	4.0
9	能做出成绩，获得成就感	4.0
10	能做有意义的工作	4.0
11	有责任感	3.7
12	能晋级和提升	3.5
13	地位较高	3.4
14	能做出重大决定	2.1
15	能从事有挑战性的工作	2.0

从上述研究结果可以看出，除了有自信心（第 8 项）以外，其他项目基本都属于赫茨伯格列举的保健因素和激励因素的范围，其中有薪金（第 1、4 项）、成就感（第 2、3、9、14、15 项）、工作安全性（第 6 项）、与同级的关系（第 7 项）、责任感（第 11 项）、提升（第 12 项）、地位（第 13 项）。认同需求人数比例最高的为 15.4％，最低的也为 0.3％，可见激励、保健因素满足的需要对中国人来说都是很重要的。部分保健因素比激励因素更能满足人们的需要，例如薪金平均数值为 12.9，大于成就感（5.72）、责任感（3.7）等激励因素的平均值，也就是说保健因素和激励因素都对中国人的才能发挥都具有激励性。

第二类实证研究是价值观研究。黎伟②通过对成都和广州的 560 位工人和管理人员进行的中国文化维度分析调查，得出了中国人价值观要素排序，本研究截取了部分与激励因素、保健因素相关的价值观排序，见表 5。

① 喻春生，理查德·C. 休斯曼，约翰 .D. 哈特靠尔德 . 职工需求与管理技巧模式以及跨文化比较 . 管理世界，1989，2：52.

② 黎永泰，黎伟 . 企业管理文化阶梯 . 成都：四川人民出版社，2002：459-462.

价值观	均值	方差
和谐的人际关系	4.31	0.92
晋升	4.23	0.91
名望和社会地位	4.13	0.90
培训机会	4.01	0.89
独立自主	3.92	0.85
收入	3.78	0.91
权势	3.62	0.82
赏识	3.41	0.83

由这一研究可以得出结论，虽然保健因素中的薪金的激励效果（价值观体现为收入）没有需要重要性调查的结果那么明显，甚至低于绝大多数的激励因素（价值观体现为晋升、名望和社会地位），但是也有保健因素，如人际关系因素（价值观体现为和谐的人际关系）远远超过其他激励因素，排在第一名。此调查结果仍然支持在中国保健因素也可以很好地激发人才发挥才能这一观点。

二、变量提取及变量关系模型构建

（一）变量提取

职业经理人有回报、工作外部条件、成长、工作本身和人文环境五方面需求（见图1），而对职业经理人的激励离不开对其需要的研究，本文在归纳总结以往学者研究成果的基础上联系职业经理人的需求将企业激励因素分为三类（见图2）。工作激励因素包括工作本身产生的激励因素和工作对个人成长有影响的激励因素。把参与管理归为与工作相关的激励因素，因为它体现了经理人对工作开展和公司决策的影响力。外部条件的满足对于职业经理人工作积极性的影响也十分重要，外部条件越好，工作激励程度越高，外部环境因素的满足将为职业经理人的工作提供有力的保障。职业经理人的激励状态除了受到工作激励因素和外部激励因素影响外，周边环境的影响也十分重要。经理人能否对本职工作得心应手在很大程度上影响了其心理状态，给其带来事业自豪感或工作压力感，影响到其与其他人交往以及工作合作的方式和状态，因此将工作胜任归为该类。工作兴趣则主要体现经理人所从事的工作与个人兴趣爱好相符合的关系，它与经理人的个人生活方面存在很多相关性，因此，把工作兴趣也归为该类因素①。

归纳总结国内外学者对职业经理人能力要素的分类，本文认为评价职业经理人的能力及其发挥度应该包括一般能力和特殊能力两个方面。其中一般能力是职业经理人从事管理工作必须具备的基础能力，具体指标为：观察力、记忆力、注意力、思维能力、想象力五个方面。特殊能力是职业经理人是否适应其职位的任职要求的专项能力，具体指标为：计划控制能力、组织协调能力、沟通交际能力、分析判断能力、领导能力和创新能力六个方面②。

职业经理人激励是个十分复杂的体系，经理人的需求以及激励因素发生作用的情况可能受到各种

---

①   程辉．高科技企业知识型员工激励因素研究．浙江大学硕士学位论文，2002：71.
②   潘晶．民营企业管理制度安排与职业经理人能力发挥度的关系研究．浙江工业大学硕士学位论文，2005：63.

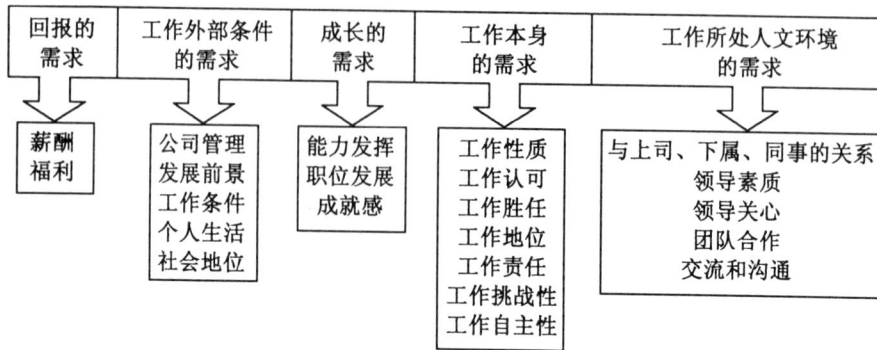

图 1　职业经理人需求图

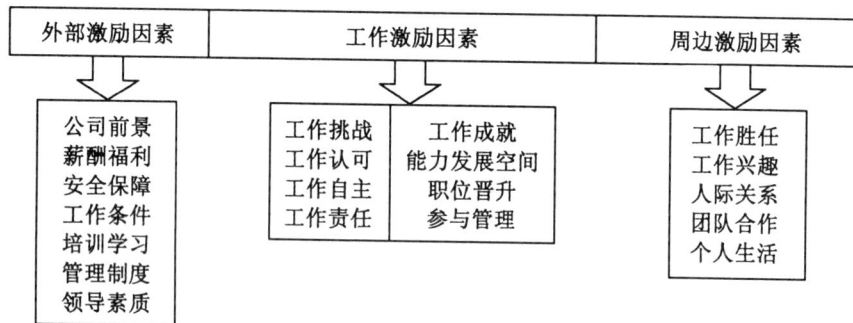

图 2　激励因素分类图

内部和外部环境因素的干扰而产生变化。20 世纪 80 年代后期以来，国内外学者进行了不少定性和定量的研究，逐步发现了一些对于经理人激励产生影响的干扰变量以及它们之间的相关变化。由于性别、年龄、教育程度、职务、管理年限、企业成立年限、企业规模等经理人特征变量和企业特征变量对职业经理人对激励程度的感知有一定的影响作用，我们将它们称为干扰变量，这七个干扰变量是本文研究的范围。

（二）变量关系模型及研究假设

本文构造企业激励因素与职业经理人能力发挥度的变量关系模型（如图 3 所示），并通过实际取证和数据整理，用定性和定量分析相结合的方法对各种企业激励因素对职业经理人能力发挥度的影响程度进行比较，以更好地分析二者关系。

假设 H1：职业经理人对工作激励因素、外部激励因素、周边激励因素的感受程度与其一般能力发挥度和特殊能力发挥度显著正相关。

假设 H2：职业经理人对 20 项具体激励因素的感受程度与其一般能力发挥度和特殊能力发挥度显著正相关。

假设 H3：个人特征变量（性别、年龄、教育程度、职务、管理年限）和企业特征变量（企业成立年限、企业规模）将影响职业经理人对各类企业激励因素的感受程度和其能力发挥度。

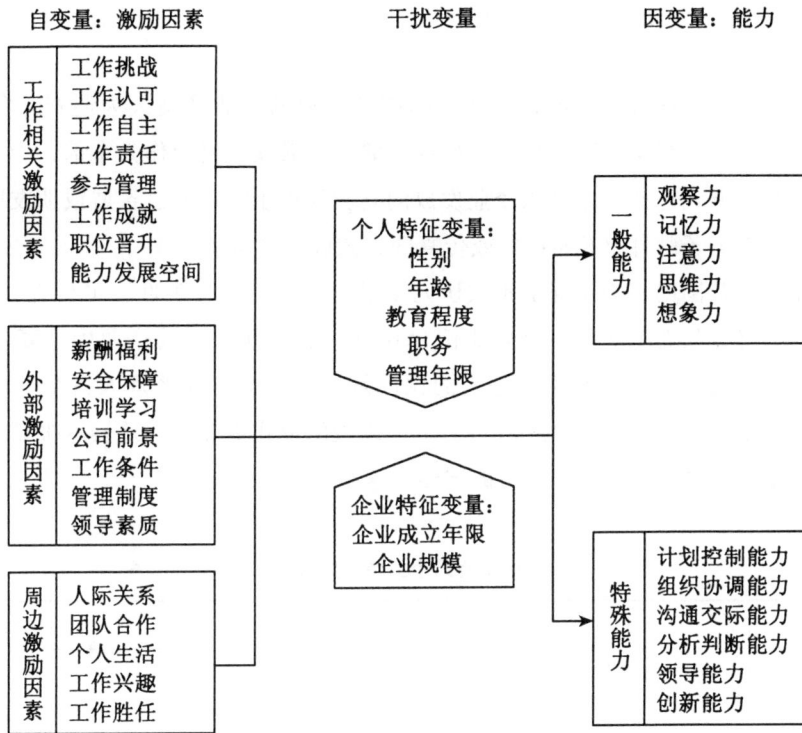

| 自变量：激励因素 | 干扰变量 | 因变量：能力 |

图 3 企业激励因素与职业经理人能力发挥度的变量关系模型

三、实证分析过程

（一）问卷设计

本研究调查问卷主要设计三部分内容：

第一，背景资料调查。主要调查职业经理人的性别、年龄、学历、职务、从事公司管理年限、企业成立时间、企业总资产等内容。

第二，激励因素重要程度测量和激励因素实际感受程度测量。重要程度测量分两部分进行：第一部分要求被调查者对 20 个激励因素用 5 点量表记分，评价标准为：1——不重要、2——不太重要、3——比较重要、4——重要、5——很重要，从而得到各个激励因素和分类激励因素的重要程度得分。第二部分要求被调查者在 20 个激励因素中选出他们认为对于能力发挥度影响最大的一项。感受程度测量让被调查者根据自己在工作中对 20 个激励因素的实际感受程度进行 5 点量表记分，评价标准为：1——很差、2——差、3——一般、4——好、5——很好，从而可以得到各个激励因素和分类激励因素的实际感受得分。

第三，职业经理人能力拥有状况测量和能力发挥状况测量。该部分要求被调查者用五点 Likert 量表对每项能力拥有状况及发挥状况记分，评价标准为：1——很差、2——差、3——一般、4——好、5——很好。再根据对各项能力赋予的权重（一般能力中，观察力 0.2、记忆力 0.2、注意力 0.2、想象力 0.1、思维能力 0.3，共计 1.00；特殊能力中，计划控制能力 0.15、组织协调能力 0.15、沟通交际能力 0.15、分析判断能力 0.2、领导能力 0.15、创新能力 0.2，共计 1.00）得到一般能力和特殊能力拥有状况及发挥状况的加权得分，并利用公式"能力发挥度 = 能力发挥状况 ÷ 能力拥有状况"得到各种能力发挥度的分数、一般能力发挥度的分数和特殊能力发挥度的分数。

（二）样本情况

从本文研究目的出发，根据研究内容，本文选择中国企业的职业经理人为调查对象，包括企业总经理、各部门经理及负责人等中高层经理人员。本研究以北京、武汉、贵阳作为东部、中部、西部地区的代表进行取样。发放问卷的方式包括亲自进入企业发放问卷和现场填写；通过亲戚或朋友联系企业并代为取样，然后通过邮寄、发送电子邮件（E-mail）或传真的方式收取样本。

在时间及经费允许的范围内，为了保证本次研究结果具有较强的代表性，本研究共发放问卷200份，回收问卷161份，其中有效问卷110份，有效比例为68%。在本次调查的企业中，高层管理者中职业经理人的比例是21.8%，中层管理者中职业经理人的比例是17.4%，职业经理人占全部中高层管理者的比例是18%，职业经理人占企业职工总数的8.2%。下面以表的形式更加直观地表示被试样本及样本所在企业基本情况。样本所属企业情况统计见表6。被试样本基本情况统计见表7。

表6 样本所属企业情况统计

调查内容	分 类	频 数	百分比（%）
企业成立年限	2 年以下	8	7.3
	2～5 年	28	25.5
	6～10 年	12	10.9
	10 年以上	62	56.4
企业规模	不到 5000 万元	30	27.3
	5000 万～5 亿元	40	36.4
	5 亿元以上	40	36.4

表7 被试样本基本情况统计

调查内容	分 类	频 数	百分比（%）
性别	男	72	65.5
	女	38	34.5
年龄	25 岁以下	10	9.1
	26～35 岁	54	49.1
	36～45 岁	32	29.1
	46～55 岁	12	10.9
	55 岁以上	2	1.8
教育程度	中专或高中	2	1.8
	大学专科	31	28.2
	大学本科	45	40.9
	硕士	20	18.2
	博士	12	10.9

调查内容	分类	频数	百分比（%）
职务	中层管理人员	72	65.5
	高层管理人员	38	34.5
管理年限	5年以下	32	29.1
	5~10年	36	32.7
	10~20年	26	23.6
	20年以上	16	14.5

（三）描述性统计分析

1. 激励因素重要程度测量问卷的统计分析

通过统计企业激励因素重要程度测量问卷的结果，我们得到职业经理人认为最重要的激励因素应该是：薪酬福利（26.4%）、职位晋升（20.9%）、工作成就（12.7%）、公司前景（11.8%）、领导素质（8.2%）和发挥空间（5.5%），这6项企业激励因素共占了20项激励因素的82%，其余14项激励因素总和仅占20项激励因素的14.5%；而根据各项企业激励因素重要程度的得分，排在前列的激励因素是：薪酬福利（4.36）、工作成就（4.20）、发挥空间（4.15）、职位晋升（4.13）、工作挑战（4.07）、领导素质（3.96）、工作认可（3.95）、公司前景（3.89），两项结果基本一致。根据该结果我们可以了解到职业经理人对企业激励因素的需求特点。

2. 激励因素实际感受程度测量问卷的统计分析

通过统计我们得到职业经理人对周边激励因素的感觉最好，达到3.48；外部激励因素的感觉次之，达到3.42；感觉最差的是工作激励因素，只有3.27。具体说来他们在实际工作过程中感受较好的激励因素是：公司前景（3.71）、团队合作（3.71）、人际关系（3.67）、工作条件（3.64）、工作责任（3.60）和工作胜任（3.60）。与前面激励因素重要程度排序的结果相比较，除了公司前景这一因素外，其他在重要程度列表中占前列的激励因素，如薪酬福利、职位晋升、工作成就、领导素质、发挥空间、工作挑战、工作认可等，在感受程度列表中并没有排在前列，这说明企业在这些激励因素方面做得还不够，没有达到职业经理人的需求和愿望。

3. 职业经理人能力发挥度测量问卷的统计分析

本文中职业经理人的能力发挥度是用能力发挥状况与能力拥有状况的比值来衡量的，即：

$$能力发挥度 = 能力发挥状况 \div 能力拥有状况$$

通过问卷第三部分对职业经理人能力拥有状况和能力发挥状况的测量，我们得到了相对应的能力发挥度数值，一般能力发挥度和特殊能力发挥度共11个指标的分数均值都接近数值1，说明各项能力发挥度都较好。

（四）相关分析

1. 分类激励因素与职业经理人能力发挥度的相关分析

从表8可知，工作激励因素、外部激励因素、周边激励因素与职业经理人一般能力发挥度和特殊能力发挥度都在0.01水平上显著正相关，假设H1得到证明。

表8   分类激励因素与职业经理人能力发挥度的相关分析

	一般能力发挥度		特殊能力发挥度	
	Pearson Correlation	Sig. （2-tailed）	Pearson Correlation	Sig. （2-tailed）
工作激励因素	.847**	.000	.787**	.000
外部激励因素	.558**	.000	.541**	.000
周边激励因素	.534**	.000	.481**	.000

注：**：Correlation is significant at the 0.01 level (2-tailed).

2. 具体激励因素与职业经理人能力发挥度的相关分析

从表9可以看出，除了工作兴趣这一项企业激励因素与职业经理人一般能力发挥度和特殊能力发挥度在0.05水平上成正相关以外，其余各项激励因素都在0.01水平上与职业经理人一般能力发挥度和特殊能力发挥度成显著正相关，假设H2得到证明。

表9   具体激励因素与职业经理人能力发挥度的相关分析

	一般能力发挥度		特殊能力发挥度	
	Pearson Correlation	Sig. （2-tailed）	Pearson Correlation	Sig. （2-tailed）
薪酬福利	.451**	.000	.362**	.000
培训学习	.381**	.000	.448**	.000
工作保障	.326**	.001	.360**	.000
公司前景	.503**	.000	.482**	.000
管理制度	.541**	.000	.545**	.000
工作条件	.262**	.006	.301**	.001
领导素质	.511**	.000	.414**	.000
职位晋升	.553**	.000	.539**	.000
发展空间	.698**	.000	.594**	.000
工作成就	.625**	.000	.515**	.000
工作认可	.555**	.000	.452**	.000
工作挑战	.450**	.000	.499**	.000
工作自主	.516**	.000	.514**	.000
工作责任	.513**	.000	.436**	.000
参与管理	.547**	.000	.569**	.000
工作胜任	.479**	.000	.310**	.001
工作兴趣	.220*	.021	.226*	.018
人际关系	.348**	.000	.309**	.001
团队合作	.336**	.000	.293**	.002
个人生活	.355**	.000	.396**	.000

注：**：Correlation is significant at the 0.01 level (2-tailed).

　　*：Correlation is significant at the 0.05 level (2-tailed).

（五）回归分析

本研究对分类激励因素和具体激励因素与职业经理人能力发挥度（一般能力发挥度、特殊能力发挥度）进行多元回归分析，通过逐步回归得到激励因素对职业经理人能力发挥度贡献的大小和职业经理人能力发挥度的标准回归方程。

1. 企业分类激励因素对职业经理人能力发挥度的回归分析

我们利用 SPSS 统计软件对问卷数据进行了分析，从模型总体效果参数表我们得到，激励因素与一般能力发挥度和特殊能力发挥度的回归分析中调整决定系数分别为 0.715 和 0.615，回归方程能解释总变异的 71.5% 和 61.5%，并且在回归方差分析表中 F 值分别为 273.960 和 175.268，都达到非常显著的水平。我们从逐步回归系数与显著性系数检验表（见表 10）还得到了职业经理人能力发挥度的回归方程，在企业分类激励因素中只有工作激励因素进入了职业经理人一般能力发挥度和特殊能力发挥度的回归方程，而外部激励因素和周边激励因素都没有进入模型。这说明企业从工作激励因素方面着手加强激励能很好地提高职业经理人能力发挥度，而外部激励因素和周边激励因素对提高职业经理人特殊能力发挥度并没有显著影响。

表 10　　　　　　　　　　　　　**逐步回归系数与显著性系数检验表**

模　型		非标准化回归系数		标准回归系数	t	Sig.
		B	标准误差	Beta		
一般能力	（常数）	.273	.044		6.249	.000
	工作因素	.027	.002	.847	16.552	.000
特殊能力	常数	.477	.041		11.672	.000
	工作因素	.020	.002	.787	13.239	.000

职业经理人一般能力发挥度 = 0.273 + 0.027 × 工作激励因素

职业经理人特殊能力发挥度 = 0.477 + 0.020 × 工作激励因素

2. 企业具体激励因素对职业经理人能力发挥度的回归分析

通过对问卷数据的分析，我们从模型总体效果参数表中可以看到，一般能力发挥度和特殊能力发挥度回归分析的调整决定系数分别为 0.735 和 0.615，回归方程能解释总变异的 73.5% 和 61.5%，并且在回归方差分析表中 F 值分别是 38.810 和 30.039，达到非常显著的水平。我们从逐步回归系数与显著性系数检验表（见表 11）还得到了职业经理人能力发挥度的回归方程，在企业具体激励因素对职业经理人一般能力发挥度的回归分析中进入模型的激励因素有 8 项，包括：发展空间、工作责任、工作挑战、工作成就、工作认可、工作胜任、工作兴趣和参与管理，而其他 12 项激励因素因为 P 值均大于 0.05 都没有进入模型；在企业具体激励因素对职业经理人特殊能力发挥度的回归分析中进入模型的激励因素有 6 项，包括：发展空间、工作挑战、工作自主、参与管理、工作责任和职位晋升，而其他 14 项激励因素因为 P 值均大于 0.05 都没有进入模型。进入方程的激励因素对职业经理人一般能力发挥度和特殊能力发挥度有显著影响，并且这几个激励因素进入回归方程的顺序说明了它们对职业经理人一般能力发挥度和特殊能力发挥度影响与贡献大小的顺序。

模型	非标准化回归系数		标准回归系数	t	Sig.
	B	标准误差	Beta		
一般能力 （常数）	.220	.052		4.254	.000
一般能力 发展空间	.026	.014	.144	1.784	.077
一般能力 工作责任	.028	.010	.154	2.742	.007
一般能力 工作挑战	.052	.009	.337	5.803	.000
一般能力 工作成就	.022	.012	.123	1.817	.072
一般能力 工作认可	.047	.011	.277	4.140	.000
一般能力 工作胜任	.052	.012	.282	4.454	.000
一般能力 工作兴趣	.024	.009	.150	2.686	.008
一般能力 参与管理	.023	.009	.165	2.599	.011
特殊能力 （常数）	.470	.044		10.730	.000
特殊能力 发展空间	.022	.011	.154	1.898	.060
特殊能力 工作挑战	.029	.008	.237	3.546	.001
特殊能力 工作自主	.038	.011	.235	3.482	.001
特殊能力 参与管理	.028	.008	.246	3.313	.001
特殊能力 工作责任	.025	.010	.172	2.642	.010
特殊能力 职位晋升	.022	.009	.169	2.318	.022

表 11　逐步回归系数与显著性系数检验表

职业经理人一般能力发挥度 = 0.220 + 0.026×发展空间 + 0.028×工作责任 + 0.052×工作挑战 + 0.022×工作成就 + 0.047×工作认可 + 0.052×工作胜任 + 0.024×工作兴趣 + 0.023×参与管理

职业经理人特殊能力发挥度 = 0.470 + 0.022×发展空间 + 0.029×工作挑战 + 0.038×工作自主 + 0.028×参与管理 + 0.025×工作责任 + 0.022×职位晋升

（六）方差分析

本文对职业经理人个人特征和企业特征与分类激励因素及职业经理人能力发挥度进行方差分析，可知道职业经理人对企业激励因素的感受程度及其能力发挥度随着个人特征和企业特征的不同而发生变化的规律。在方差分析中，当对一组数据求出的 F 值够大时，原假设就不能够成立，通过计算 F 值的概率可得到 P 值，一般情况下，$P < 0.05$ 则因素有明显差异，$P \geq 0.05$ 则因素没有明显差异①。

1. 性别与激励因素及能力发挥度的方差分析

从性别与各因素方差分析结果得到，工作激励因素 $P = 0.033$，周边激励因素 $P = 0.019$，一般能力发挥度 $P = 0.039$，故职业经理人的性别差异对这三方面因素有影响（$P < 0.05$），对外部激励因素和特殊能力发挥度无显著影响（$P \geq 0.05$）。由于男性感受到的各种激励因素和其能力发挥度的均值较女性稍大，所以男职业经理人比女性对激励因素的感受和能力发挥度要高，但总的来说得分比较接近。

---

① 章文波，陈红艳. 实用数据统计分析及 SPSS12.0 应用. 北京：人民邮电出版社，2006：140.

2. 年龄与激励因素及能力发挥度的方差分析

考虑年龄差异的情况下，职业经理人对外部激励因素感受的 P 值为 0.002（$P<0.05$），而对其他因素的 P 值都大于 0.05，表示年龄差异对职业经理人外部激励因素的感受有显著影响，而对其他激励因素感受和能力发挥度均没有显著影响。同时从均值可以看出，随着年龄的增长，均值不断增长，职业经理人对激励因素的实际感受和其能力发挥度呈现出上升的趋势。

3. 教育程度与激励因素及能力发挥度的方差分析

在教育程度影响下，特殊能力发挥度的 P 值为 0.049，而其他因素的 P 值都大于 0.05，所以不同教育程度只对特殊能力发挥度有显著影响（$P<0.05$），而对职业经理人工作激励因素、外部激励因素、周边激励因素的感受和一般能力发挥度都没有显著影响（$P\geqslant0.05$）。我们从 SPSS 分析结果表中还看到，大学本科组对于工作激励因素的感受程度和一般、特殊能力发挥度最高，中专或高中组对外部激励因素的感受程度最高，硕士组对周边激励因素的感受程度最高，而大学专科组对激励因素感受程度和能力发挥度较低。

4. 职务与激励因素及能力发挥度的方差分析

在职务差异影响下，职业经理人工作激励因素感受程度和职业经理人特殊能力发挥度的 P 值分别为 0.041 和 0.01，说明职务差异对这两方面因素有显著影响（$P<0.05$）。并且从中层和高层管理人员均值可知道，高层管理人员对工作激励因素和外部激励因素的感受与能力发挥度比中层管理人员要高一些。

5. 管理年限与激励因素及能力发挥度的方差分析

管理年限差异对职业经理人一般能力发挥度的 P 值为 0.07，所以没有显著影响（$P\geqslant0.05$），除此之外，它对各类激励因素感受程度以及职业经理人特殊能力发挥度的 P 值分别为 0.012、0.012、0.000、0.007，因此都有十分显著的影响（$P<0.05$）。从各因素均值我们可以看到，管理年限在 5 年以下的职业经理人对工作激励因素、外部激励因素、周边激励因素的感受程度最高，他们的一般能力发挥度也最高，管理年限在 10～20 年这一阶段的次之，5～10 年以及 20 年以上这两个阶段的较低。

6. 企业成立年限与激励因素及能力发挥度的方差分析

企业成立年限差异对职业经理人工作激励因素和外部激励因素感受程度以及一般能力发挥度都有十分显著的影响（P 值都小于 0.05，分别为 0.000、0.000、0.002）。并且我们可以看出，随着企业成立年限的增长，职业经理人对各类激励因素的感受程度和能力发挥度也呈现出增长的趋势，其中，企业成立年限在 6～10 年这一阶段的职业经理人对各类激励因素的感受程度最高，能力发挥度也最高，但企业成立年限超过 10 年后，职业经理人对各类激励因素的感受程度和能力发挥度有所降低。

7. 企业规模与激励因素及能力发挥度的方差分析

不同的企业规模对职业经理人各类激励因素感受程度和能力发挥度都有非常显著的影响（P 值分别为 0.000、0.000、0.003、0.000）。并且，企业规模按照不到 5000 万元、5 亿元以上、5000 万～5 亿元的顺序，职业经理人对各类激励因素的感受程度和一般能力发挥度与特殊能力发挥度逐渐减少。

四、管理建议

通过本研究的理论与实证分析，我们证实了企业激励因素与职业经理人能力发挥度之间存在密切的关系，根据本文实证分析的结果，对于企业应选择什么样的激励因素、设计和实施什么样的激励政策来提高职业经理人的能力发挥度，具体建议有以下几条：

（一）应实现企业激励因素与职业经理人能力发挥度的良性循环

当职业经理人对企业激励因素感到满意时，一般都会努力工作以实现高的能力发挥度，企业绩效将在职业经理人的不断努力下得到提高，这样职业经理人的行为达到了企业的要求，从而促使企业继续实施这种激励政策继续激励职业经理努力工作，这就进入一种良性循环的过程；当企业激励因素不能使职业经理人感到满意时，职业经理人可能会产生消极态度从而降低其能力发挥度，也将降低企业绩效，这样职业经理人的行为没有达到企业的要求，企业应考虑调整和改变激励政策以发挥出职业经理人的能力，努力纠正现状以实现企业激励因素与职业经理人能力发挥度的良性循环。这种关系可用图4来表示。

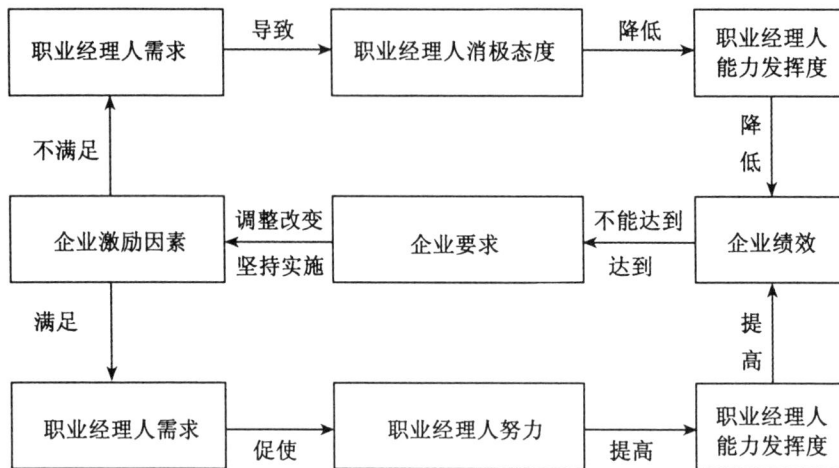

图4　企业激励因素与职业经理人能力发挥度关系

（二）优先加强有效的企业激励因素

所谓有效的企业激励因素，是指职业经理人强烈需求以及与职业经理人能力发挥度显著相关的因素。通过比较职业经理人认为最重要的激励因素和实际感受到的激励因素，除了公司前景这一激励因素在两个排序中都位居前列外，其他职业经理人认为重要的激励因素都没有在感受排序中排在前列，职业经理人对于这些因素并没有非常好的感受，因此目前企业选择的激励因素并没有满足职业经理人的需求，企业应加强薪酬福利、职位晋升、工作成就、领导素质和发挥空间方面的激励力度，并且薪酬福利方面的激励要尽可能实现多元化，比如注重薪资与企业效益的关系，更多地尝试与效益相联系的年薪制、股权期权等付酬方式，按照国家政策法规要求提供法定福利，同时根据单位情况提供竞争性的多元化福利。

根据相关分析和回归分析的结论我们知道，企业分类激励因素（包括工作、外部、周边激励因素）和20项具体激励因素与职业经理人能力发挥度都存在显著的正相关关系，因此企业在设计和实施激励政策时，这些激励因素都不可忽略，但并不是毫无重点地一视同仁。根据回归分析的结果，从分类激励因素方面来看，只有工作激励因素（包括8项激励因素：工作成就、能力发展空间、职位晋升、工作挑战、工作认可、工作责任、工作自主、参与管理）进入了职业经理人一般能力发挥度回归方程和特殊能力发挥度回归方程，说明工作激励因素对提高职业经理人能力发挥度有显著影响，企业应把它作为制定企业激励政策的重点。从具体激励因素方面来看，能力发展空间、工作责任、工作挑战、工作成就、工作认可、工作胜任、工作兴趣和参与管理8项激励因素先后进入了一般能力发挥度的回归模型，其中有6项属于工作激励因素，2项属于周边激励因素；同时，发展空间、工作挑战、工作自主、参与管理、工作责任和职位晋升6项激励因素先后进入了特殊能力发挥度的回归模型，其中有5项属于工作激励因素，只有职位晋升不属于，由此可见工作激励因素的重要性，企业应充分重视该方面的激励。

（三）贯彻激励的权变思想

本研究选择了 5 个个人特征变量（包括性别、年龄、教育程度、职位和管理年限）和 2 个企业特征变量（包括企业成立年限和企业规模）作为干扰变量来研究职业经理人对分类激励因素感受程度和职业经理人能力发挥度的差异。根据研究的结果，职业经理人对各种激励因素的感受和其能力发挥度是随着性别、年龄、教育程度、职位、管理年限、企业成立年限和企业规模的不同而变化的。管理学中的权变理论告诉我们要重视情境的影响，没有一成不变、普遍适用的万能方法。因此只能用发展的眼光有针对性地根据不同情况采取措施，这样才能有效地激励职业经理人，不断提高他们的能力发挥度。

（1）激励必须针对职业经理人的行为而不是职业经理人自身。"对事不对人"是权变激励的基本原则之一。

（2）选择适当的时机予以激励，即针对职业经理人的行为，在其行为发生之后马上予以激励。

（3）综合运用激励措施。激励不可能是一次性行为，它是不间断、连续的过程。在激励过程中，应针对不同职业经理人多样化的需求，综合运用各种激励措施以达到最佳激励效果。

（4）激励的方法需不断改进和改变。激励方案和各种激励措施的运用，必须随企业目标不断调整，随企业所处环境和职业经理人的需求不断变化和推陈出新。

（四）重视经理人与企业的共同成长

从实证结果来看，职业经理人对自我实现方面的感受很大程度上影响了他们的能力发挥度，工作成就感、职位晋升、发展空间、参与管理等激励要素与职业经理人能否发挥其能力并不断提高其能力发挥度有非常密切的联系。因此，当职业经理人经过努力达到工作目标为企业发展作出贡献以后，企业也应顾及职业经理人进一步发展自我的需求。职业经理人成长发展的需求可以从两方面来满足：一是个人知识与技能的成长，可以称为人才资本量的增长；二是个人职务的提升和职业生涯的发展。个人知识与技能的成长是后者的基础，企业应注重并完善自身的培训体系，使职业经理人在本企业能接受所需要的各种培训，以丰富知识，提升能力，从而为职业经理人提供充足的发展空间。职务提升和职业生涯的发展则需要企业加强这方面的管理，与职业经理人有良好的互动，充分沟通了解经理人的职业发展通道，并为其创造发展的条件。职业经理人与企业实现共同成长将给经理人带来无比的成就感，这将激励职业经理人不断发掘自身潜能努力工作。此外，企业在设置工作任务时要考虑工作的自主性、多样性并实现充分的授权、较少的指导和监督，让职业经理人尽可能地参与管理过程，这些都将促进职业经理人能力发挥度的提高。

参 考 文 献

[1] Zingheim. Winning the Talent Game. Compensation & Benefits Management, Summer, 2001.

[2] Heimovics, R. Brown, and Municipal, F. G.. Employee behavior as and exchange process. Midwest review of public administration, 1976, 10 (4).

[3] Guest, D.. Human resource management and performance: A review and research agenda. The International Journal of Human Resource Management, 1997.

[4] Ambrose, M. L., and Kulik, C. T.. Old friends, New faces: Motivational research in the 1990s. Journal of management, 1999, 25 (3).

[5] Jurkiewicz Massey. Motivation in public and private organizations, A comparative study. Public productivity & management review, 1998, 21.

［6］ Herzberg Frederick. The motivation-hygiene concept and problems of manpower personnel administration, 1964, 2.

［7］［法］萨伊. 政治经济学概论. 北京：商务印书馆，1963.

［8］［美］小艾尔弗雷德·D. 钱德勒. 看得见的手——美国企业的管理革命. 北京：商务印书馆，1997.

［9］［美］保罗·S. 麦耶斯. 知识管理与组织设计. 珠海：珠海出版社，1998.

［10］彼得·德鲁克. 大变革时代的管理. 上海：上海译文出版社，1999.

［11］凌智勇. 企业经营者激励与约束问题探讨——论股票期权之实施问题与建议. 人大复印资料（投资与证券），2002，6.

［12］宋克勤. 职业经理人. 北京：中国劳动和社会保障出版社，2004.

［13］张望军，彭剑锋. 中国企业知识型员工激励机制实证分析. 科研管理，2001，22（6）.

［14］周春蕾等. 知识型员工激励因素实证分析. 商业现代化，2006，3（中旬刊）.

［15］郑超，黄攸立. 国有企业知识型员工激励机制的现状调查及其改进策略. 华东经济管理，2001，15（3）.

［16］马立荣，肖洪钧. 知识工作者的激励机制设计. 大连理工大学学报，2001，22（1）.

［17］李靖. 企业管理人员核心能力量表的编制. 心理科学，2003，26（5）.

珞珈管理评论 ［2010 年卷 第 1 辑（总第 6 辑）］　　　　　Luojia Management Review No. 1, 2010（Sum. 6）

劳动力甄别中最优试用期合同的决定[*]

● 刘自敏[1]　杨　丹[2]

（1，2 西南大学经济管理学院　重庆　400716）

【摘　要】 随着我国劳动力市场结构的变化，单纯依赖文凭信号已不足以识别劳动者的能力。在对劳动力试用期特征描述的基础上，结合高、低能力者的 IR、IC 约束，考虑试用期工资、正式期工资、保留工资、折现系数及识别概率。针对分离均衡的结果，分析识别高、低能力者的最优试用期的长度与薪酬的组合，并在结合新的《劳动合同法》相关规定条件下最终得到可行域及其变化率，从而期望对劳资双方签订试用期合同有所帮助。

【关键词】 分离均衡　试用期长度　试用期薪酬　可行域

一、导　言

随着我国劳动力市场的进一步开放和劳动力流动加速，劳动者与雇主之间的雇佣关系受到重大影响，频繁的员工流动使得劳资双方都不得不加强员工识别的力度。尽管劳动力市场依然是信息不完全、不对称，但是市场中雇员的结构却发生了改变，特别是高校扩招等政策措施的出台，大量拥有同质高文凭的劳动者涌入市场，传统的劳动力甄别方法已经无法识别出雇主所需的劳动力。

众所周知，大学加速扩招导致教育年限、文凭等传统劳动力甄别工具难以发挥人才识别的重要作用，而新的《劳动合同法》对试用期制度也做出了大量新的规定，在试用期期限、试用期待遇、试用期解除等方面与以往相比都更加细化。因此，我们必须在现实经济状况与法律环境发生巨大变化的情况下，结合《劳动合同法》的相关规定将试用期作为一种重要的员工能力识别工具来使用。

本文从劳动力试用期的甄别功能出发，结合我国企业试用期的特点，在前人分析试用期薪酬特征的基础上，构建相应的理论模型来分析最优试用期长度、薪酬的影响因素，并结合现实背景，最终得到企业的试用期长度和薪酬可行域，为企业制定正确的试用期策略提供理论支持。

二、文献综述

根据 Spence（1973）的信号传递博弈模型，文凭在一定情况下可以传递待聘者真实能力类型的信号，从而使公司甄别出待聘者的真实类型。博弈的分离均衡为出现一种高、低能力人员分别选择不同长短学习时间与不同质量学习的均衡结果，从而公司依据文凭（反映学习时间长短）和证书（反映学习质量的优劣）甄别不同能力的待聘者，并选择自己所需要的雇员。

* 本文是西南大学青年基金"公司治理视角下董事责任的内部控制驱动因素研究"（编号：SWU07107）的阶段性成果。

Lazer（1999）、蒲勇健等（2004）认为，依靠基于 Spence 理论的信息甄别机制，并不能对能力差别较小的待聘者进行甄别，并提出，一种可替代的甄别方法是试用期，公司在待聘者的试用期间根据其工作情况增加对待聘者能力的了解，从而甄别待聘者的类型。

Bull 与 Tedeschi（1983）分析了影响企业选择试用期这种方式甄别员工的原因，并基于不同类型新员工的个体理性（IR）与激励相容（IC）约束，分析了试用期用于识别高、低能力试用者的功能，指出试用期是要在最短时间内限制并识别出那些能力低的试用者通过模仿能力高的试用者而蒙混过关，因为存在着甄别成本，这也部分解释了试用期薪酬为什么和正式期有差异。Guasch 与 Weiss①、Nalebuff 与 Scharfstein② 考虑了一种存在申请费的试用期考核机制，用于分辨低能力员工，实际上是转移了甄别成本。Ruqu Wang 与 Andrew Weiss③ 则考虑了如果企业保留一个没有通过试用期考核的工人的成本低于新招募一个员工（并对其培训）的成本，那么企业的最优策略是雇用一部分未通过试用期考核的员工，即通过培训增加识别概率的同时，加大了保留低能力员工的可能。Eng Seng Loh④ 则利用美国职业教育研究中心（NCRVE）的数据对试用期长度的决定因素进行了实证分析，并支持了试用期作为识别机制的功能，它将导致工人自我选择。Lazer（1999）也指出："当识别非技术工人的可能性很高以及非技术工人的工资与技术工人较为接近的时候，试用期这种方法是最为有效的一种筛选工具。"对试用期的另一个主要研究领域则是从劳资双方信息不对称的程度随着时间而逐步减弱⑤，从而影响资方对劳方的判断来分析，如识别劳方的逆向选择等⑥。

蒲勇健（2004）把公司期权制度与试用期的组合机制作为人力资源的信息甄别方法，指出这种组合能降低公司的甄别成本。张利风（2006）、汪天喜（2003）则从信息损耗（个体能够获得或者能够利用的信息由于种种原因而没有得到或利用）的角度出发，从企业角度看，信息损耗的存在使得企业对新雇员实行试用期是必要的；从员工角度看，信息损耗的存在使企业的工作人员提高了同企业的谈判能力。董志强（2006）指出某种雇佣规制的信息可以向员工传递信号，如解雇、非升即走等，因此，试用期的特征也会影响不同质量待聘者的选择。余平（2007）指出培训（一般培训与特殊培训）也具有甄别作用，培训可以加大识别概率，缩短识别时间。在实证方面，国内由于数据获得的难度等原因，目前还没有出现关于劳动力试用期及其影响因素的实证研究。

二、可行的应聘者甄别方式的比较

首先假设经过筛选的试用者都具有企业所需要的学历，但仍然超过企业所需要的人数（这种现象在现实生活中大量存在）。此时，企业有以下三种可以执行的方案：

第一种是继续以学历为信号进行筛选，即提高筛选标准，如在招聘活动中，以前是以本科为线，现在

① Guasch, J. L., and Weiss, A.. Wages as sorting mechanisms in competitive markets with asymmetric information: A theory of testing. Review of Economic Studies XLIV, 1980, 3: 149-165.

② Nalebuff, B., and Scharfstein, D.. Testing in models of asymmetric information. Review of Economic Study. 1987, 54 (2): 265-277.

③ Ruqu Wang, and Andrew Weiss. Probation, Layoffs, and wage-tenure profiles: A sorting explanation Labour Economics 1998, 5: 359-383.

④ Eng Seng Loh. Employment probation as a sorting mechanism. Industrial and Labor Relations Review, 1994, 3: 471-486.

⑤ Asha Sadanand, Venkatraman Sadanand, and Denton Marks. Probationary contracts in agencies with bilateral asymmetric information. The Canadian Journal of Economics/Revue canadienne d'Economique, 1989, 22 (3): 643-661.

⑥ Fredrik Andersson. Adverse Selection and Bilateral Asymmetric Information. Journal of Economics, 2001, 74 (2): 173-195.

则提高标准，相同岗位要求研究生及其以上学历，通过提高学历标准来减少能够达到要求的应聘者数量，从而最终实现企业的招聘目的。这种情况下，企业坚信，文凭是能力的信号。但是，现实中，高文凭应聘者的能力在高文凭所应该适应的位置上才能展现出来，如计算机研究生并不一定比计算机培训学校的学生打字速度快。因此，通过提高学历标准，执行 Spence 的方案，并不能为企业找到最合适的应聘者。

第二种是学历信号标准不变，在学历信号达标的情况下，让超过实际需求一定数量的应聘者进入试用期，通过一定时长的试用期来判断应聘者。在此情况下，一旦进入试用期，学历则不再是一种信号，而在试用期的各种表现及试用期结束前的综合考核成为新的甄别方法。因此，在决定是否进入试用期时，那些"眼高手低"甚至是拿假文凭滥竽充数的"南郭先生"可能就会选择否，同时只要机制设计合理，试图蒙混过关的低能力者也不能通过试用期最后的考核。通过这种方式，企业可以更好地选择适合自己的员工。

第三种则是实行计件工资制度。这一方法实质上是让求职者自我选择，实行计件工资制的企业通常比实行计时工资制的企业能够吸引到质量更高的工人，但许多无法仅从数量上计量的如高科技产业的工作，采用计件工资的做法就不合适。同时，计件工资制也需要一定的时期去衡量，这实际上也是一种简单的试用期制度。

尽管现代社会中的竞争在进一步加剧，但个人之间的差异却越来越小，许多竞争者都是在同等学力的基础上展开竞争，而且，他们所从事的工作也无法简单地用计件工资的形式进行衡量。与此同时，企业采用学历证书等硬指标进行人才筛选后，仍然可能还有一大批能力差异不大的候选人。因此，采用试用期进行应聘者的甄别是一种可行的方法。

四、最优试用期的特征描述

我们对应《劳动合同法》构建相应的经济学模型，对能够识别出高、低能力者的最优试用期制度特征进行描述，并根据《劳动合同法》的规定从试用期长度与试用期薪酬这两个企业与劳动者最关心的问题去考虑（试用期次数是现实中劳资双方都能够接受的，试用期惩罚则主要是针对资方的约束）。

1. 最优试用期长度区间的确定

在试用期开始的阶段，企业可以通过对接到试用通知者发布关于试用期的时间长度 T、雇用时间总长度 T_0 和试用期工资率 W 及试用期结束后合格人员聘用工资率 W_0，以及试用期结束时的考核标准等信息，从而让试用者根据自身的保留效用、通过考核的概率等选择"接受试用"或"拒绝试用"。企业关于 W、T 的选择是设计出一个分离均衡，使得不能满足工作岗位要求的低能力者选择"拒绝试用"，而高能力者选择"接受试用"。

假设在试用期 T 内，公司能识别出待聘者类型是否有 $\theta \geq \theta^*$ 的概率为 P（假设 P 是独立的，即采取客观标准去测评待聘者，$P>1/2$）。两种类型员工在 T_0 的每一阶段保留效用为 $U_0(\theta_i), i=H, L; W_0 \geq U_0(\theta_H) \geq U_0(\theta_L) \geq W$[①]。设贴现因子为 δ，因此，参加试用的高、低能力者各自的效用为：

高能力试用者的效用：

$$U(\theta_H) = WT + W_0(T_0-T)P(\delta+\delta^2+\cdots+\delta^m) + U_0(\theta_H)(T_0-T)(1-P)(\delta+\delta^2+\cdots+\delta^m) \quad \theta \geq \theta^*$$

$$U(\theta_H) = WT + (T_0-T)[W_0P + U_0(\theta_H)(1-P)]\delta(1-\delta^m)/(1-\delta) \tag{1}$$

低能力试用者的效用：

---

① 如此假设在于让低能力试用者意识到，如果不能通过考核，较低的试用期工资将使其选择"不试用"更为理性；而同时，高能力试用者可以认识到，如果能够通过试用期，正式期工资将弥补试用期的损失。因此，这将成为一种阻止低能力者选择试用的方式。

$$U(\theta_L) = WT + W_0(T_0-T)(1-P)(\delta+\delta^2+\cdots+\delta^m) + U_0(\theta_L)(T_0-T)P(\delta+\delta^2+\cdots+\delta^m) \quad \theta \geqslant \theta^*$$

$$U(\theta_L) = WT + (T_0-T)[W_0(1-P) + U_0(\theta_L)P]\delta(1-\delta^m)/(1-\delta) \tag{2}$$

因此,为满足个体理性(IR)约束,企业设计出相应的分离均衡,使得高能力试用者选择接受试用,而低能力试用者选择拒绝试用。

高能力试用者:

$$WT + (T_0-T)[W_0P + U_0(\theta_H)(1-P)]\delta(1-\delta^m)/(1-\delta) \geqslant U_0(\theta_H)T_0(1-\delta^m)/(1-\delta) \quad \theta \geqslant \theta^* \tag{3}$$

低能力试用者:

$$WT + (T_0-T)[W_0(1-P) + U_0(\theta_L)P]\delta(1-\delta^m)/(1-\delta) \leqslant U_0(\theta_L)T_0(1-\delta^m)/(1-\delta) \quad \theta < \theta^* \tag{4}$$

解式(3)、式(4),得:

$$\frac{U_0(\theta_L)(1-\delta^m) - [W_0(1-P) + U_0(\theta_L)P]\delta(1-\delta^m)}{(1-\delta)W - [W_0(1-P) + U_0(\theta_L)P]\delta(1-\delta^m)} \geqslant \frac{T}{T_0} \geqslant \frac{U_0(\theta_H)(1-\delta^m) - [W_0P + U_0(\theta_H)(1-P)]\delta(1-\delta^m)}{(1-\delta)W - [W_0P + U_0(\theta_H)(1-P)]\delta(1-\delta^m)}$$

$$\tag{5}$$

令 $\dfrac{[W_0(1-P) + U_0(\theta_L)P]\delta(1-\delta^m)}{1-\delta} = A$,$A$ 的实际意义是低能力员工试用期后(即 T_0-T)每单位时间的收入净现值。

$$\frac{\partial A}{\partial \delta} = \frac{W_0(1-P) + U_0(\theta_L)P}{1-\delta}(1+2\delta+2\delta^2+\cdots+2\delta^{m-3}+\delta^{m-2}) > 0$$

$$\frac{\partial A}{\partial P} = \frac{[U_0(\theta_L) - W_0]\delta(1-\delta^m)}{1-\delta} < 0$$

令 $\dfrac{[W_0P + U_0(\theta_H)(1-P)]\delta(1-\delta^m)}{1-\delta} = B$,$B$ 的实际意义是高能力员工试用期后(即 T_0-T)每单位时间的收入净现值。

$$\frac{\partial B}{\partial \delta} = \frac{W_0P + U_0(\theta_H)(1-P)}{1-\delta}(1+2\delta+2\delta^2+\cdots+2\delta^{m-3}+\delta^{m-2}) > 0$$

$$\frac{\partial B}{\partial P} = \frac{[W_0 - U_0(\theta_H)]\delta(1-\delta^m)}{1-\delta} > 0$$

令 $U_0(\theta_i)(1-\delta^m)/(1-\delta) = C_i(i=H,L)$,$C_i$ 的实际意义是高、低能力员工不参加试用(从而肯定得不到此工作)在 T_0 阶段内每单位时间保留效用的净现值。C_i 可以理解为劳动力市场上观望者的保留效用。

$$\frac{\partial C}{\partial \delta} = \frac{U_0(\theta_i)}{1-\delta}(1+2\delta+2\delta^2+\cdots+2\delta^{m-3}+\delta^{m-2}) > 0$$

式(5)可以简化为:

$$\frac{A-C_L}{A-W} \geqslant \frac{T}{T_0} \geqslant \frac{B-C_H}{B-W} \tag{6}$$

或

$$\frac{A-C_L}{A-W}T_0 \geqslant T \geqslant \frac{B-C_H}{B-W}T_0 \tag{7}$$

要使 T 存在,式(7)的左边必须大于右边,由此可得:

$$(B-A) \geqslant (C_H-C_L) - (AC_H - BC_L)/W \tag{8}$$

根据 A、B、C_H、C_L 及 W 的关系,可得式(8)一定成立。

由式(6)、式(7)与式(8),要使得试用期长度能够形成高、低能力者的分离均衡,可得:

(1)试用期长度 T(或试用期占劳动合同时间总长度之比 $\dfrac{T}{T_0}$)和正式期与试用期工资之差($A-W$ 或

$B-W$)成反比,即正式期与试用期工资差别越大,企业所需识别高、低能力者的试用期时间越短。

同时,因为$\frac{\partial A}{\partial \delta}>0,\frac{\partial B}{\partial \delta}>0$,可得$\delta$越大,试用期$T$越短,即待聘者越看重未来(正式期)的收益,而且高能力者通过试用的概率P大于低能力者通过试用的概率$1-P$,企业所需识别高、低能力者的试用期时间就越短。

(2)试用期长度T(或试用期占劳动合同时间总长度之比$\frac{T}{T_0}$)和企业在岗职工收入与劳动力市场的保留收入之差($A-C_L$或$B-C_H$)成正比,即正式期收入与保留收入之差越大,也即企业收入与外部市场的差距越大,企业所需要实施的试用期时间越短。

(3)基于以上假设的试用期一定存在,且最长试用期与最短试用期的区间长度和正式期工资差异($B-A$)、保留效用差异(C_H-C_L)有关。因为$\frac{\partial A}{\partial P}>0,\frac{\partial B}{\partial P}<0$,可得$P$越大,企业所需识别高、低能力者的试用期时间越短。

2. 最优试用期薪酬区间的确定

由式(3)、式(4),可得试用期单位薪酬W、试用期与正式期工资之比及试用期总薪酬WT为:

$$\frac{T_0 C_L - (T_0 - T)A}{T} \geq W \geq \frac{T_0 C_H - (T_0 - T)B}{T} \tag{9}$$

$$\frac{T_0 C_L - (T_0 - T)A}{TW_0} \geq \frac{W}{W_0} \geq \frac{T_0 C_H - (T_0 - T)B}{TW_0} \tag{10}$$

$$T_0 C_L - (T_0 - T)A \geq WT \geq T_0 C_H - (T_0 - T)B \tag{11}$$

由式(9)至式(11),要使试用期的薪水能够形成高、低能力者的分离均衡,可得:

(1)试用期薪酬与高、低能力试用者在劳动力市场的保留效用正相关,其自身的保留效用越高,所要求的试用期薪酬越高。

(2)为识别出高、低能力试用者,试用期薪酬与高、低能力试用者在正式期的薪酬负相关,如企业设定较低的试用期薪酬,因为试用者知道正式期的薪酬较高,试用期的薪酬能够通过较高的正式期薪酬补偿,因此,高能力试用者能够通过最后的试用期考核,在试用期时间一定的情况下,他愿意接受较低的试用期工资。而低能力者由于通过试用期考核的概率较小,他将会选择退出试用。

(3)试用期的单位薪酬与试用期长度成反比,很多企业实施了包括招聘等的人力资源外包,其中就包括薪酬包干,即在试用期员工的总薪酬一定的情况下,为企业筛选出合格的员工。

五、与《劳动合同法》结合的可行试用期合同

我国于2008年1月1日起施行了新的《劳动合同法》,其中第19条、第20条对试用期做出了详细规定①:

(1)试用期的期限。劳动合同期限为三个月以上不满一年的,试用期不得超过一个月;劳动合同期限为一年以上不满三年的,试用期不得超过二个月;三年以上固定期限和无固定期限的劳动合同,试用期不得超过六个月。

(2)试用期次数。同一用人单位与同一劳动者只能约定一次试用期。

---

① 中华人民共和国主席令第六十五号. 中华人民共和国劳动合同法(全文)http://www.ce.cn/xwzx/gnsz/szyw/200712/30/t20071230_ 14075494. shtml

（3）试用期的工资。不得低于本单位相同岗位最低档工资或者劳动合同约定工资的百分之八十，并不得低于用人单位所在地的最低工资标准。

（4）违法试用要支付赔偿金。用人单位违反《劳动合同法》规定与劳动者约定试用期的，由劳动行政部门责令改正；违法约定的试用期已经履行的，由用人单位以劳动者试用期满月工资为标准，按已经履行的超过法定试用期的期间向劳动者支付赔偿金。

根据式（11）及我国《劳动合同法》对试用期（最长）长度、试用期（最低）工资的规定，可得可行的试用期时间、薪酬 $\{T, W\}$ 域如图2阴影区域甲所示。

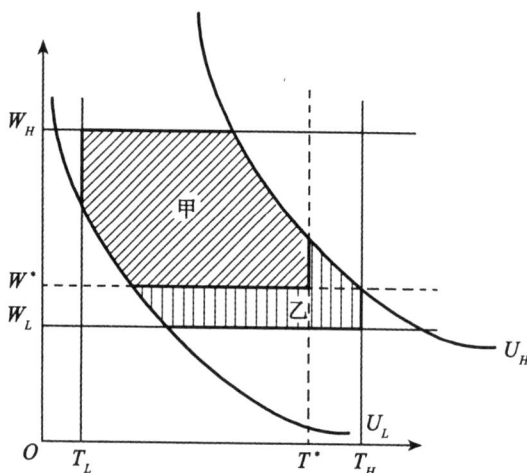

图2　可行的试用期时间、薪酬 $\{T, W\}$ 域

图2中 T_L、T_H 分别表示可行的最短试用期与最长试用期，T^* 表示《劳动合同法》规定的最长试用期。W_L、W_H 分别表示可行的最低与最高试用期薪酬，W^* 表示《劳动合同法》规定的最低试用期工资。图中两条曲线表示 WT 的最小值（U_L）与最大值（U_H），对应式（11）的左右两边。

由图2可知：当 $W_L < W^* < W_H$，$T_L < T^* < T_H$ 时，阴影区域甲为可行的试用期时间、薪酬 $\{T, W\}$ 域。并且，我们可以通过图2观察到《劳动合同法》的实施缩小了企业选择试用期长度与薪酬的范围（即图2中的阴影区域乙），这样在能够甄别出高、低能力试用者的前提下，也可以有效地约束企业，使劳动者的权益得到有效的保护，并从试用期时间的缩短与试用期薪酬的提高两个方面，使劳动者的收益提高。对于劳动者而言，这种受保护的比例可以表述为：

$$劳动者受《劳动合同法》保护的收益提高率 = \frac{S_Z}{S_甲 + S_Z}$$

当然，随着相关参数的变化，可行的试用期时间、薪酬域也会有所调整：

（1）$T^* > T_H$，则可行域的右边界变为 $T = T_H$；

（2）$W^* < W_L$，则可行域的下边界变为 $W = W_L$；

（3）式（11）的最小值：$U_L = T_0 C_H - (T_0 - T) B < \max \{W^*, W_L\} T_L$，则可行域的左边界为 $T = T_L$，下边界为 $W = \max \{W^*, W_L\}$。

（4）式（11）的最大值：$U_H = T_0 C_L - (T_0 - T) A > W_H \min \{T^*, T_H\}$，则可行域的上边界为 $W = W_H$，右边界为 $\min \{T^*, T_H\}$。

六、应用及展望

尽管劳资双方面临着试用期工资与试用期时间上的博弈，但企业完全可以在《劳动合同法》允许范围内，在对试用期工资、正式期工资、所招聘岗位的市场指导工资三者详细分析的基础上，依据本文的试用期时间、薪酬 $\{T, W\}$ 域理论，制定一个合理的试用期合同，吸引高质量的劳动者，并在试用期间甄别出低质量的劳动者，从而有针对性地制定相关人力资源管理策略。当然，待聘者也应该在自身能力、通过考核率、试用期与正式期工资差异、折现因子大小等方面做出考虑，劳资双方共同签订一个合理的试用期合同。

参 考 文 献

[1] 刘畅. 试用期规定的变化与管理. 中国劳动，2007，10.

[2] 爱德华·拉齐尔. 人事管理经济学. 北京：北京大学出版社，1999.

[3] 蒲勇健. 公司期权制度与试用期组合机制——一个人力资源信息甄别博弈模型. 重庆大学学报（自然科学版），2004，2.

[4] 张利风. 人员交替引起的信息损耗及其效应. 经济学（季刊），2006，1.

[5] 汪天喜. 权威分配和信息传递. 经济学（季刊），2003，10.

[6] 董志强，蒲勇健. 人员管理的经济方法：过去的成就与未来的方向. 管理工程学报，2006，1.

[7] 余平. 试用期培训的经济分析. 现代商业，2008，11.

[8] Clive Bull, and Piero Tedeschi. Optimal Probation for New Hires C. V. Starr Center for Applied Economics Research Reports, 1985.

企业规模、毕业生起薪与效率工资

——基于某工业园区 IT 企业薪酬调查数据的工资规模效应分析

● 巫　强

（中国人民大学劳动人事学院　北京　100872）

【摘　要】本文利用某工业园区的 IT 企业薪酬调查数据考察企业规模与毕业生起薪间的关系。本文通过研究发现在控制个人特征及企业特征前后，毕业生起薪都是随企业规模的增大而先减少后增加的，小企业与大企业一样为员工提供了效率工资。

【关键词】企业规模　毕业生起薪　效率工资　企业工资规模效应

一、引　言

企业雇用员工就像买彩票一样（Spence，1972），企业如何看待这张彩票，将决定它提供什么样的工资。在劳动力市场中，企业在雇用一个求职者时并不清楚他的生产能力。此时，企业给出的任何水平的工资，都像是在花钱买一张彩票。

研究不同规模的企业是否为同样特质的大学毕业生①提供了不同的工资具有特殊的理论意义。大学毕业生是劳动力市场中一个特殊的群体：他们往往缺少工作经验，因而也缺乏以往生产率的信息。不同规模的企业对于这样一个群体，在人力资本存量及其他个人特征均类似的情况下，如果提供不同水平的工资，那么很大可能就是出于流动成本、求职者质量、工作标准、忠诚感等方面的考虑。这样的话，效率工资理论无疑是有解释力的。

那么，企业规模是否与起薪水平有关？如果相关，这是由于大企业向同样的员工提供了更高的工资，还是由于能挣更高工资的员工选择了大企业？这两个问题正是本文要解决的。此外，提供高工资，或是不提供高工资，背后的原因是什么？也是本文需要讨论的问题。

大量研究表明，企业规模确实和工资水平正相关。Masters（1969）、Haworth 和 Reuther（1978）、Pugel（1980）、Mellow（1982）和 Garen（1985）在各自的研究中都发现企业规模和工资正相关。Barron，Black 和 Loewenstein（1987）则通过进一步研究发现不论是员工的起薪还是两年后的工资都与企业规模正相关。彭征波（2006）利用 2000—2003 年的中国工业统计数据研究发现：在各种所有制条件下，企业规模-工资效应均为正，这种效应在国有企业中最明显，在外资企业中最小。徐雄晖（2008）利用国家统计

---

① 本文提到的毕业生指大学毕业生，包括专科毕业生、本科毕业生、硕士研究生和博士研究生。

局 2004 年制造业某一部门的相关数据对国外普遍存在的"工资规模效应"① 在我国的情况进行了实证检验。检验的结果发现，虽然国外许多实证研究发现公司规模与员工工资存在显著的正向关系，但是在我国这种"公司规模溢价"并不明显，公司规模与工资成一种"U"形关系。然而，在控制了公司支付能力与资本密集程度这两个变量之后，"公司规模溢价"变得显著。同时徐雄晖还发现进一步控制了技术应用倾向与所有制之后，"公司规模溢价"依然显著。

对工资规模效应的解释主要基于效率工资理论和人力资本理论。

效率工资理论笃信高工资会带来高绩效。企业实施效率工资的原因包括：提高失去工作的成本，鼓励高绩效，节省监督成本；降低由于员工流动带来的成本；吸引更高质量的求职者；提高工作标准、道德水准以及对公司的忠诚感；保持劳动关系稳定或防止工会化（Katz，1986）。Alchian 和 Demsetz（1972）最早提出了工资规模效应可能缘于大企业存在对员工努力程度监督上的困难，高工资能防止员工偷懒。Bulow 和 Summers（1986）认为大企业在高工资和低监督之间寻求平衡。Barron、Black 和 Loewenstein（1987）则强调大企业提供更高工资是由于其在搜寻、培训员工上花的成本更高，而且单位劳动力所占用的资本也较多。

人力资本理论则认为高工资是对员工人力资本的补偿。这类观点如：大企业提供高工资用于补偿员工的技能和物质资本（Hamermesh，1980）；大企业由技能更高的经理人员管理，而这些经理人员又倾向于雇用高技能的员工（Oi，1983）；高技能的员工被集中配置在大企业里面（Baron，1987；Kremer，1993）；大企业倾向于雇用熟练工，因而雇用的工人技能更高（Reilly，1995）。

当然，也有同时从效率工资和人力资本两个角度来解释工资规模效应的。Trosk（1999）发现，大企业提供更高工资的原因可能是他们雇用了更好的员工，并且大企业和大企业的员工都更愿意在企业层面的特殊人力资本上进行投资。

此外，还有从其他角度来解释工资规模效应的。比如：大企业提供高工资是由于工资和企业增长及生存之间的关系（Brown & Medoff，1989）；高工资实质上是大企业与其员工之间租金的分配（Weiss，1966；Mellow，1982；Akerlof & Yellen，1990）。

然而，无论是对于工资规模效应存在与否还是对于其存在原因的解释，都还有不同的说法。John Gibson、Steven Stillman（2009）根据国际成人读写能力调查数据分析认为，企业规模的工资效应并不是普遍存在的，但是在存在此效应的国家，即使控制了员工技能的因素，大企业仍然支付了更高的工资。Shuaizhang Feng（2009）分析了 NLSY79 的数据，认为即使没有受过培训的员工，仍然有规模工资效应，而且在数量上还颇为可观。同时还发现，由在职培训带来的工资增长在大企业中显得比小企业还小些。

通过对以往重要文献的回顾，有以下结论：企业规模与工资水平正向相关关系的存在比较普遍，但并不是所有的国家或地区都存在，而在中国，这种相关关系不一定是线性相关关系；在对企业工资规模效应原因的解释中，效率工资视角的解释越来越占优势，人力资本视角的解释受到一定程度的挑战；对企业规模工资效应的研究，大多采用宏观数据，缺乏基于员工个人特质的分析。

本文采用工作半年后的毕业生的工资数据，检验企业规模与工资水平的相关关系，进而分析同样特征的毕业生是否由于在不同企业而工资不同。由于数据来自同一行业、同一地区，避免了行业和地域因素对工资水平的影响，从而使结果更易理解。

文章第二部分描述不同规模企业提供的毕业生工资水平的平均差异，在第三部分利用倾向指数匹配的

---

① 此处的"工资规模效应"，以及后文提到的"公司规模溢价"，与前文提到的"企业规模-工资效应"均指企业规模与工资正相关的现象，英文均为"firm size-wage effect"、"establishment size-wage effect"或"employer size-wage effect"等。

方法比较了同样个人特征的毕业生的工资差异，最后讨论了这种差异存在的原因。

二、企业规模与起薪水平

本文数据来自某工业园区 IT 企业 2008 届大学毕业生薪酬调查，调查对象来自 67 家企业①，有效数据共计 550 条。

毕业生②实发月工资③与企业规模④存在显著的正相关关系（见表 1）。实发月工资与企业总人数的相关系数为 0.635，与企业年销售收入的相关系数为 0.329，与企业规模的相关系数为 0.406。

表 1 　　　　　　　　　　　　　实发月工资与企业规模的相关系数

		实发月工资	总人数	销售收入	企业规模
实发月工资	Pearson Correlation	1	.635（**）	.329（**）	.406（**）
	Sig.（2-tailed）		.000	.000	.000
	N	510	469	491	455
总人数	Pearson Correlation	.635（**）	1	.537（**）	.545（**）
	Sig.（2-tailed）	.000		.000	.000
	N	469	504	488	488
销售收入	Pearson Correlation	.329（**）	.537（**）	1	.931（**）
	Sig.（2-tailed）	.000	.000		.000
	N	491	488	529	488
企业规模	Pearson Correlation	.406（**）	.545（**）	.931（**）	1
	Sig.（2-tailed）	.000	.000	.000	
	N	455	488	488	488

注：** Correlation is significant at the 0.01 level (2 tailed).

大企业提供高起薪，起薪水平随企业规模的增加先减少后增加。如图 1 所示，在各分位点上，大型企业起薪高于小型企业起薪，小型企业起薪高于中型企业起薪。

三、匹配个人特征后的企业规模与起薪水平

毕业生个人特征会影响其进入什么样规模的企业，影响因素主要是生源地、户口、学校类别、专业类

① 包含企业规模信息的 63 家，其中小型企业 18 家，中型企业 39 家，大型企业 6 家。按企业性质分，国企 12 家，民企 27 家，外企 7 家，其他为我国港、澳、台地区独资企业或是按此标准无法划分的企业。
② 已在企业工作半年左右的时间。
③ 工资条上记录的税后工资。
④ 企业规模的划分标准原则上参照国务院国有资产管理委员会《统计上大中小型企业划分办法（暂行）》（国统字〔2003〕17 号）和《部分非工企业大中小型划分补充标准（草案）》，主要考虑企业人数和销售额，只在小企业的年销售额上标准略有差异。本文中，小型企业指员工总人数少于 100 人或年销售额小于 1000 万元，中型企业指员工总人数为 100～300 且年销售额在 0.1 亿～3 亿元，大型企业指员工总人数大于 300 且年销售额大于 3 亿元。

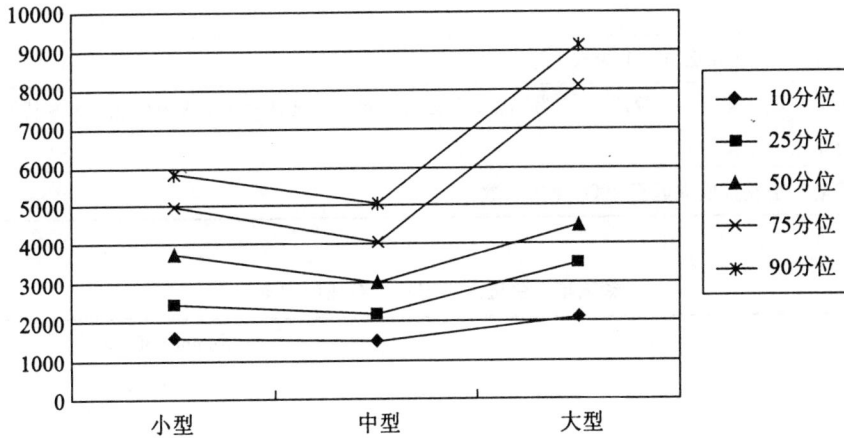

图1　不同规模企业实发月工资分位值比较

别和工作经验。表2为参数定义表。表3为对进入大型或小型企业毕业生的个人特征进行 logistic 回归的结果。结果显示,生源地、户口、学校类别、专业类别和工作经验均在5%的水平上显著。北京生源毕业生更易进入大型企业,"985"高校及其他重点高校毕业生更易进入大型企业,理工类专业毕业生更易进入大型企业,有工作经验的毕业生更易进入小型企业。"985"高校及其他重点高校毕业生更易进入大型企业,意味着更受劳动力市场欢迎的毕业生更多地进入大企业。

表2　　　　　　　　　　　　　　　　　　　参数定义表

参数名	定　义
实发月工资	连续变量:税后月工资,单位为元
性别	分类变量:0为女性,1为男性
生源地	分类变量:0为北京,1为非北京
户口	分类变量:0为北京户口,1为非北京户口
学历	分类变量:1为大专,2为本科,3为本科双学位,4为硕士,5为博士及以上,6为其他
学校类别	分类变量:1为一般本科院校及以下,2为重点高校,3为"985"高校
专业类别	分类变量:0为计算机科学与技术类、电子信息类、机械工程类和电气工程类,1为经济管理类、外语类及其他
外语水平	分类变量:1为较差,2为一般,3为良好,4为熟练,5为精通
工作经验	分类变量:0为无工作经验,1为有工作经验
合同期	连续变量:与公司签订的合同期的年数
所属部门	分类变量:0为技术研发和技术服务部门,1为生产制造、市场营销、行政人事、财务管理、后勤服务及其他部门
总人数	连续变量:企业在2008年的员工总数
销售额	分类变量:企业在2008年的销售额,1为≤1000万元,2为1000万~5000万元,3为5000万~1亿元,4为1亿~3亿元,5为3亿~5亿元,6为5亿元以上
企业规模	分类变量:1为总人数少于100人或销售额小于1000万元,2为总人数为100~300且销售额在0.1亿~3亿元,3为人数大于300且销售额大于3亿元

参数名	定　义
上市情况	分类变量：0 为上市公司，1 为未上市公司
所有制	分类变量：1 为国企（含控股），2 为民企，3 为港、澳、台地区企业，4 为外企，5 为其他按此标准无法分类的企业
企业年限	连续变量：企业自成立起至 2008 年的年数

表 3　　　　　　　　　　　　　　　**影响毕业生进入不同规模企业的因素**

Logistic regression

				Number of obs	=	199
LR chi2（8）	=	24.99
Prob > chi2	=	0.0016

Log likelihood = −75.261887　　　　　　　　　　　Pseudo R2　　　=　　0.1424

企业规模	Coef.	Std. Err.	z	P>|z|	95% Conf.	Interval
性别	.3827429	.4795336	.80	.425	−.5571257	1.322611
生源地	1.601662	.7304659	2.19	.028	.1699755	3.033349
户口	−1.596192	.7346132	−2.17	.030	−3.036007	−.1563766
学历	−.0289103	.3073849	−.09	.925	−.6313735	.5735529
学校类别	−.9517479	.3577513	−2.66	.008	−1.652927	−.2505683
专业类别	1.258836	.4766936	2.64	.008	.3245332	2.193138
外语水平	−.1652944	.2897868	−.57	.568	−.7332661	.4026773
工作经验	1.064456	.5218434	2.04	.041	.0416615	2.08725
常数项	−.6893515	1.279625	−.54	.590	−3.197371	1.818668

注：回归中 1 代表小型企业，0 代表大型企业。

在考虑毕业生个人特征后，不同规模企业的工资仍有显著差异。利用倾向得分匹配法①，对不同规模企业毕业生的性别、生源地、户口、学历、学校类别、专业类别、外语水平、工作经验、合同期和所属部门进行匹配后，平均工资水平存在显著差异。如表 4 所示，小型企业毕业生起薪比大型企业低 1079 元，小型企业毕业生起薪比中型企业高 711 元，中型企业毕业生起薪比大型企业低 1697 元。

表 4　　　　　　　　　　　**不同规模企业考虑个人特征后的平均工资差异**

实发月工资	Coef.	Std. Err.	z	P>|z|	95% Conf.	Interval
小型-大型	−1079.005	464.9188	−2.32	.020	−1990.23	−167.7814
实发月工资	Coef.	Std. Err.	z	P>|z|	95% Conf.	Interval
小型-中型	711.9753	287.5609	2.48	.013	148.3663	1275.584
实发月工资	Coef.	Std. Err.	z	P>|z|	95% Conf.	Interval
中型-大型	−1697.101	229.0644	−7.41	.000	−2146.059	−1248.143

Matching variables：性别　生源地　户口　学历　学校类别　专业类别　外语水平　工作经验　合同期　所属部门

---

①　从表 3 的 logistic 回归中可以看出，个人和企业之间存在自选择的关系，如果用 OLS 估值会存在偏差。

同时考虑企业的上市情况、所有制和企业年限后，不同规模企业的工资仍有较为显著的差异。如表5所示，虽然小型企业与中型企业之间的差异减小，但仍在10%的置信水平上显著。同时，由于这些企业属同一行业，其资本密集程度差异不大，可认为这一因素得到自然的控制。

表5　　　　　　　　　　　　　不同规模企业考虑个人特征和企业其他特征后的平均工资差异

实发月工资	Coef.	Std. Err.	z	P>|z|	95% Conf.	Interval
小型-大型	−1853.301	449.5753	−4.12	0.000	−2734.452	−972.1491
实发月工资	Coef.	Std. Err.	z	P>|z|	95% Conf.	Interval
小型-中型	531.7835	317.6406	1.67	0.094	−90.78067	1154.348
实发月工资	Coef.	Std. Err.	z	P>|z|	95% Conf.	Interval
中型-大型	−1934.941	232.3864	−8.33	0.000	−2390.41	−1479.472

Matching variables：性别　生源地　户口　学历　学校类别　专业类别　外语水平　工作经验　合同期　所属部门　上市情况　所有制　企业年限

如果用员工总数的不同来代表企业规模的连续变化，如图2所示，可以发现，工资规模效应随企业规模的增大先为负之后变为正。

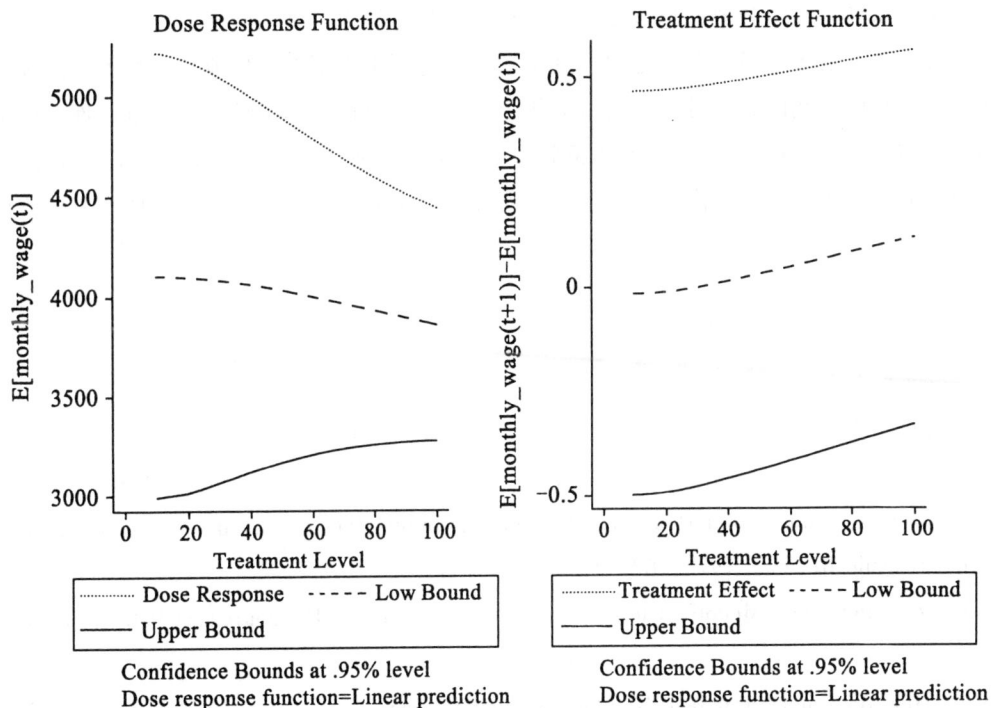

图2　企业规模工资效应随企业规模的连续变化

大型企业提供更高的工资容易理解为效率工资。因为大型企业对员工努力程度或绩效的观察更不完全，对员工的监督成本更高，同时，大型企业更愿意通过高工资吸引更高质量的求职者。

小企业提供比中型企业更高的工资也可理解为效率工资。小企业的发展前景具有更大的不确定性，高工资可以增强对高质量求职者的吸引力，提高员工对公司的忠诚度，使其在更高的工作标准和道德水准下具有更高的生产率。

可见，大型企业和小型企业均有可能提供效率工资，期望通过高工资来保证较高的生产率。由于支付能力①、资本密集程度、技术应用倾向、所有制以及企业年限都不能完全解释这种先减后增的现象，效率工资理论的解释就显得特别有诱惑力。联系到 IT 行业是一个高速发展行业的现实，企业的生存或是死亡往往命悬一线，小型企业可能迫于吸引、留住人才的压力提供高工资，但存活下来并有所发展的更多是一些坚持成本控制型薪酬策略的企业。而发展到中型企业后，发展壮大为大型企业的则更多是那些坚持领先型薪酬策略的企业。当然，这还需要进一步的研究来印证。

四、结　论

利用某工业园区 IT 企业薪酬调查的数据，本文回答了引言中提出的两个问题。第一个问题的答案是：工资水平随企业规模的增大而先减少后增加，大企业比小企业提供了更高的工资，小企业比中型企业提供了更高的工资。第二个问题的答案是：对于具有同样特质的个人，企业提供的工资仍然是大企业高于小企业，小企业高于中型企业，尽管也存在更受劳动力市场欢迎的毕业生更多地进入大企业的现象。

对于具有同样生产率预期的员工提供更高的工资，说明大企业和小企业都采用了效率工资。值得注意的是，本文采用的数据是毕业生起薪数据。由于缺乏过往生产率的信息，毕业生的个人特质相同意味着未来生产率的预期是相同的。对于具有同样生产率预期的员工提供更高的工资，这或许出于提高失去工作的成本，或许出于降低企业由于员工流动带来的成本，或许出于吸引更高质量的求职者，或许出于提高员工的工作标准、道德水准以及对公司的忠诚度。如此种种，都是效率工资的特征。

当然，本文还存在诸多不足。首先是数据样本较小，特别是小型企业毕业生的样本量过少。其次是样本局限于同一行业和同一地区，虽带来了某种分析上的便利，但也限制了结论的可推广性。由于本文数据为毕业生起薪数据，样本企业都是在 2008 年招聘了毕业生的企业，而有能力招聘毕业生的企业往往是发展势头较好的企业，对小型企业来讲尤其是这样。所以，本文的结论能否推广到一般企业仍值得进一步研究。

参 考 文 献

[1] 彭征波. 企业规模、所有制与工资. 山西财经大学学报，2006，28（6）.

[2] 徐雄晖. 工资规模效应——在我国的一个实证分析. 北京大学硕士学位论文，2008.

[3] Armen A. Alchian, and Harold Demsetz. Production, Information costs, and economic organization. The American Economic Review, 1972, 62 (5).

[4] Charles Brown, and James Medoff. The employer size-wage effect. The Journal of Political Economy, 1989, 97 (5).

[5] Charles T. Haworth, and Carol Jean Reuther. Industrial concentration and interindustry wage determination. The Review of Economics and Statistics, 1978, 60 (1).

[6] Daniel S. Hamermesh. Factor market dynamics and the incidence of taxes and subsidies. The Quarterly Journal of Economics, 1980, 95 (4).

[7] David P. Baron, David Besanko. Monitoring, and Moral Hazard. Asymmetric information, and risk sharing in procurement contracting. The RAND Journal of Economics, 1987, 18 (4).

---

① 企业规模的划分考虑了年销售额的因素，也即企业规模里面已经包含了支付能力的因素。

[8] George A. Akerlof, and Janet L. Yellen. The fair wage-effort hypothesis and unemployment. The Quarterly Journal of Economics, 1990, 105 (2).

[9] Jeremy I. Bulow, and Lawrence H. Summers. A theory of dual labor markets with application to industrial policy, Discrimination, and keynesian unemployment. Journal of Labor Economics, 1986, 4 (3).

[10] John E. Garen. Worker heterogeneity, Job screening, and firm size. The Journal of Political Economy, 1985, 93 (4).

[11] John M. Barron, Dan A. Black, and Mark A. Loewenstein. Employer size: The implications for search, Training, Capital investment, Starting wages, and wage growth. Journal of Labor Economics, 1987, 5 (1).

[12] John Gibson, and Steven Stillman. Why do big firms pay higher wages? Evidence from an international database. The Review of Economics and Statistics, 2009, 91 (1).

[13] Kevin T. Reilly. Human capital and information: The employer size-wage effect. The Journal of Human Resources, 1995, 30 (1).

[14] Kenneth R. Troske. Evidence on the employer size-wage premium from worker-establishment matched data. The Review of Economics and Statistics, 1999, 81 (1).

[15] Lawrence F. Katz. Efficiency wage theories: A partial evaluation. NBER Macroeconomics Annual, 1986, 1.

[16] Leonard W. Weiss. Concentration and labor earnings. The American Economic Review, 1966, 56 (1/2).

[17] Michael Kremer. The o-ring theory of economic development. The Quarterly Journal of Economics, 1993, 108 (3).

[18] Michael Spence. Job market signaling. The Quarterly Journal of Economics, 1973, 87 (3).

[19] Oi, Walter Y.. The fixed employment costs of specialized labor. In: The Measurement of Labor Cost. Chicago: Chicago University Press (for NBER), 1983.

[20] Shuaizhang Feng. Return to training and establishment size: A reexamination of the size-wage puzzle, IZA Discussion Paper No. 41432009.

[21] Stanley H. Masters. An interindustry analysis of wages and plant size. The Review of Economics and Statistics, 1969, 51 (3).

[22] Timothy Dunne, and James A. Schmitz. Wages, Employment structure and employer size-wage premia: Their relationship to advanced-technology usage at US manufacturing establishments. Economica, New Series, 1995, 62 (245).

[23] Thomas A. Pugel. Profitability, Concentration and the interindustry variation in wages. The Review of Economics and Statistics, 1980, 62 (2).

[24] Wesley Mellow. Employer size and wages. The Review of Economics and Statistics, 1982, 64 (3).

培育我国研究型大学核心竞争力问题研究

● 胡继明

（武汉大学经济与管理学院　武汉　430072）

【摘　要】大学的核心竞争力成为大学管理机构在推进大学建设和发展中的一个重要支点，研究型大学将打造自身核心竞争力作为参与世界高等教育竞争、实现学校战略发展目标的重要途径。本文在回顾相关文献的基础上，对研究型大学核心竞争力的要素、培育核心竞争力的意义及路径进行了探讨。

【关键词】研究型大学　核心竞争力　文化

"核心竞争力"这一概念的明确提出首先来自企业管理研究领域，其被定义为"企业在生产经营、新产品研发、售后服务等一系列营销过程和各种决策中形成的，具有自己独特优势的技术、文化或机制所决定的巨大的资本能量和经营实力"。① 从企业战略角度被提出来后，核心竞争力理论已经运用到许多领域，如国家核心竞争力、医院核心竞争力、学校核心竞争力等。

大学的核心竞争力成为大学管理机构在推进大学建设和发展中的一个研究重点，特别是研究型大学，都纷纷将打造自身核心竞争力作为参与世界高等教育竞争、实现学校战略发展目标的重要途径。近年来我国相继提出并实施科教兴国战略、建设创新型国家战略，并在《国家中长期科学和技术发展规划纲要（2006—2020）》中明确指出："加快建设一批高水平大学，特别是一批世界知名的高水平研究型大学，是我国加速科技创新、建设国家创新体系的需要。"这要求我国研究型大学要深刻认识和把握当前新形势，高度重视大学核心竞争力的打造，加快向世界一流大学攀升，充分发挥研究型大学在国家科教兴国战略及国家创新体系建设中的作用。

一、相关文献综述

高校核心竞争力及发展战略理论是借鉴企业战略管理理论研究成果，结合高等教育自身特点发展而成的。随着国内外高等教育的稳步发展，关于高校核心竞争力的研究成果也日益丰富。而在这一领域，关于研究型大学核心竞争力的研究则成为更为重要、引起更多关注的部分。

受 Andrews 独特能力（distinctive competence）② 概念启发，1990 年 Prahalad 和 Hamel 把一个具有重大

---

① Prahalad, C. K., and Hamel, G.. The core competence of the corporation. Harvard Business Review, 1990, May-June: 79-90.

② Andrews, K. R.. The concept of corporate strategy. BurrRidge: Dow Jones-Irwin, 1971: 38-45.

影响的概念——核心竞争力引入管理界①。

Prahalad 和 Hamel 在发表于 1990 年的《公司的核心竞争力》② 一文中，首次提出了"核心竞争力"这一概念，这成为企业管理研究领域的重要问题。Prahalad 和 Hamel 的核心观点是，面对全球化的新一轮竞争，必须重新思考企业；管理者不应再从终端产品的角度看问题，而应从核心能力的角度看问题。他们形容道，多样化的公司是一棵大树，树干和主枝是核心产品，分枝是业务单位（business units），树叶、花果是终端产品，而提供营养、水分和稳定性的根系则是核心能力。如果只看到竞争者的终端产品就会忽略它们的核心能力，就像如果只看到树叶就会忽略树的根系一样。

在教育界，高等教育的理论研究者和实际管理者将企业核心竞争力理论应用于高校战略管理，形成了初步的理论和实践成果。

（一）高校核心竞争力研究概况

查阅国内外相关文献，可以发现，对于高校核心竞争力研究是在 20 世纪末才开始的，且许多成果散见于专家学者的论文著作之中。我们发现，高校核心竞争力研究者的知识背景和工作经历对其研究视角具有较大的影响。

菲律宾文化学院（IPC）③ 将核心竞争力聚焦于科学研究（research），由此分离出两个主要领域：竞争能力建设和知识传播。科学研究集中在两个方面：一是常规项目，二是围绕持久难以解决的问题，在菲律宾社会和文化的基础上创立原动力理论。

SCHEV④（弗吉尼亚高等教育联邦协调委员会）将核心竞争力设计为提供改进公众理解信息能力和高校毕业生被期望掌握的基础知识的集合，并从 2002 年秋开始在 George Mason University、Old Dominion University、University of Virginia 等 7 所大学进行 14 个新课题的研究，以提高弗吉尼西高等教育的整体能力。

Karen Jordan⑤ 从战略计划和计划过程出发论述了 Academy 的战略计划，主要包括：Robert 的竞争七原则⑥、John Bryson⑦ 关于公共和非营利性组织的战略计划与"Bryson 模块"、George Morrisey⑧ 的计划理论和模块等内容，对高校核心竞争力战略制定具有很重要的指导意义。

Bill Warters⑨ 则从加利福尼亚的一个创新项目研究出发，将冲突转化作为核心竞争力，即大学毕业生获取文凭必须具备核心知识和核心能力，而合作和冲突转化能力则是核心的学术能力，具体指冲突转化、冲突的协商和冲突的仲裁。因此核心竞争力包括核心知识、核心技能和核心态度。

东南大学孙玉琴以哈佛大学为例，阐述了大学精神是研究型大学的核心竞争力。

---

① Collis, D. J., and Montgommery, C. A.. Corporate strategy: A resource-based approach. New York: McGraw-Hill Companies, Inc. 1998：150-153.

② Prahalad, C, K., and Hamel, G.. The core competence of the corporation. Harvard Business Review, 1990, May-June：79-90.

③ 转引自：成长春. 高校核心竞争力研究文献综述. http://www.docin.com/p-18466286.html, 2003.

④ 转引自：成长春. 高校核心竞争力研究文献综述. http://www.docin.com/p-18466286.html, 2003.

⑤ Michel Robert. Strategy：Pure and simple. New York：McGraw-Hill. Inc., 2000：24-26.

⑥ Michel Robert. Strategy：Pure and simple. New York：McGraw-Hill, 1993：45-48.

⑦ John Bryson. Strategy Planning for Public and Nonprofit Organizations. San Francisco：Jossey-Bass Press, 2004：346-349.

⑧ George L. Morrisey. Morrisey on Planning. San Francisco：Jossey-Bass Press, 1996：230-238.

⑨ Bill Warters. Collaboration and conflict resolution skill: A core academic competency? Conflict Management is Higher Education Report, 2000, 11（4）：3-20.

（二）关于高校核心竞争力的重要观点

著名教育经济学家舒尔茨认为①："学校可以视为专门生产学历的厂家，教育机构（包括各类学校在内）可以视为一种工业部门。"②

伯顿·R.克拉克（Burton R. Clark）是美国著名的高等教育学家和社会学家，他认为③④，高等教育系统是生产知识的学术组织，以高深知识为核心是高等教育的本质特征。他的小组对英、美、法等10多个国家的高等教育系统进行了调查和比较研究，并以经验事实为根据，从组织的视角，以知识为研究的端点，按照知识分化的逻辑和管理纬度，把高等教育系统的要素以及要素的协调、变革有机地组织起来，构建了一个高等教育的逻辑体系，从高等教育系统的内部揭示高等教育的本质特征。⑤

从以上分析我们可以看出，对什么是高校竞争力的理解有许多种，主要有以下几种观点：

（1）能力整合说。主要代表是北京师范大学的赖德胜、武向荣，他们从核心竞争力规范定义出发，提出"大学的核心竞争力就是大学以技术能力为核心，通过对战略决策、科学研究以及成果产业化、课程设置与讲授、人力资源开发、组织管理等的整合或通过其某一要素的效用凸现而使学校获得持续竞争优势的能力"。⑥

（2）构成要素说。持这种观点的学者一般都从我国办学的实际出发提出高校核心竞争力的要素模型。王继华、文胜利认为⑦"高校核心竞争力"要扬弃其原有含义，用以指那些"促进大学走向成功，在大学竞争中起关键作用的要素"。我国高校核心竞争力要从我国大学办学历程和现实国情出发来界定，应重视以下核心要素：教师、管理和大学校长。张卓⑧提出研究型大学的核心竞争力的构成要素包括两个部分：学术核心和管理外壳。学术核心由学科和专业构成，其基本职责是形成学科、专业的学术队伍；开展科学研究，创造科研成果；开展学术交流，建立学术地位；教学育人，保证教学质量。管理外壳是指大学的组织结构和管理体系，其基本职责是制定战略、分配资源和支持学术核心。

李景渤认为⑨形成高校核心竞争力的要素有五个方面：人是形成核心竞争力的基础、技术是核心竞争力形成的关键、科学的管理体系能发挥整体优势、完善的信息系统是核心竞争力形成的重要保障、创新是保持长久竞争优势的动力。

（3）核心能力说。胡建华提出⑩，大学的社会职能是培养人才、发展科学、服务社会，研究型大学发挥社会职能的基础是人才生产能力和学问生产能力。人才生产能力主要表现为生产的人才的规格、数量和质量等；学问生产能力则指在科学的理论、法则、概念、物质的发明与发现方面的数量和质量。学问生产能力是研究型大学的本质特征。

---

① 转引自：马扬，张玉璐．高等教育收益率研究．比较教育研究，2001，9：37-40.

② 转引自：马扬，张玉璐．高等教育收益率研究．比较教育研究，2001，9：37-40.

③ 伯顿·R.克拉克．高等教育新论——多学科的研究．杭州：浙江教育出版社，1988：120.

④ 伯顿·R.克拉克．高等教育系统．杭州：浙江教育出版社，1994：33.

⑤ 杨春梅．学术组织视野中的高等教育系统．高等教育研究（武汉），2002，4：55-58.

⑥ 赖德胜，武向荣．论大学的核心竞争力．教育研究，2002，7：42-46.

⑦ 王继华，文胜利．论大学核心竞争力．中国高教研究，2001，4：83.

⑧ 张卓．研究型大学的基本特征和评价体系．南京航空航天大学学报（社会科学版），2002，4（2）：45-49.

⑨ 李景渤．从核心竞争力的视角看我国西部地区高校如何发挥地域特色．贵州师范大学学报（社会科学版），2002，4：45.

⑩ 胡建华．试析研究型大学的本质——学问的生产能力．南京航空航天大学学报（社会科学版），2002，4（2）：39-43.

厦门大学前校长陈传鸿认为①，从世界著名大学的办学经验来看，成为世界一流大学的关键在于有一批一流的学科，学科水平的高低，决定了学校水平的高低；而越是好的学科，就越能吸引优秀人才，从而有能力去开拓新的领域。他认为，一流大学必须有强大的整体竞争力，而构成整体竞争力的核心部分就是学科建设水平。所以，可以将学科建设水平称为高校的"核心竞争力"。马士斌②从分析高校竞争力的结构出发论述其核心要素。他认为高校竞争力要素共有七个层次：办学资金、知名度和美誉度、科研成果和毕业生、办学方向和办学能力、人的因素、内部管理体制与人力资源管理运行机制、高校主要负责人的素质等。在既定的外部管理体制条件下，人的因素是高校竞争力的核心。人的数量、素质、结构、配置、积极性、合作与竞争等影响核心竞争力的形成，而核心竞争力中的核心力量是教师。

关于大学核心竞争力的特征，相关论述并不多，最具代表性的是赖德胜、武向荣③的观点，他们认为，大学核心竞争力主要有四个特征：

（1）技能独特性。技能特征包括科研能力、科研转化能力、教学能力、培训技能等，每所成功的大学在关键技能上具有显著优势。

（2）用户价值性。新世纪产品质量标准定位从"产品合格"转向"用户（社会、家庭、学生）满意"。

（3）资产专用性。资产专用性越强，可占用性准租越高，别人就越难以模仿，从而竞争优势越稳定。资产分为有形资产和无形资产，无形资产是长时间积累的结果，起主导作用，可分为四类：市场资产，表现为学校和其市场或顾客的关系，包括学校声誉和学术声誉，市场资产直接涉及师资来源、生源和分配，所以是竞争优势的核心；人力资产，体现为雇员身上的才能，包括整体技能、创造力、领导能力、管理技能等，是学校获得竞争力的基础；知识产权资产，包括技能、版权、专利、各种设计专用权等；基础结构资产，指学校得以运行的各种技术、工作方式和程序，包括管理哲学、校园文化、管理过程、信息技术交流、网络系统和金融关系等。

（4）价值可变性。核心竞争力也有生命周期，因此学校应与时俱进，不断进行核心竞争力的"升级转换"。

钟永泉等在构建研究型大学核心竞争力的多层次评价指标的基础上，提出了基于模糊评价模型的定量化评价方法，并对武汉地区部属大学进行了实证评价。④ 蒋洪池则明确提出，学科是大学的立校之本，大学基本职能的实现依赖于学科建设，学科建设是培育和提升大学核心竞争力的关键。⑤

此外，许多专家学者更多地将研究焦点集中于如何培育研究型大学的核心竞争力，而这与各个大学的发展实际密切相关，本文对这方面的文献综述暂不涉及。

二、核心竞争力对研究型大学建设的重要意义

关于研究型大学的定义，国内外学者提出了许多不同的观点，综合起来，研究型大学是指那些提供全面的学士学位计划，致力于硕士研究生到博士研究生的教育，把研究放在核心地位的大学。在我们看来，研究型大学是培养拔尖创新人才的基地，是自主创新的国家队，是培育和发展先进的创新文化的基地，研

① 陈传鸿．着力改革　重在建设　促进本科教学再上新台阶．中国大学教学，2000，4：9-11.
② 马士斌．"战国时代"高校核心竞争力的提升．学海，2000，5：163-166.
③ 赖德胜，武向荣．论大学的核心竞争力．北京：教育研究，2002，7：42-46.
④ 钟永泉等．研究型大学核心竞争力的评价模型及其应用．中国农业教育，2007，4：11-13.
⑤ 蒋洪池等．学科建设：培育和提升大学核心竞争力的关键．教育理论与实践，2009，3：3-5.

究型大学通过开展多层次、多形式的决策咨询和科技服务，提高科技成果转化的层次和水平，能为国家重大决策提供支持，为经济发展培育新的增长点。然而，从市场经济角度来看，我国高等教育一直在计划经济体制下发展，随着市场经济的竞争原则、效益原则、质量原则、优胜劣汰原则等在高等教育发展过程中的不断被引入，我国一些研究型大学往往在面对国际国内竞争时显得力不从心。如根据英国《泰晤士报》与英国著名高等教育研究机构 QS（Quacquarelli Symonds）联合进行的 2009 年世界大学评估，美、英两国大学席卷榜单高位，中国香港有 3 所大学进入榜单前 50 名，而中国内地只有清华大学进入前 50 名，我国大学整体竞争力与美英两国大学差距较大。武汉大学中国科学评价研究中心研发的《2009 年世界一流大学与科研机构学科竞争力评价研究报告》显示，美国哈佛大学、约翰·霍普金斯大学、斯坦福大学、华盛顿大学、东京大学，美国加州大学洛杉矶分校、密歇根大学、加州大学伯克利分校、麻省理工学院，加拿大多伦多大学分别位列第一到第十名。中国的台湾大学、香港大学、北京大学、清华大学、浙江大学、香港中文大学进入前 200 名，分列第 100、123、155、156、165、196 位[①]。由此可见，研究大学竞争、寻求竞争优势、培育核心竞争力是研究型大学管理者所面临的一项紧迫任务。

Prahalad 和 Hamel 在《公司的核心竞争力》一文中提出，面对全球化的新一轮竞争，企业必须重新进行思考，管理者不应再从终端产品的角度看问题，而应从核心能力的角度看问题。我国的研究型大学也应从分析其在发展中所处的环境及具有的内外部条件出发，从确立自身核心能力、发掘自身优势方面着手，重点探讨其核心竞争力提升的正确方向与路径，开展在当前高等教育国际化背景下基于核心竞争力的我国研究型大学发展战略研究，从而真正提升研究型大学的办学实力和能力，推进我国高等教育融入世界主流和我国加快建设若干所世界一流大学目标的实现。

研究型大学的核心竞争力是使大学对环境迅速反应、资源最优化配置、社会效用最大、发展战略与众不同的关键，是交流、介入以及跨组织边界的整体能力。它涉及多个层次的人以及全部功能，不会随着使用而递减。它不像物质资产那样会随着时间的流逝而损耗，而会随着应用分享而提高。因而，对于研究型大学而言，培育自身的核心竞争力，也必将有利于提升大学乃至整个社会的教育资源配置效率，增进社会知识积累水平，丰富人类精神财富，从而提升整个社会的文化福利水平。

三、研究型大学核心竞争力分析

对现代企业而言，核心竞争力主要包括核心技术能力、组织协调能力、对外影响能力和应变能力，其本质内涵是让消费者得到真正好于、高于竞争对手的不可替代的价值、产品、服务和文化。其中创新是核心竞争力的灵魂，主导产品是核心竞争力的精髓。因此我们可以认为核心竞争力主要由以下三方面构成，即：（1）文化层面，包含鼓励创新机制的经营理念，向客户提供卓越价值的企业价值观导向，科学发展与经营管理的制度建设，以人为本的人才战略。（2）技术层面，即不断创新、领先同行的技术优势。（3）产品与服务层面，包含质量保证的产品与服务、品牌、声誉。而上述三个层面中，企业文化是核心竞争力的重要组成部分，是发掘核心竞争力的保证。与企业核心竞争力类似，我们不妨将研究型大学核心竞争力的构成要素归纳为如图 1 所示。

（1）大学精神。大学精神是研究型大学核心竞争力文化层面的构成要素。大学精神是大学自身存在和发展中形成的具有独特气质的精神形式和文明成果，是整个人类社会文明的高级形式。面对知识经济的机遇和挑战，培育"大学精神"不仅是高等教育自身发展的需要，同时也是社会进步的需要。研究型大学的大学精神，是研究型大学的价值理念和价值追求，大学精神蕴涵在大学之中，难以言说却又无时不

---

① 邱均平等．中国大学评价报告．武汉大学中国科学评价研究中心网站．http：//rccse.whu.edu.cn/，2009．

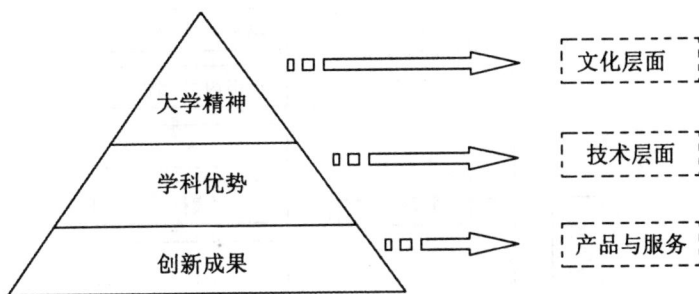

图 1 研究型大学核心竞争力层次

在，产生着巨大的能量，将具有不同思想、文化、专业背景的知识分子凝聚在一个目标下，产生一种顽强的生命力，支配着研究型大学的正常运转，也对社会的发展产生巨大的影响。失去了这些，大学就失去了灵魂，无所依靠，就不能称之为真正意义上的"大学"。

（2）学科优势。学科优势是研究型大学核心竞争力的第二个层面，即技术层面的构成要素。学科是大学的基本元素，是人才聚集的中心，是学术活动的舞台，是培养大师的基地。正如技术优势是企业核心竞争力的核心一样，学科优势是研究型大学核心竞争力的核心和主体。具有优势的学科和专业，是现代大学培养高素质人才和创造高水平研究成果的基础与必要条件，更是研究型大学在发展与竞争中迅速崛起和脱颖而出的重要保证。从某种程度上来讲，研究型大学的发展与竞争，就是其各自学科优势的建设与比拼。

（3）创新成果。创新成果是研究型大学核心竞争力最表层、最直接的构成要素。研究型大学的创新成果就等于企业的产品与服务，是企业生产的最终表现形式。对研究型大学而言，其创新成果包括以下几个方面的内容，如毕业生、科研成果、服务社会的效益等。这些成果的数量与质量，直接关系到研究型大学的品牌塑造及社会声誉的形成。它们既是研究型大学核心竞争力的构成要素，也是研究型大学核心竞争力的直接体现。

在理论研究与实践中，也有一些专家学者将研究型大学核心竞争力的构成概括为资源、管理、学科、文化等方面的要素（如图 2 所示）。

四、培育核心竞争力，推进我国研究型大学建设的思考

在自主创新成为国家战略的时代背景下，大学尤其是研究型大学在国家创新体系的建设中，将发挥基础和生力军的作用，它们必将肩负起培养创新人才、研发高新技术成果的重任。因此，充分认识自身条件与识别环境要素，分析自身的优势劣势、机会挑战，确立核心竞争力的内容与构成，从而明确战略制定与选择的方向，这对加快建设与发展研究型大学，缩小我国研究型大学与国际一流大学之间的差距，具有重要的现实意义。

首先，塑造大学精神与大学文化。任何组织在其发展中都会形成其特有的组织文化，所谓组织文化，就是组织成员在组织运行中逐渐形成的一种共同价值观念。对于研究型大学而言，大学文化与大学精神是研究型大学整体所表现出来的一种非物质性存在，即气质、规范、境界、观念等。对于我国研究型大学建设来说，凝炼大学精神，要注重和谐精神文化的建设，培育大学的和谐理念与和谐精神。和谐理念的实质是倡导人与人、人与社会、人与自然的和谐相处、科学发展，这既是建设和谐文化的基本内容，也是指导大学文化建设的世界观和方法论。

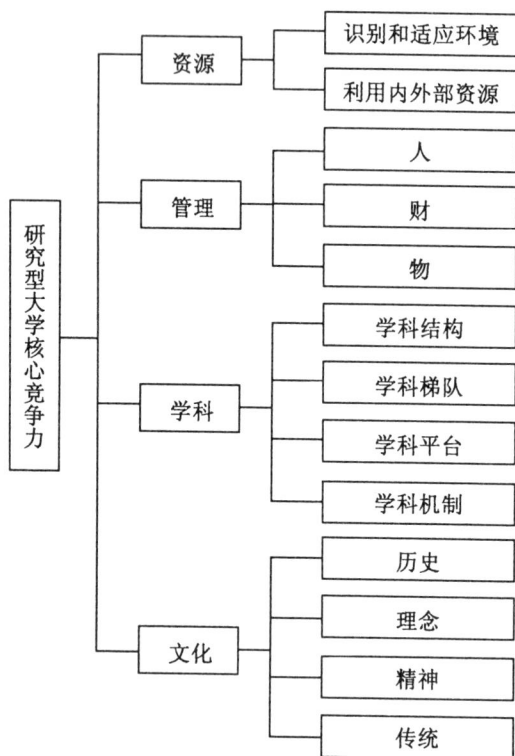

图2 研究型大学核心竞争力构成要素

其次，积极培育学科优势。一般来说，学科优势包含四个方面的内容：一是在国内外具有较大影响的优秀学科带头人，学科的地位和影响力首先表现在特定学科专家的影响力上；二是学科的发展方向处在世界科技发展的前沿，并在此前沿领域产生了具有标志性的研究成果；三是研究的手段，包括一流的研究条件、充裕的研究经费、宽松和谐的研究环境等；四是在人才培养方面，已经培养出举世公认的杰出人才。我国研究型大学要打造自身的核心竞争力，实现跨越式发展，就必须从以上四个方面努力，全面提高。

最后，不断获得创新性成果。研究型大学要提升自己的核心竞争力，就必须在强化和突出学科优势的基础上，充分挖掘优势学科潜力，培养学科领域的优秀尖端人才，打造高、精、尖的研究成果，并力争将好的科研成果转化为现实的产品，实现研究成果的产业化。同时，我国研究型大学还应积极投身社会发展，突出为社会服务、为国家及地方经济发展服务的功能，产出良好的社会效益。

总之，研究型大学是我国高等教育和科技创新的生力军，但也面临激烈的竞争，要实现我国高等教育的快速发展，加快自主创新的步伐，都要求我国研究型大学重视培育自身的核心竞争力，着力打造自身的竞争优势，从而推进我国研究型大学的快速发展。

参 考 文 献

[1] Prahalad, C. K., and Hamel, G.. The core competence of the corporation. Harvard Business Review, 1990, May-June.

[2] Andrews, K. R.. The concept of corporate strategy. BurrRidge: Dow Jones-Irwin, 1971.

[3] Collis, D. J., and Montgommery, C. A.. Corporate strategy: A resource-based approach. McGraw-Hill Companies, Inc., 1998.

［4］Michel Robert. Strategy：Pure and Simple. New York：McGraw-Hill. Inc.，2000.

［5］John Bryson. Strategy Planning for Public and Nonprofit Organizations. San Francisco：Jossey-Bass Press，2004.

［6］George L. Morrisey. Morrisey on Planning. San Francisco：Jossey-Bass Press，1996.

［7］Bill warters. Collaboration and conflict resolution skill：A core academic competency?. Conflict Management is Higher Education Report，2000，11（4）.

［8］蒋洪池等. 学科建设：培育和提升大学核心竞争力的关键. 教育理论与实践，2009，3.

［9］成长春. 高校核心竞争力研究文献综述. 河海大学国际工商学院网站. 2003，4.

［10］马扬，张玉璐. 高等教育收益率研究. 比较教育研究，2001，9.

［11］伯顿·R. 克拉克. 高等教育新论——多学科的研究. 杭州：浙江教育出版社，1988.

［12］杨春梅. 学术组织视野中的高等教育系统. 高等教育研究（武汉），2002，4.

［13］王继华、文胜利. 论大学核心竞争力. 中国高教研究，2001，4.

［14］张卓. 研究型大学的基本特征和评价体系. 南京航空航天大学学报（社会科学版），2002，4（2）.

［15］李景渤. 从核心竞争力的视角看我国西部地区高校如何发挥地域特色. 贵州师范大学学报（社会科学版），2002，4.

［16］胡建华. 试析研究型大学的本质——学问的生产能力. 南京航空航天大学学报（社会科学版），2002，4（2）.

［17］陈传鸿. 着力改革 重在建设 促进本科教学再上新台阶. 中国大学教学，2000，4.

［18］马士斌. "战国时代"高校核心竞争力的提升. 学海，2000，5.

［19］钟永泉等. 研究型大学核心竞争力的评价模型及其应用，中国农业教育，2007，4.

［20］温兴琦等. 系统论视角下企业与环境的关系研究. 深圳职业技术学院学报，2005，4.

上市公司增发、控股股东行为与公司业绩

● 陈　祺[1]　谭　雄[2]

（1，2 中南财经政法大学会计学院　武汉　430073）

【摘　要】以上市公司作为行为主体的股票增发和以控股股东作为行为主体的掏空与支持行为之间是否存在相关关系，是一个值得关注的话题。本文选取 2004—2008 年中国民营上市公司作为研究样本，对增发前后上市公司业绩的变化、控股股东掏空与支持行为的变化以及上市公司业绩变化与控股股东行为变化之间的关系进行了分析。研究发现，和没有增发行为的上市公司相比，处于上市公司增发前一年的控股股东也会减少对上市公司的掏空，并倾向于对上市公司实施支持行为，并且这种支持行为会提升上市公司业绩，以达到促进上市公司顺利增发的目的，而促进上市公司增发的顺利进行正是控股股东支持行为存在的原因之一。此外，处于上市公司增发后一年的控股股东会倾向于对上市公司实施掏空行为，并且控股股东的这种行为会显著降低上市公司的业绩。本文的研究丰富了控股股东掏空和支持行为与上市公司业绩之间关系的文献，并从上市公司增发的角度对掏空与支持行为并存的现象给出了解释。

【关键词】掏空　支持　增发　公司业绩

一、引　言

在新兴市场国家中，由于相关法律法规的不完善，大股东对中小股东的利益侵占行为时有发生。研究控股股东通过掏空的方式对中小股东利益进行侵占以及此种行为对公司绩效的影响成为公司治理以及投资者保护研究领域的热点问题。

Johnson 等①的研究表明，控股股东会通过关联交易等掏空行为，将资源从公司向控股股东转移，从而达到侵占外部投资者既有利益的目的。但是，Friedman 等②发现除了掏空（tunneling）行为之外，控股股东也会对上市公司实施支持（propping）行为。Mitton③ 对一些亚洲企业在金融危机中行为的研究也证实了控股股东会对上市公司提供资金支持。

分析可见，在控股股东与上市公司之间的关系中，存在着两种性质不同、利益输送方向相反的掏空与支持行为。那么为什么会同时存在控股股东掏空与支持两种性质截然不同的利益输送行为？这两种行为对上市公司的绩效的影响又如何？现有研究没有很好地回答这些问题。本文则通过上市公司进行股票增发这

---

① Johnson, S., La Porta, R., Lopez-De-Silanes, F., and Shleifer, A.. Tunneling. American Economic Review, 2000, 90: 22-27.

② Friedman, E., Johnson, S., and Mitton, T.. Propping and tunneling. Journal of Comparative Economic, 2003, 31: 732-750.

③ Mitton, T.. A cross-firm analysis of the impact of corporate governance on the East Asian financial crisis. Journal of Financial Economics, 2002, 64: 215-241.

一再融资行为作为切入点，分析在上市公司作出再融资决策的时候，和没有增发行为的公司相比，上市公司业绩会产生何种变化，控股股东与上市公司之间的利益输送行为又会发生哪些变化，以及控股股东的这些行为变化是否导致了有增发行为上市公司业绩的变化，从而为控股股东和上市公司之间掏空与支持行为并存的状态给出经验数据上的解释，以达到更好地分析、评价以及监管控股股东和上市公司之间利益输送行为的目的。

二、文献回顾

围绕控股股东掏空与支持行为，现有文献从行为动机、行为的存在性以及行为的经济后果等方面进行了广泛的研究。

在控股股东掏空行为的研究方面，Johnson 等提出的"掏空理论"具有基础性地位。Johnson 等认为控股股东会通过关联交易、转移定价、过高薪酬、不合理担保等掏空行为手段对公司资源进行侵占，从而侵害外部投资者利益。此后 Claessens 等①通过上市公司所有权和公司价值之间关系的研究发现，当控股股东所拥有股份的现金流权与实际控制下的控制权出现较大分离的时候，由于较小的现金流权所带来的侵占成本较小，此时控股股东在利益驱使下会去侵占其他股东利益，并证实了控股股东现金流权与控制权的分离程度和公司绩效之间存在着负向的侵占效应。在此之后，众多学者围绕上市公司所有权安排下控股股东侵占效应的经济后果进行了分析。苏启林和朱文②较早进行的研究发现了我国家族上市公司中随着控股股东控制权和现金流权分离程度的增大，公司价值逐渐降低。王鹏和周黎安③、谷祺等④也证实了在中国股票市场中控股股东的现金流权与控制权的分离程度对控股股东具有"侵占效应"，并且随着两种权力分离程度的增加，公司绩效会逐渐下降。可见上述国内研究者的结论和国外学者的研究结论基本相同，但都只是从上市公司所有权与控制权安排角度出发，间接地对控股股东侵占效应下掏空行为对公司绩效的影响进行研究，而没有直接以控股股东的掏空行为作为内生变量来探讨控股股东掏空行为对上市公司绩效的影响。

除了认为控股股东会对上市公司实施掏空之外，Friedman 等认为控股股东会把自身资源向上市公司进行转移，从而形成对上市公司的支持行为。Mitton 根据金融危机期间亚洲部分上市公司的表现，也证实了控股股东会为上市公司提供资金支持。张光荣和曾勇⑤通过案例分析的方法，说明在我国资本市场中也同时存在着控股股东掏空与支持这两种利益输送方向完全不同的行为。那么，基于自身利益最大化而采取相应行为的控股股东为什么在现金流权与控制权相分离的情况下，仍会采取一定的方式对上市公司实施支持呢？对于这一问题的解释，Friedman 等认为上市公司控股股东侵占收益是通过日常窃取（routine stealing）的方式来完成的，所以为了保持公司的持续性，虽然在任何期间控股股东都具有侵占上市公司利益的可能，但是为了保证上市公司的持续发展及其侵占收益的持续性，控股股东会在特定的时候对上市公司实施支持行为从而能持续地侵占收益。刘碧波⑥在对中国 2006—2008 年进行定向增发的上市公司进行研究之

---

① Claessens S., Djankov, S., Fan, J., and Lang, L.. Disentangling the incentive and entrenchment effects of large shareholdings. The Journal of Finance, 2002, 57: 2 741-2 771.

② 苏启林，朱文. 上市公司家族控制与企业价值. 经济研究, 2003, 8: 36-45.

③ 王鹏，周黎安. 控股股东的控制权、所有权与公司绩效：基于中国上市公司的证据. 金融研究, 2006, 2: 88-98.

④ 谷祺，邓德强，路倩. 现金流权与控制权分离下的公司价值——基于我国家族上市公司的实证研究. 会计研究, 2006, 4: 30-36.

⑤ 张光荣，曾勇. 大股东的支撑行为与隧道行为——基于托普软件的案例研究. 管理世界, 2006, 8: 126-135.

⑥ 刘碧波. 大股东支持、利益输送与定向增发. 清华大学经济管理学院工作论文, 2009: 132.

后发现，控股股东对上市公司的掏空与支持两种行为预期可以同时存在，控股股东为了获取更多的股权收益或侵占收益会向上市公司提供支持，掏空与支持这两种行为不存在矛盾。作者同时也证实了控股股东在定向增发之前进行支持行为的预期会带来正向的股价波动，而控股股东未来进行掏空的预期会带来负向的股价波动。但是 Friedman 等只是从理论分析的角度对掏空与支持行为的并存性进行了解释，而没有给出经验数据的支持。刘碧波是通过短时间窗口的事件研究来探讨上市公司在存在支持与掏空预期下定向增发的短期公告效应，但没有直接把上市公司的掏空和支持行为与上市公司绩效联系起来，探讨控股股东和上市公司之间的利益输送与上市公司绩效之间的关系。所以，对于控股股东掏空与支持行为为何并存的现实性问题，仍需要经验数据的解释与支持。

本文则是选择上市公司增发股票进行再融资这一行为作为切入点，研究在上市公司增发股票之前以及增发股票之后控股股东和上市公司之间利益输送行为的变化。本文试图从促进增发再融资顺利进行的角度分析控股股东支持行为存在的利益动机，从而检验上市公司增发行为与控股股东掏空和支持行为之间的关系，并分析所处年份和增发所在年份间隔不同时上市公司业绩的变化特征，以及此时控股股东掏空和支持行为对上市公司业绩的影响。和已有研究相比，本文具有如下特点：（1）选择上市公司进行增发再融资作为特殊时点，从促进上市公司增发再融资顺利进行的角度解释控股股东掏空与支持行为为何并存以及其背后的利益动机，并从经验数据上予以验证；（2）直接就增发前以及增发后控股股东的支持或掏空行为对上市公司业绩的影响进行研究，对控股股东掏空和支持行为与上市公司业绩之间的关系进行了验证。

三、研究假设

Friedman 等的分析指出，控股股东对上市公司实施支持行为是为了获取与其股权相对应的正常收益以及控制权下的侵占收益。那么也可以从这两个方面，就控股股东面临上市公司进行增发之时的相应行为决策进行分析。具体来讲，在中国上市公司股权普遍集中情况下，拥有上市公司控制权的控股股东为了获取在正常股权收益之外的投资回报，利用不需要偿还并且也不会丧失对公司控制权的权益融资方式成为控股股东获取资金的最佳选择①，并且控股股东在增发过程中可以对增发对象的选择、增发价格的确定等方面进行控制，从而较中小股东而言在增发过程中获取更多的利益。但是上市公司的增发行为还会受到中国证监会等监管部门的审核与管理。所以从上市公司持续健康发展以及控股股东获取增发的侵占收益的角度出发，控股股东会对上市公司实施支持行为，从而促进上市公司业绩的提升，达到监管部门所要求的股票增发时的公司业绩水平。而 Mitton 的研究表明控股股东对上市公司的支持会帮助上市公司提升财务指标水平，渡过难关。张光荣和曾勇的案例研究也表明了上市公司配股前存在着关联方对上市公司的利益输送行为。由此可以得到本文的下列假设：

假设 1A：和没有增发行为的上市公司相比，当处于上市公司实施增发行为之前的年份时，控股股东会减少对上市公司的掏空行为，并倾向于对上市公司实施支持行为。

假设 1B：控股股东在上市公司实施增发行为之前的支持行为会提升上市公司的业绩，从而达到促进增发顺利进行的目的。

当上市公司增发成功之后，控股股东在没有促进上市公司增发顺利进行因素的影响下，会基于所拥有的现金流权和控制权比例对自身行为作出利益最大化目标下的决策。Johnson 等通过数理模型的推导表明当控股股东的控制权大于其现金流权时，其自身利益最大化的选择是对上市公司实施利益侵占，并且这种利益侵占行为会对上市公司的业绩产生负面影响。以后众多实证研究也证实了现金流权与控制权分离状况

---

① 李志文，宋衍蘅．影响中国上市公司配股决策的因素分析．经济科学，2003，3：59-69．

下的侵占效应会对上市公司业绩造成负面影响。张光荣和曾勇的案例研究也表明了上市公司配股后关联方会从上市公司转移资源，进行掏空的行为。由此可以得到本文以下假设：

假设2A：和没有增发行为的上市公司相比，当处于上市公司实施增发行为之后的年份时，控股股东会倾向于对上市公司实施掏空行为。

假设2B：控股股东在上市公司实施增发行为之后的掏空行为会降低上市公司的业绩。

四、研究设计

中国证监会于2001年8月16日发布的《关于在上市公司建立独立董事制度的指导意见》强化了独立董事对于上市公司与关联方之间关联交易的监督与管理，并要求在2003年6月30日前上市公司董事会成员中应该包括1/3的独立董事。因此证监会关于2003年6月30日后提高独立董事比例以及加强对关联交易和其他资金往来中的资金占用行为监管的规定会对控股股东与上市公司之间利益输送行为造成影响[①]，所以本文选取2004—2008年的上市公司控股股东的资金占用情况进行分析，从而避免由于此项规定颁布所造成的制度差异。同时对于国有企业而言，作为直接控制者的上市公司母公司等控制人只是国有资产的受托经营者，并不拥有企业的所有权，其行为容易受到政府控制、职位晋升等因素的影响，此时控股股东采取的行为和本文分析框架有所出入，所以本文只选取了在沪深两地上市的民营企业作为研究样本。

为了分析所处年份和上市公司增发行为发生年份间隔对控股股东与上市公司之间利益输送行为的影响，本文选取增发前三年至增发后三年作为研究的时间窗口进行考察。故本文选取了2001—2008年总共337家存在增发行为的上市公司作为基准，分析处于增发时间前三年与后三年中控股股东和上市公司之间掏空与支持行为这两种利益输送方式的行为特征，以及这两种行为对上市公司业绩的影响。对于企业业绩指标的选择，本文参考徐莉萍等[②]的方法，选取净资产收益率、总资产收益率、每股收益率三个会计指标，采取主成分分析法构建一个企业盈利能力综合指数Π来反映企业绩效。

对于控股股东掏空与支持行为的表现形式，本文选择控股股东和上市公司关联交易中的资金占用这一掏空行为的主要方式[③]来分析控股股东与上市公司之间的掏空和支持行为。对于控股股东资金占用额的计算，本文按照李增泉等[④]的方法，将控股股东控制的其他行为人占用上市公司的资金也合并计算到控股股东对上市公司的资金占用额之中，对上市公司年报的应收账款、预付账款、其他应收款、应付账款、预收账款、其他应付款六个账户中发生的与控股股东及控股股东所控制的其他公司之间的关联交易额进行统计计算。计算结果的正值表示控股股东对上市公司的掏空行为，负值为控股股东对上市公司的支持行为。

已有研究表明，控股股东的持股比例、控股股东的控制方式、上市公司资产负债率、上市公司资产规模等因素会对控股股东的掏空行为产生影响，所以本文在考察控股股东掏空以及支持行为是否发生时对上述因素予以控制[⑤]。在对控股股东掏空和支持行为对公司业绩影响的分析中，本文根据现有研究[⑥]对股权

①　叶康涛，陆正飞，张志华．独立董事能否抑制大股东的"掏空"？．经济研究，2007，4：101-111.
②　徐莉萍，辛宇，陈工孟．股权集中度和股权制衡及其对公司经营绩效的影响．经济研究，2006，1：90-100.
③　Johnson, S., La Porta, R., Lopez-De-Silanes, F., and Shleifer, A.. Tunneling. American Economic Review, 2000, 90：22-27.
④　李增泉，孙铮，王志伟．"掏空"与所有权安排——来自我国上市公司大股东资金占用的经验证据．会计研究，2004，12：3-13.
⑤　申明浩．治理结构对家族股东隧道行为的影响分析．经济研究，2008，6：135-144.
⑥　侯晓红，李琦，罗炜．大股东占款与上市公司盈利能力关系研究．会计研究，2008，6：77-96.

集中度、独立董事比例、实际控制人参与管理程度、公司资产负债率、公司规模等变量予以了控制。变量的定义与说明见表1。

表1

变量定义与说明

变量名称	变量简称	变量定义
盈利能力综合指数	Π	通过主成分分析法，对公司净资产收益率、总资产收益率、每股收益计算而得
掏空行为	Tunneling	若当年存在控股股东占用上市公司资金的掏空行为，则取1，否则取0
资金净占用率	Tunnel	资金净占用率=资金净占用额/总资产
在增发前三年	Before3（B_3）	在有增发行为的年份之前三年则取1，否则取0
在增发前两年	Before2（B_2）	在有增发行为的年份之前二年则取1，否则取0
在增发前一年	Before1（B_1）	在有增发行为的年份之前一年则取1，否则取0
在增发当年	Right（R）	在有增发行为的年份当年则取1，否则取0
在增发后一年	After1（A_1）	在有增发行为的年份之后一年则取1，否则取0
在增发后两年	After2（A_2）	在有增发行为的年份之后二年则取1，否则取0
在增发后三年	After3（A_3）	在有增发行为的年份之后三年则取1，否则取0
控股股东持股比例	Control	按照La Porta等的控制权计算方法得出的具有上市公司实际控制权的控制性股东的持股比例
资产负债率	Lev	资产负债率=负债总额/资产总额
大股东控制方式	Group	若控股股东采用金字塔控制等集团控制结构，则取1，否则取0
股权集中度	HH₅	Herfindahl_5指数，即公司前5位大股东持股比例的平方和
独立董事监督力度	SD	独立董事监督力度=独立董事数/董事总数
控制人参与管理程度	MA	当控股股东（控股股东本人或者其家族成员）为公司董事长、副董事长、董事会成员或总经理时，担任取值MA=1，否则MA=0
董事会规模	Bsize	为公司董事会人数的自然对数
公司规模	Size	为公司总资产的自然对数
行业	Industry	按照中国证监会2001年所公布的《上市公司行业分类指引》进行行业分类。制造业行业代码取2位，其他行业代码取1位，并以综合行业为基准，设置了21个虚拟变量
年份	Year	以2004年为基准年，设置了4个虚拟变量

基于上述分析，本文构建如式（1）所示的研究模型分析上市公司增发行为和控股股东掏空与支持行为之间的关系：

$$\text{Tunneling} = \alpha_1 + \alpha_2 B_3 + \alpha_3 B_2 + \alpha_4 B_1 + \alpha_5 R + \alpha_6 A_1 + \alpha_7 A_2 + \alpha_8 A_3 + \alpha_9 \text{Control} + \alpha_{10} \text{Lev} +$$

$$\alpha_{11} \text{Group} + \alpha_{12} \text{Size} + \sum_{i=1}^{21} \alpha_{12+i} \text{Industry}_i + \sum_{j=1}^{4} \alpha_{33+j} \text{Year} + \varepsilon \tag{1}$$

为了分析处于增发行为前后特定时期，控股股东掏空行为以及支持行为对上市公司业绩的影响，本文构建如式（2）所示的基本模型进行分析：

$$\Pi = \alpha_1 + \alpha_2 B_3 + \alpha_3 B_2 + \alpha_4 B_1 + \alpha_5 R + \alpha_6 A_1 + \alpha_7 A_2 + \alpha_8 A_3 + \alpha_9 \text{HH}_5 + \alpha_{10} \text{SD} +$$

$$\alpha_{11} \text{MA} + \alpha_{12} \text{Bsize} + \alpha_{13} \text{Size} + \alpha_{14} \text{Lev} + \sum_{i=1}^{21} \alpha_{14+i} \text{Industry}_i + \sum_{j=1}^{4} \alpha_{35+j} \text{Year} + \varepsilon \tag{2}$$

五、实证检验

本文样本的财务数据从深圳国泰安公司的 CSMAR 数据库、金融界网站中搜集而得，控股股东资金占用数据从上市公司年报中搜集而得，并删除了无控制权或者控制权小于 10%、金融行业和财务数据缺省或异常的企业样本，其样本分布如表 2、表 3 所示。

表 2

样 本 分 布

	2004 年	2005 年	2006 年	2007 年	2008 年	合计
资金占用为正	131	111	103	137	131	613
资金占用为负	135	136	143	143	196	753
无资金占用	180	130	166	188	248	912
合计	446	377	412	468	575	2278

注：本文从控股股东角度出发进行资金占用额的正、负符号划分，即资金占用额为正说明控股股东对上市公司的资金占用，为掏空行为；资金占用额为负说明上市公司对控股股东的资金占用，为支持行为。

表 3

样本公司所处增发行为前后年度分布

	2004 年	2005 年	2006 年	2007 年	2008 年	合计
B_3	92	85	0	0	0	177
B_2	37	74	90	0	0	201
B_1	4	30	91	94	0	219
R	6	4	35	87	110	242
A_1	8	3	3	32	98	144
A_2	20	6	5	3	37	71
A_3	11	18	8	5	4	46

通过对研究样本的分布情况和上市公司所处的增发行为发生前后年度的观察，可以发现，在研究区间内，每年均存在一定数量的控股股东和上市公司之间相互占用资金的情况，从而说明控股股东的掏空与支持行为普遍存在。而上市公司增发行为发生前后三年内均存在一定数量的上市公司样本，说明在研究区间内上市公司的增发再融资行为较为普遍。

本文便以上市公司增发前后三年作为一个特殊的时间窗口，对存在增发行为的上市公司和没有增发行为的上市公司进行比较，分析存在增发行为的上市公司业绩特征以及上市公司增发前后控股股东与上市公司之间利益输送行为的变化，然后研究控股股东掏空或支持行为的变化是否引起了处于增发时间点前后上市公司业绩的变化，进而从上市公司增发的角度对控股股东掏空与支持行为并存给出一个解释，并对控股股东掏空与支持行为对上市公司业绩的影响给出经验数据的支持。

（一）描述性统计及单因素分析

本文首先对上市公司业绩均值和中位数进行了配对比较，从而研究存在增发行为的上市公司和没有增发行为的上市公司相比，其公司业绩是否具有一定的特殊性。分析结果报告见表 4 和表 5。

表4　　　　　　　　　　按增发前后年份配对的上市公司业绩统计

样本分类		样本数	平均值	中位数	标准差	最小值	最大值
所处时机	取值						
B_3	1	177	.0101	.2578	1.3773	−12.3909	1.5303
	0	2101	.1938	.255	.9584	−11.1306	7.9018
B_2	1	201	.2211	.3238	1.2594	−11.1306	3.4364
	0	2077	.1755	.2503	.9693	−12.3909	7.9018
B_1	1	219	.4644	.4520	.5709	−3.3110	3.4364
	0	2059	.1492	.2363	1.0286	−12.3909	7.9018
R	1	242	.5245	.4329	.8025	−1.5682	7.9018
	0	2036	.1385	.2370	1.0112	−12.3909	7.0237
A_1	1	144	.3506	.3640	.5886	−3.3708	1.9513
	0	2134	.1680	.2509	1.0189	−12.3909	7.9018
A_2	1	71	.4617	.3860	.7759	−.5552	6.1688
	0	2207	.1704	.2530	1.0032	−12.3909	7.9018
A_3	1	46	.0334	.1854	.9045	−4.1454	1.1185
	0	2232	.1825	.2567	.9998	−12.3909	7.9018

注：表中第二列表示上市公司处于相对应的变量所指年份。例如 B_3 这一行取值为1表示的就是此栏中的上市公司处于增发行为发生的前三年，取值为0的则不是。其他行的取值含义类似。

表5　　　　　　　　　　上市公司业绩的均值与中位数检验

	均值检验			中位数检验		
	均值差	T 值	P 值	中位数差	Z 值	P 值
$B_3=1$ 和 $B_3=0$	−.1837	−2.3535 ***	.0093	−.0028	.197	.8441
$B_2=1$ 和 $B_2=0$	.0456	.6183	.7318	.0735	2.784 ***	.0054
$B_1=1$ 和 $B_1=0$	.3152	4.4615 ***	.0000	.2157	7.792 ***	.0000
$R=1$ 和 $R=0$	.3860	5.7278 ***	.0000	.1959	7.319 ***	.0000
$A_1=1$ 和 $A_1=0$	.1826	2.1273 **	.0168	.1131	3.526 ***	.0004
$A_2=1$ 和 $A_2=0$	.2913	2.4228 ***	.0077	.133	2.157 ***	.0310
$A_3=1$ 和 $A_3=0$	−.1491	−1.0034	.1579	−.0713	−1.348	.1777

注：***、**、*分别表示在1%、5%、10%水平上显著。

可以看出，发生增发行为的上市公司业绩和没有增发行为的上市公司相比具有显著的差异。具体而言，处于增发之前三年的上市公司业绩是显著低于其他公司的，可是随着增发行为的临近，将要进行增发的上市公司业绩与不进行增发的上市公司业绩之间均值差值和中位数差值均从负数转为正数，且差距逐渐扩大。但是随着上市公司增发行为的发生，这种差距逐渐缩小，并在增发行为发生之后的第三年变为负数。不仅如此，上市公司均值检验中有增发行为的上市公司业绩从增发前三年在1%水平上显著低于其他公司变化到在增发前一年、增发当年、增发后一年和后两年均显著高于其他公司的情况，但是在增发之后第三年失去了业绩上的比较优势。以上分析表明，存在增发行为的上市公司和不存在增发行为的上市公司相比，其业绩在增发之前有显著上升的过程，但是在增发之后又存在着显著的下降。这说明增发行为的发生和上市公司的业绩之间存在着一定的相关性，可能有其他影响上市公司业绩的行为伴随着上市公司的增发而同步进行。

表6和表7是对控股股东与上市公司之间资金占用数额变化的分析。通过对表6和表7的分析可以看出，和没有增发行为的上市公司相比，当上市公司处于增发前后时，控股股东的行为会发生显著变化。在上市公司配股行为发生的前三个年度中，控股股东占用上市公司资金的平均值均表现为负数，而不处于配股前三个年度中的公司控股股东占款均值均为正数。虽然三年间两种类型公司占款均值的差异性检验不显著，但是也说明了此时与不是处于配股行为发生前三个年度中的公司相比，控股股东在上市公司配股行为发生前三年对上市公司的资金占用程度有所减轻，并在均值上表现为支持行为，部分支持了本文的假设1A。此外，表6和表7还表明了在配股行为发生之后第一个年度中，控股股东的资金占用程度是显著大于不处于配股之后第一个年度的上市公司的，并且此种差异在1%的水平上显著。这说明控股股东在配股行为发生之后的第一年，倾向于对上市公司实施掏空行为，支持了本文的假设2A，也表明了有可能是伴随增发而产生的控股股东掏空或支持行为造成了上市公司增发前后业绩的显著变化。

表6　　　　　　　　　　　　　　按增发前后年份配对的控股股东占款统计

样本分类		样本数	平均值	中位数	标准差	最小值	最大值
所处年份	取值						
B_3	1	177	-.0051	0	.0566	-.7104	.1344
	0	2101	.0411	0	1.8554	-.5722	84.9362
B_2	1	201	-.0023	0	.0269	-.1798	.1631
	0	2077	.0413	0	1.8662	-.7103	84.9362
B_1	1	219	-.0076	0	.0439	-.3063	.2314
	0	2059	.0422	0	1.8743	-.7103	84.9362
R	1	242	.3431	0	5.4606	-.3001	84.9362
	0	2036	.0011	0	.0965	-.7103	3.8203
A_1	1	144	.5888	0	7.0782	-.1425	84.9362
	0	2134	.0003	0	.0952	-.7103	3.8203
A_2	1	71	-.0043	0	.0217	-.1321	.0472
	0	2207	.0388	0	1.8104	-.7103	84.9362
A_3	1	46	.0380	0	1.8002	-.7103	84.9362
	0	2232	.0107	0	.0737	-.1197	.3687

注：表中第二列表示上市公司处于相对应的变量所指年份。例如B_3这一行取值为1表示的就是此栏中的上市公司处于增发行为发生的前三年，取值为0的则不是。其他行的取值含义类似。

表7   增发前后不同年份控股股东占款的均值检验

	占款均值差	T 值	P 值
$B_3 = 1$ 和 $B_3 = 0$ 比较	−.0462	−.3303	.3706
$B_2 = 1$ 和 $B_2 = 0$ 比较	−.0436	−.3311	.3703
$B_1 = 1$ 和 $B_1 = 0$ 比较	−.0498	−.3935	.3470
$R = 1$ 和 $R = 0$ 比较	.3420	2.8263 ***	.0024
$A_1 = 1$ 和 $A_1 = 0$ 比较	.5885	3.8474 ***	.0001
$A_2 = 1$ 和 $A_2 = 0$ 比较	−.0431	−.2004	.5794
$A_3 = 1$ 和 $A_3 = 0$ 比较	.0273	.1028	.5409

注：*** 、 ** 、 * 分别表示在1%、5%、10%水平上显著。

（二）多元回归分析

表8 中的模型1和模型2是在控制了各上市公司资产规模、所处行业和年份等因素之后，对上市公司处于增发前后的不同年份对上市公司业绩的影响所进行的多元回归。可以看出，无论是模型1中上市公司业绩存在显著差异的增发前后两年区间的回归结果，还是模型2中增发前后三年整个区间的回归分析结果，都说明处于增发前两年和前一年的上市公司业绩会显著高于没有增发行为的上市公司的业绩，并且分别在5%和1%水平上显著。而处于增发后一年的上市公司业绩会显著低于其他没有增发行为的上市公司的业绩。这种上市公司增发行为发生之前公司业绩明显变好，但是增发之后却明显下降的现象表明伴随着上市公司的增发行为会发生公司业绩上的突变。

表8 中的模型3和模型4是在控制相关因素的情况下，对上市公司增发行为和控股股东掏空与支持行为之间的关系所进行的 Logit 回归分析。可以看出，无论是模型3中根据表7和表8得出的控股股东资金占用存在差异的增发前后一年区间内的回归分析结果，还是模型4中增发前后三年整个区间的回归分析结果，都说明和没有增发的上市公司相比，处于增发前一年的上市公司，控股股东会减少对上市公司的掏空行为，并倾向于对上市公司实施支持行为，控股股东的这种行为倾向在5%的水平上显著。而处于增发后一年的上市公司，控股股东更倾向于对上市公司实施掏空行为。这说明上市公司的增发行为和控股股东的掏空与支持行为之间存在着显著的相关性，从而对本文的假设1A和假设2A予以了支持。

表8   多元回归结果

	Π		Tunneling	
	模型1	模型2	模型3	模型4
B_3		.1130		−.2931
		(1.08)		(−1.48)
B_2	.2107 **	.2035 **		−.1862
	(2.41)	(2.30)		(−1.00)
B_1	.2725 ***	.2714 ***	−.4087 **	−.4022 **
	(4.90)	(4.88)	(−2.20)	(−2.16)
A_1	−.1232 **	−.1167 **	.3607 *	.3546 *
	(−2.31)	(−2.18)	(1.77)	(1.73)

	II		Tunneling	
	模型 1	模型 2	模型 3	模型 4
A_2	.1112	.1093		-.4473
	(1.15)	(1.13)		(-1.39)
A_3		-.149		.3011
		(-1.27)		(.92)
Control			.0147 ***	.0149 ***
			(4.19)	(4.24)
Group			.4064 ***	.4101 ***
			(3.51)	(3.53)
Lev	-1.8885 ***	-1.9006 ***	.5217 *	.5322 *
	(-8.46)	(-8.51)	(1.83)	(1.87)
Size	.2293 ***	.2331 ***	-.0221	-.0133
	(6.44)	(6.45)	(-0.36)	(-.21)
HH_5	.8383 ***	.8268 ***		
	(4.88)	(4.80)		
SD	.6608 *	.6649 *		
	(1.87)	(1.89)		
MA	.1402 ***	.1366 ***		
	(4.10)	(4.00)		
Bsize	.0253 **	.0255 **		
	(2.13)	(2.16)		
Industry	控制	控制	控制	控制
Year	控制	控制	控制	控制
	Pseudo R^2: .2071	Pseudo R^2: .2083	模型 χ^2: 86.10 ***	模型 χ^2: 91.94 ***
	F 值: 7.90 ***	F 值: 7.82 ***	Pseudo R^2: .0335	Pseudo R^2: .036

注：模型 1、2 和模型 3、4 的括号中分别表示的是 T 统计量和 Z 统计量的值。***、**、* 分别表示在 1%、5%、10% 水平上显著。

为了进一步分析对于存在增发行为的上市公司，和没有增发行为的上市公司相比，控股股东掏空或支持行为的变化是否引起了上市公司业绩的异常变化，本文运用多元回归的方法进行了检验。本文根据表 8 中模型 3 和模型 4 的结论，即和没有增发行为的上市公司相比，控股股东在增发前一年会减少掏空行为倾向于实施支持行为，在增发后一年倾向于实施掏空行为，通过设置四个哑变量对存在增发行为和不存在增发行为，以及控股股东和上市公司之间利益输送行为方式不同的公司进行对比，分析存在增发行为的上市公司在增发前一年和增发后一年这两个年度中的公司业绩变化的原因，以此来研究在上市公司增发背景下控股股东掏空与支持行为的变化及其对公司业绩的影响。

在表 9 的回归分析中，本文设置 Propping 变量来衡量控股股东是否对上市公司提供支持行为。当 Tunnel 变量取值小于 0 时其取 1，否则取 0。那么此时 B_1^* Propping 变量对上市公司业绩的影响表示的就是和没有增发行为的上市公司相比，处于增发前一年并且控股股东对上市公司实施支持行为的上市公司业绩特征。而本文设置 Conpropping 变量来反映和控股股东实施支持行为的公司相对照的上市公司业绩变化。当 Tunnel 变量取值大于或等于 0 时其取 1，否则取 0。那么此时 B_1^* Conpropping 变量对上市公司业绩的影响表示的就是和没有增发行为的上市公司相比，处于增发前一年并且控股股东没有对上市公司实施支持行为的上市公司业绩特征，进而分析处于增发前一年的上市公司业绩特征以及控股股东支持行为对上市公司业绩的影响。同理,对于增发后一个年度的上市公司,本文设置的 Tunneling 变量可以用来衡量控股股东是否对上市公司进行掏空,设置 A_1^* Tunneling 变量来表示和没有增发行为的上市公司相比,处于增发后一年并且控股股东对上市公司实施掏空行为的公司业绩特征,设置 A_1^* Contunneling 变量来反映和没有增发行为的上市公司相比,处于增发后一年并且控股股东没有对上市公司实施掏空行为的公司业绩特征,从而分析处于增发后一个年度的上市公司业绩特征以及控股股东掏空行为对上市公司业绩的影响。

表9 上市公司业绩变化与控股股东行为变化关系的多元回归结果

	Π			
	模型1	模型2	模型3	模型4
B_1^* Propping	.1587**			
	(2.17)			
B_1^* Conpropping		.3022***		
		(4.87)		
A_1^* Tunneling			−.2012**	
			(−2.07)	
A_1^* Contunneling				−.0648
				(−1.12)
HH$_5$	.8238***	.8496***	.8405***	.8278***
	(4.72)	(4.86)	(4.81)	(4.74)
SD	.7003**	.6166*	.6842*	.6866*
	(1.98)	(1.74)	(1.94)	(1.94)
MA	.1588***	.1514***	.1587***	.1604***
	(4.60)	(4.39)	(4.60)	(4.65)
Bsize	.0250**	.0240**	.0245**	.0245
	(2.07)	(2.01)	(2.04)	(2.04)
Size	.2396***	.2382***	.2444***	.2437***
	(7.15)	(7.11)	(7.23)	(7.11)
Lev	−1.8598***	−1.868***	−1.8536***	−1.8505***
	(−8.37)	(−8.43)	(−8.39)	(−8.37)
Industry	控制	控制	控制	控制
Year	控制	控制	控制	控制
Pseudo R^2	.1962	.2003	.1962	.1956
F 值	7.75***	8.10***	7.85***	7.70***

注:括号中表示的是 T 统计量的值。***、**、*分别表示在1%、5%、10%水平上显著。

通过表9的回归结果可以发现,没有增发行为的上市公司相比处于增发前一年的上市公司,控股股东更倾向于实施的支持行为能够显著提升上市公司业绩,并在5%的水平上显著。这表明在上市公司增发前一年控股股东会通过支持行为向上市公司进行利益输送,并且这种支持行为对上市公司的业绩有着显著的正向作用,从而有利于上市公司达到监管层对于增发的门槛要求,说明控股股东支持行为存在的原因之一是为了促进上市公司增发行为的顺利进行,从而对本文的假设1B予以了证实。但是在控股股东没有实施支持行为的样本组中,在增发行为发生的前一年其业绩也会显著高于没有发生增发行为的公司,并在1%的水平上显著,这说明控股股东也会采取除支持以外的多种手段提升上市公司业绩,从而达到顺利增发的目的。

在对增发行为发生后一年的公司研究中可以发现，控股股东更倾向于实施的掏空行为会显著降低上市公司的业绩，并在5%水平上显著。在同样处于增发后一年而没有采取掏空行为的公司中，其公司业绩和不处于增发后一年的上市公司相比，其业绩之间没有显著的差异。这说明了控股股东在增发后一年所进行的掏空行为是控股股东在增发之后对上市公司进行利益侵占的主要方式，并且这种掏空行为会对上市公司的业绩带来显著的负面影响，从而对本文的假设2B予以了证实。

（三）敏感性分析

为了增强文章结论的稳健性，本文把研究区间分为2004—2006年以及2007—2008年两个时间段，从而考察中国证监会出台关于限制控股股东和上市公司之间关联交易的规定对本文结论的影响，并对资金占用量按照其所处行业的均值进行调整来控制行业因素的影响。研究发现分组之后的结果和本文上述结论之间没有显著性差异。

六、结　论

本文选用2004—2008年中国民营上市公司为研究样本，从上市公司实施增发再融资的角度出发，对控股股东实施掏空与支持行为进行了分析。研究发现，上市公司所进行的增发行为是引起控股股东进行掏空和支持的原因之一，上市公司的增发行为与控股股东的掏空和支持行为之间存在着紧密的联系。在上市公司进行增发行为的前一年，和没有增发行为的上市公司相比，控股股东会减少对上市公司的掏空行为，更倾向于进行支持，而在上市公司进行增发后的第一年，控股股东倾向于进行掏空。不仅如此，控股股东在增发前一年所进行的支持行为会显著提高上市公司的业绩，并且控股股东会采取包含支持行为在内的多种手段提升上市公司的业绩，从而达到促进上市公司增发行为顺利实施的目的。但是控股股东在增发后一年所进行的掏空行为会显著降低上市公司的业绩。

本文的研究结论表明，上市公司增发与控股股东掏空和支持行为之间存在着紧密的关联关系，促进上市公司增发顺利进行是控股股东支持行为存在的原因之一，并且控股股东的掏空行为对上市公司业绩存在着显著的负面影响，控股股东支持行为对上市公司业绩存在着显著的正面影响。基于此点结论，应该加强对进行增发的上市公司的控股股东与上市公司之间利益输送行为的监管，避免上市公司增发前后业绩的大幅波动，以及由此带来的控股股东对上市公司和其他股东的利益侵占。

本文的研究同时也具有一定的局限性。本文主要研究的是和没有增发行为的上市公司相比，存在增发行为的上市公司的控股股东掏空或支持的行为特征对上市公司业绩特征的影响，没有分析增发行为前后上市公司的控股股东行为的变化，以及此种变化对上市公司业绩的影响。此外由于样本所在年份的限制，本文分析对象中处于增发行为发生年度之前的公司较多，处于增发行为发生年度之后的公司较少，造成研究样本数量上的偏差。在回归分析中，本文也只是采用了设置属性变量的方式对上市公司增发行为与控股股东掏空和支持行为之间的关系及其对公司业绩的影响进行了分析。后续研究可以就上述问题进行改进和完善，从而得出更加稳健、更加深入的研究结论。

参 考 文 献

[1] Johnson, S., La Porta, R., Lopez-De-Silanes, F., and Shleifer, A.. Tunneling. American Economic Review, 2000, 90.

[2] Friedman, E., Johnson, S., and Mitton, T.. Propping and tunneling. Journal of Comparative Economic,

2003，31.

［3］Mitton，T.. A cross-firm analysis of the impact of corporate governance on the East Asian financial crisis. Journal of Financial Economics，2002，64.

［4］Claessens，S.，Djankov，S.，Fan，J.，and Lang，L.. Disentangling the incentive and entrenchment effects of large shareholdings. The Journal of Finance，2002，57.

［5］苏启林，朱文. 上市公司家族控制与企业价值. 经济研究，2003，8.

［6］王鹏，周黎安. 控股股东的控制权、所有权与公司绩效：基于中国上市公司的证据. 金融研究，2006，2.

［7］谷祺，邓德强，路倩. 现金流权与控制权分离下的公司价值——基于我国家族上市公司的实证研究. 会计研究，2006，4.

［8］张光荣，曾勇. 大股东的支撑行为与隧道行为——基于托普软件的案例研究. 管理世界，2006，8.

［9］刘碧波. 大股东支持、利益输送与定向增发. 清华大学经济管理学院工作论文，2009.

［10］李志文，宋衍蘅. 影响中国上市公司配股决策的因素分析. 经济科学，2003，3.

［11］叶康涛，陆正飞，张志华. 独立董事能否抑制大股东的"掏空"？. 经济研究，2007，4.

［12］徐莉萍，辛宇，陈工孟. 股权集中度和股权制衡及其对公司经营绩效的影响. 经济研究，2006，1.

［13］李增泉，孙铮，王志伟. "掏空"与所有权安排——来自我国上市公司大股东资金占用的经验证据. 会计研究，2004，12.

［14］申明浩. 治理结构对家族股东隧道行为的影响分析. 经济研究，2008，6.

［15］侯晓红，李琦，罗炜. 大股东占款与上市公司盈利能力关系研究. 会计研究，2008，6.

西方分级董事会制度研究综述

● 谢 俊[1] 蒋 峦[2]

（1，2 华南师范大学经济与管理学院　广州　510006）

【摘　要】随着分级董事会制度在美英等国的普及，该制度已成为西方公司治理结构不可或缺的组成部分。理论研究上，学者们主要从管理防御假说和股东利益假说出发，探讨分级董事会制度的有效性。实证分析上，基于以上两种假说，学者们主要运用事件研究法和会计研究法检验分级董事会制度的有效性，得出了一些不一致的结论。本文对西方分级董事会制度的相关理论和实证研究成果进行了述评。

【关键词】分级董事会　管理防御　股东利益

20 世纪 80 年代以来，美英等西方国家的并购市场风起云涌，公司的管理层不断采取各种有效的反收购措施积极应对，而这些措施的运用也激起了企业界与学术界许许多多的争论。分级董事会（classified board），又称交错董事会（staggered board），作为一种有效的反收购措施，不仅具有强烈的反收购效果，更是涉及目标公司的董事会建设，已成为西方学者及实践者关注的一个热点。目前，国外学者主要关注分级董事会的反收购效应（Guo, Kruse & Nohel, 2008）、对公司价值的影响[1]、对董事会建设的影响[2]，在此基础上的理论研究与实证研究出现了许多不一致的结论。反观国内，由于并购市场并不活跃，大众对于分级董事会这一有效的反收购措施并不熟悉，只有少数学者对其进行过简单介绍，如伍坚（2007）、王建文（2007）。随着我国股权分置改革的完成，今后针对上市公司的并购将越来越多，各种反收购措施也将被越来越多的公司采用，因此有必要对西方广泛存在的分级董事会制度进行研究，探讨其对我国反收购理论与实践的借鉴意义。

本文的结构安排如下：首先，分析国外文献中关于分级董事会制度的定义及其职能；其次，归纳总结对分级董事会制度有效性进行争论的两种理论假说，并回顾西方学者建立在这两种理论假说上采取的不同实证研究方法及其研究结果；最后，对西方分级董事会的理论研究与实证研究结果进行评述，并指明对我国公司的反收购及董事会制度的借鉴意义。

一、分级董事会制度及其职能

分级董事会，又称交错董事会，是指董事的任期体现出一种参差的顺序。其典型的做法是在公司章程

---

① Faleye, O.. Classified boards, firm value, and managerial entrenchment. Journal of Financial Economics, 2007, 83 (2): 501-529.

② Koppes, R. H., Ganske, L. G., and Haag, C. T.. Corporate governance out of focus: The debate over classified boards. Business Lawyer, 1999, 54 (3): 1 023-1 044.

中规定每年只能更换三分之一甚至四分之一的董事。例如，在一个有 12 位董事的董事会中，董事们将被分成三组或四组，规定每一组有不同的任期，以使每年都有一组董事任期届满，每年也只有任期届满的董事被改选。分级董事会制度使得每年只有部分董事被改选，因此收购方难以获得目标公司董事会的控制权①。此时，即使收购成功，收购者也只能选派自己的代表替换少部分任期届满的董事，但对任期尚未届满的大多数董事，收购者往往无法提前将其解任，除非这部分董事行为不当或主动辞职，否则收购者仍然无法控制目标公司董事会。因此，分级董事会制度明显减缓了收购人控制目标公司董事会的进程，使得收购人不得不三思而后行，从而有利于抵御敌意收购。在 2002 年，美国学者 Bebchuk 等对分级董事会和毒丸计划所各自具有的反收购效果进行了分析，并指出当分级董事会和毒丸相结合时，敌意收购将面临几乎不可逾越的障碍。

1955 年美国 38 个州开始承认分级董事会制度的合法性，但分级董事会直到 20 世纪 80 年代美国的并购潮中才变得流行 （Koppes, Ganske & Haag, 1999）。美国标准普尔 500 家公司中设置分级董事会的公司数量在 20 世纪 80 年代初到 90 年代初呈递增的趋势②。而 2002 年 2421 家大型美国上市公司中，59% 的公司拥有分级董事会 （Bebchuk, 2002）。目前，尽管美国理论界仍对分级董事会存在较大争议，但实践中仍有相当多的上市公司在章程中规定分级董事会条款。

二、分级董事会制度有效性的理论研究

从现有的文献看，对分级董事会制度有效性的争论主要是基于管理防御假说 （managerial entrenchment hypothesis） 和股东利益假说 （shareholders interest hypothesis） 而提出的。

（一）管理防御假说

所谓管理防御，是指经理人在公司内外部控制机制下，选择有利于维护自身地位并追求自身效用最大化的行为。管理防御作为一种假说，起源于有关内部人所有权与公司业绩之间关系的研究。Jensen 和 Meckling （1976） 认为，当经理层持有本公司的股份较少时，在股权分散的所有制结构下，股东无法有效控制经理人的非价值最大化行为，因此经理人可以通过控制公司资产获取私人收益。但是随着经理层持股比例的增加，当其采取背离公司价值最大化的行为时，自身利益也会受到影响。因此，经营者持股比例的增加有利于减少经理与股东的冲突，促使二者利益趋向一致。然而，Fama 和 Jensen③ 认为，经理层拥有较高比例的股权不见得就会以公司价值最大化为目标，因为当他们拥有重大比例的公司股票时就获得足够的投票权和影响力，从而可以满足他们的非价值最大化目标而不会危及他们的职位与报酬。这些论据引发了管理防御假说。Morck、Shleifer 和 Vishny （1988） 对管理防御假说进行了深化，他们的实证研究结果显示随着内部人持股比例的增加，公司绩效 （托宾 Q） 呈先升后降的趋势。对此他们的解释是，随着经理层持股比例的增加超过某一水平，市场 （经理市场、公司控制权市场） 对经理人的约束力下降，此时经理在公司中的地位会非常牢固，促使其追求非公司价值最大化目标，如此将导致企业价值的减损。

近年一些以美英等国为基础的证据也显示在外部控制机制如代理权竞争、并购的压力下，管理层为了固守职位往往通过一系列行动来降低并购的威胁。尤其是在敌意收购中，目标公司管理层往往遭受严重威

① Bebchuk, L. A., and Cohen, A.. The costs of entrenched boards. Journal of Financial Economics, 2005, 48 （2）：409-433.

② Danielson, M. G., and Karpoff, J. M.. Do pills poison operating performance?. Journal of Corporate Finance, 2006, 12 （3）：536-559.

③ Fama, E., and Jensen, M.. Separation of ownership and control. Journal of Law and Economics, 1983, 26：301-325.

乃至引发管理层全部解雇出局，因此管理层通常会采取各种不同措施力求修筑防御壁垒以克服风险并保住职位。管理防御假说认为，反收购措施不利于股东利益，仅仅是管理层自保的手段（Manne，1965；Easterbrook & Fischel，1981；Walking & Long，1984）。

而分级董事会则是通过一种交错的董事选举制度，为反收购行为提供了以下保护：迫使任何敌意收购者至少一年才能控制董事会；要求收购者在间隔时间较长的两次投票中获胜（Bebchuk，2002）。因此，收购者难以取得目标公司董事会的控制权，也不可能马上改组目标公司，降低了收购者的收购意向，目标公司的经理层也保住了原有职位。最近的研究发现，分级董事会可以提供很有效而又不那么具有破坏性的保护性防御，其采用更可能是出于管理层自我服务的目的（Faleye，2007）。并且，即使在反收购中分级董事会可以获得额外的谈判力量，管理层更多的也是为自身利益而不是为股东利益利用这种力量（Hartzell et al.，2004）。因此，管理者防御假说从管理层自保的角度解释了分级董事会对公司价值及股东利益的影响，并认为分级董事会不仅降低了公司控制权市场的有效性，而且还减少了股东的财富（Bebchuk & Cohen，2005）。

（二）股东利益假说

与管理防御假说对分级董事会制度提出的质疑相反，股东利益假说则是对分级董事会制度持认可的态度。股东利益假说早期用于解释毒丸计划、分级董事会等反收购措施对股东利益的影响（Deangelo & Rice，1983；Linn & McConnell，1983；Stein，1988）。该假说认为反收购措施增加了管理层的稳定性和目标公司股东的收益。根据股东利益假说，经理人之所以会采取反收购条款是出于以下两个原因：第一，反收购措施相当于目标公司与经理人签订了长期的合约，鼓励了经理人的长期投资与对公司专用性资产的投资，因而有利于股东利益[1]；第二，反收购措施通过给予经理人额外的谈判力量或否决权，使得经理人更能为股东争取更多的收益（DeAngelo & Rice，1983）。具体而言，首先，分级董事会制度通过有效的交错选举，对董事及经理层地位进行保护，其对收购活动时间的拖延增强了反收购中谈判的力量，从而维护了股东的利益（Stulz，1988）。Bebchuk 和 Stole（1993）则认为，分级董事会所提供的地位保护将引导管理层在长期项目中作出有效率的投资。其次，分级董事会在接管形势下同样也可以提高股东的价值，他们可以争取足够的时间，并且仔细地评估收购者的出价和其他竞争者的出价（Faleye，2007）。最后，分级董事会对董事地位的保护将减少无效的收购活动发生的概率，从而保护了股东的利益[2]。

除此以外，部分学者还从董事会的稳定性、独立性和决策的长期导向性出发，论述其有利于股东利益的一面。首先，从保持董事会稳定性的角度来看，分级董事会制度中的董事必须承担几年的义务，并且由于每年只有部分董事选举更换，那么如果个人或组织要获得董事会的控制权，他必须成功地赢得两次选举，这都证明分级董事会的首要效应就是稳定性（Koppes，Ganske & Haag，1999）。其次，从增加董事会独立性的角度看，为有效地发挥董事会监督经理层的功能，董事们需要更多的时间熟悉公司，更多的时间与其他董事交流。分级董事会制度使董事的任期延长，董事会因此能独立于经理层的控制，更好地作出独立判断。最后，与董事会的稳定性相联系，分级董事会制度更有利于公司的长期战略规划。分级董事会的稳定性使得董事们可以在考虑公司长期利益的基础上设计和实施公司规划，因为董事知道将根据他们在一段时间内的表现对他们进行评价，也就不会过分关注短期目标（Koppes，Ganske & Haag，1999）。可见，

---

[1] Baysinger, B. D., and Butler, H. D.. Antitakeover amendments, Managerial entrenchment, and the contractual theory of the corporation Virginia Law Review, 1985, 71 (8): 1257-1303.

[2] Arlen, J., and Talley, E.. Unregulable defenses and the peril of shareholder choice. University of Pennsylvania Law Review, 2003, 152 (2): 577-666.

从目标公司董事会角度进行的分析认为，交错的董事选举所具有的稳定性、独立性和长期规划性增强了公司创造价值的能力，从而最终有利于股东利益。

三、分级董事会制度有效性的实证研究

基于管理防御假说与股东利益假说，西方学者运用事件研究法和会计研究法实证检验分级董事会制度的有效性。

（一）事件研究法的实证研究

事件研究法有着相对成熟的数量基础，在国际学术界已经成为并购重组绩效研究的主流方法。而"市场有效性假说"为我们通过观察市场价值层面的变化来判断企业价值的变化提供了可能，这也是"事件研究法"的思想基础。具体来说，就是通过检验股票市场对公司设置分级董事或取消分级董事公告的反应来评估分级董事会对公司价值的影响。在一个有效的市场中，公告期的股价收益反映了设置或取消分级董事的财富效应。

与20世纪80年代分级董事会制度的盛行相一致，学者们在这一时期对分级董事会制度进行了大量的实证研究。Deangelo 和 Rice（1983）检验了53家采用分级董事会的企业，发现采用这一措施前后股价没有发生明显的变化，但这一研究的一个缺点是结果的 T 检验值相对较低。沿着同样的思路，Jarrel 和 Poulsen（1987）研究了1979—1985年的649家公司后发现，设置分级董事会的股价效应为-2.95%。然而，Jensen（1988）研究了1980—1984年的325家上市公司，其中有158个设置了分级董事会。结论指出，分级董事会具有正的股价效应，结果与股东利益假说相一致。

Mahoney（1993）使用1974—1988年采取了绝对多数条款与设置了分级董事会的409家公司作为样本。结果显示，分级董事会具有显著的负股价效应，分级董事会与股东利益相冲突，此结论支持了管理防御假说。

Sundaramurthy 和 Mahoney（1997）的研究不仅关注设置分级董事会的市场反应，还分析了目标公司内部治理机制的影响。他们使用了1984—1988年261家公司的数据，样本公司中有106家设置了分级董事会。结果显示，包括分级董事会、绝对多数条款、公平价格在内的反收购措施的实施有负面的市场反应，并且负面的市场反应与目标公司的董事会结构有关。

Bebchuk（2002）使用1996—2000年5年的92家公司的敌意收购数据，利用事件研究法进行研究。在92家样本公司中，有45家设置了分级董事会。实证研究的结果显示：有效的分级董事会增加了目标公司在敌意收购中保持独立的概率，但分级董事会在反收购中并没有为股东提供溢价；在敌意收购公告发出后的九个月，分级董事会的股价负效应是8%～10%。因此，作者的研究部分地否定了股东利益假说。

与前人研究上市公司设置分级董事会公告的股价效应方法不同，Guo、Kruse 和 Nohel（2008）利用1987—2004年宣布取消分级董事会的188家公司为样本，考察了取消分级董事会公告的股价效应。结果显示取消分级董事会增加了股东财富，而积极股东则是取消分级董事会的推动者。

（二）会计研究法的实证研究

在国外公司并购市场的绩效研究中，基于会计研究法的实证研究文献也极为丰富。此类实证研究多数是利用上市公司的财务数据，以各种财务指标为评判标准，通过对比并购前后的企业经营业绩变化来判断并购是否提高了企业绩效。许多国外的学者利用会计研究法研究了分级董事会与公司价值间的关系，得出许多有益的结论。

Johnson 和 Rao① 的研究使用了与 Jarrel 和 Poulsen② 相同的样本（1979—1985 年的 649 家公司），但与前者使用的事件研究法不同，Johnson 和 Rao 使用公司的财务数据如盈利能力、运作成本、管理成本、长期资本支出以及资本结构等衡量分级董事会对目标公司的影响。他们的结果并没有显示分级董事会与公司价值存在显著负相关关系。

Faleye（2005）的研究证实了分级董事会与托宾 Q 之间存在负相关关系，但是他的研究并没有控制其他反收购条款的作用。正如 Gompers et al.（2003）所观察到的，分级董事会与其他反收购措施存在正相关关系。因此在研究中必须控制这些措施的影响。

Bebchuk 和 Cohen（2005）的研究在控制变量的处理上无疑更进了一步，他们利用 1995—2002 年的公司数据研究了分级董事会与公司价值（以托宾 Q 衡量）之间的关系，发现 60% 的样本公司设置了分级董事会。在控制了其他公司特征和其他反收购措施后，发现分级董事会与公司价值存在显著负相关关系。并且，当交错董事是在公司章程中确立（股东不能修改），而不是在公司的附例中确立（公司股东可以修改）时，分级董事会与公司价值的负相关关系更为强烈。

Faleye（2007）的研究无疑更具全面性，他以 1995 年的 2021 家美国公司数据为样本（其中有 1000 家公司设置了分级董事会），通过会计研究法和事件研究法检验了分级董事会与公司价值之间的关系，发现分级董事会与公司价值的显著降低相联系。Faleye 的研究还分析了分级董事会如何通过影响 CEO 的更替、管理层薪酬、代理权竞争以及股东建议来保护管理层。另外，作者还检验了认为分级董事会可以促进董事会稳定性、独立性的观点，结论显示交错选举董事对董事会的稳定性没有显著影响，也没有证据显示交错董事选举促进了董事会的独立性。总的来说，Faleye 的研究支持了管理层防御假说。

四、简　评

从理论研究上看，管理防御假说与股东利益假说各自从不同视角分析了分级董事会制度的有效性，结论也截然不同。管理者防御假说是基于传统的委托代理视角，将管理者的自利行为加以深化，在用于解释分级董事会时具有一定的解释力。分级董事会的设立很大程度上是基于管理层的决策（Faleye，2007），而在反收购活动中，经理层也将因反收购成功而保住自身的职位，继续获取依托于此职位的货币收益和控制权收益。管理防御的存在往往导致经理人做出与股东利益不一致的决策与行为，从而损害了股东利益。然而，管理防御假说只从经理层自利的视角论述分级董事会制度的负面影响显然是不全面的。立足于此，股东利益假说则是从反收购措施本身的有效性出发，分析其对公司价值与股东财富的影响。其内在逻辑是反收购的各项措施，如设置分级董事会等将增加经理层的稳定性、董事会的稳定性和独立性，以及有利于公司的长期战略规划。不仅如此，分级董事会制度也可以增加反收购谈判中的力量，最终有利于股东利益。

对分级董事会的理论研究涉及收购者、目标公司的股东、董事会及管理层等主体，而各主体间相互矛盾的利益更是增加了分析的难度。无论是基于管理者防御假说还是基于股东利益假说所进行的分析，都是从一个侧面反映了问题。事实上，分级董事会的设置可能不仅是出于公司治理各主体利益的考虑，还可能涉及了社会经济与文化背景、公司的历史和规模等因素。正如 Faleye（2007）所言，分级董事会是有利于

① Johnson, M. S., and Rao, R. P.. The impact of antitakeover amendments on corporate financial performance. Financial Review, 1997, 32（4）: 659-690.

② Jarrell, G. A., and Poulsen, A. B.. Shark repellents and stock prices: The effects of antitakeover amendments since 1980. Journal of Financial Economics, 1987, 19（1）: 127-168.

股东利益还是损害了股东利益必须以实证研究的结果来判断。

而从学者们运用事件研究法和会计研究法检验所得出的结论看来，分级董事会可以有效地阻止收购活动进行的观点在某种程度上达成了共识，而分歧更多地集中在分级董事会的反收购效果是保护了股东财富还是损害了股东的财富上，学者们实证研究结果的冲突也集中在这一点。从结论看来，似乎设置分级董事会将损害股东利益、减少公司价值的结论占了上风。而近年来英美国家兴起的一些强有力的股东（如养老基金等）也在不遗余力地号召取消分级董事选举制度，恢复一年期董事选举（Faleye, 2007）。这也为现实中分级董事会制度的有效性提供了另一方面的证据。

然而，值得注意的是由于研究者选用了差异较大的数据样本、选择了不同的观测期、使用了不同的研究方法，同时其他复杂的变量在公司控制权市场运作中也产生了重要影响，因此对于不同国家和地区、不同时期、不同类型的企业，分级董事会制度的作用会有所不同，这也会造成实证研究结论不完全一致，甚至完全相左。实际上，分级董事会是保护了股东财富还是损害了股东财富不仅仅取决于分级董事会制度本身的效果，还受到目标公司管理效率的高低以及公司内部治理机制有效性的影响，如董事会、股东、债权人的监督作用。Koppes 等（1999）的观点无疑具有一定的代表性，他们认为仅仅取消分级董事会并不能带来一个好的公司治理机制，股东更应当努力鼓励董事和经理层的实践来不断完善公司治理，而不是把矛头对准分级董事会这一有效的反收购措施。

五、启 示

西方分级董事会制度是否有利于公司价值与股东利益，在理论与实证研究上尚没有明确的结论。然而，其有效的反收购效果却已得到广泛的认可，这也是其能够在美英等发达国家上市公司中普遍设立的原因。尽管公司控制权市场在我国尚不发达，但公司收购大战仍不时爆发，因此，对西方反收购措施的研究显得尤为必要。现实中，也有越来越多的中国上市公司采取分级董事会制度以应对潜在的收购行为。如2006年4月25日，上市公司G美的通过新修订的《公司章程》，其中提出的反收购条款的核心也是分级董事会制度。新的《公司章程》第82条规定："连续180日以上单独或者合并持有公司有表决权股份总数的5%以上的股东可以提名董事、监事候选人，每一提案可提名不超过全体董事1/4、全体监事1/3的候选人名额，且不得多于拟选人数。"而第96条则规定："董事局每年更换和改选的董事人数最多为董事局总人数的1/3。"这一分级董事会制度的建立，无疑给潜在的收购方制造了障碍，提高了进入门槛。进一步而言，收购方即使获得了美的控制权，也很难往董事会派驻在数量上足以控制公司重要决策权的董事。因此，对于我国的上市公司而言，在制定反收购策略时，可以在公司章程中确定分级董事会制度，即便公司受到恶意收购，董事长及大多数董事仍保持不变，控制着公司。并且，分级董事会制度的设立还有利于增强董事会稳定性、独立性、决策的长期导向（Koppes, Ganske & Haag, 1999）。但是，我们也应当看到，分级董事会制度只能起到推迟收购者支配目标公司董事会的作用，目标公司董事会最终仍有可能被取得控股地位的收购者所支配。可见，目标公司在制定反收购策略时，对分级董事会制度的防御功能不可作过高的期望。

总而言之，与英美国家相比，我国学者针对分级董事会的研究较少，分级董事会制度是否在我国《公司法》下适用也存在一些争议，上市公司在实践中设置分级董事会也存在很多问题有待解决（伍坚，2007；王建文，2007）。因此，一方面，国内学者们应当加强分级董事会等反收购措施的研究，研究其在我国的适用性问题。在此基础上，学者们也可对国内已采用分级董事会制度的上市公司进行研究，从经验证据上证明此制度的利与弊。另一方面，国家应尽快完善相关的法律法规，对目标公司的反收购行为进行规制，促进我国公司控制权市场的健康发展。

参 考 文 献

［1］Bebchuk, L. A. , and Stole, L. . Do short-term managerial objectives lead to under- or over-investment in long-term projects? . Journal of Finance, 1993, 48 (1).

［2］Bebchuk, L. A. , Coates IV, J. C. , and Subramanian, G. . The powerful antitakeover force of staggered boards: Theory, evidence, and policy. Stanford Law Review, 2002, 54 (5).

［3］Bebchuk, L. A. . Why firms adopt anti-takeover arrangements. University of Pennsylvania Law Review, 2003, 152 (2).

［4］DeAngelo, H. , and Rice, E. M. . Antitakeover charter amendments and shareholder wealth. Journal of Financial Economics, 1983, 11 (1-4).

［5］Gompers, P. , Ishii, J. , and Metrick, A. . Corporate governance and equity prices. Quarterly Journal of Economics, 2003, 118 (1).

［6］Guo, R. J, Kruse, T. A. , and Nohel, T. . Undoing the powerful anti-takeover force of staggered boards. Journal of Corporate Finance, 2008, 14.

［7］Hartzell, J. , Ofek, E. , Yermack, D. . What's in it for me? CEOs whose firms are acquired. The Review of Financial Studies, 2004, 17 (1).

［8］Jensen, M, and Mackling W. . Theory of the firm: Managerial behavior, Agency costs and ownership structure. Journal of Financial Economics, 1976, 3.

［9］Morck, R. , Shleifer, A. , and Vishny, R. . Management ownership and market valuation: An empirical analysis. Journal of Financial Economics, 1988, 20.

［10］Mahoney, J. M. , and Mahoney, J. T. . An empirical investigation of the effect of corporate charter antitakeover amendments on shareholder wealth. Strategic Management Journal, 1993, 14 (1).

［11］Masulis, R. W. , Wang, C. , and Xie, F. . Corporate governance and acquirer returns. Journal of Finance, 2007, 62 (4).

［12］Stein, J. . Take over threats and managerial myopia. Journal of Political Economy, 1988, 96 (1) .

［13］伍坚 . 限制董事改选数量：交错董事会的中国模式 . 证券市场导报, 2007, 6.

［14］王建文 . 我国公司章程反收购条款：制度空间与适用方法 . 法学评论, 2007, 2.

［15］岳敬飞，黄金滔 . G 美的股东大会昨通过新修订的《公司章程》. 上海证券报, 2006-04-26.

外商在华直接投资与中国
对外直接投资能否相互促进?[*]
——基于 UNCTAD 1982—2007 年中国数据的实证分析

● 肖光恩

（武汉大学经济与管理学院经济发展研究中心　武汉　430072）

【摘　要】一般认为外商在华直接投资与中国对外直接投资相互促进、共同发展，但现有较少的经验分析却难以提供实证支持。本文对 UNCTAD 数据库中 1982—2007 年外商在华直接投资和中国对外直接投资的统计数据进行计量分析，实证结果表明：改革开放以来外商在华直接投资与中国对外直接投资存在长期稳定的均衡关系，但这种长期均衡关系在不同时期的动态波动特征有差异。邓小平同志"南方视察讲话"之后外商在华直接投资的变动是中国对外直接投资发展的格兰杰因果关系，这种单向关系稳而显著，说明通过"引进来"促进"走出去"的作用开始显现，但目前中国对外直接投资的变化还不能对外商在华直接投资发展产生统计意义上的影响。可以预期，随着中国经济的高速增长，中国对外直接投资的快速发展对外商在华直接投资发展的促进作用将会逐步显现出来。

【关键词】外商在华直接投资　中国对外直接投资　相互关系　断点检验　协整检验　误差修正模型

一、引　言

改革开放 30 多年来，中国利用外商直接投资取得了巨大成绩，1993 年开始中国利用外商直接投资规模一直居发展中国家首位，随后又成为仅次于美国的世界第二大利用外商直接投资国家，截至 2007 年年底中国累计利用外商直接投资 7897.26 亿美元；同时中国对外直接投资发展迅速，特别是加入世界贸易组织（WTO）之后中国对外直接投资急剧增加，截至 2007 年年底中国累计对外直接投资达 1014.15 亿美元（UNCTAD，2008），目前中国已经成为最重要的发展中国家对外直接投资来源国之一。可见，"引进来"的外商直接投资和"走出去"的中国对外直接投资已经成为中国对外经济开放中两个重要的组成部分。研究外商在华直接投资与中国对外直接投资的相互关系，有利于中国进一步全面实施"引进来"和"走出去"相结合的战略，促进更好更快地利用国内外两种市场和两种资源，提高中国经济国际化水平和国际竞争力。

* 本文是国家自然科学基金项目（编号：70773082）、国家社科基金重点项目（编号：07AJL016）、国家社科基金项目（07BJL044）和教育部人文社科研究基地重大项目（编号：2007JJD790140）的阶段性成果。

二、文献综述

外商在华直接投资与中国对外直接投资相互关系研究，目前国内外的研究成果并不多，而且一些相关研究成果主要以理论和定性研究为主。主要表现在：

一是外商直接投资对东道国对外直接投资的单向影响。英国学者 Sanjaya Lall 等（1983）在研究发展中国家对外直接投资时认为，发展中国家不仅能模仿外商在东道国直接投资所带来的技术，同时也能对外商带来技术的局部环节进行改进或创新，进而以改进或创新的技术为基础进行对外直接投资，这就是发展中国家对外直接投资局部技术变动理论。英国里丁大学教授 John A. Cantwel 等（1990）从技术积累角度分析发展中国家对外直接投资时认为，外商在东道国直接投资能促进东道国产业结构升级，在这一过程中发展中国家的企业技术吸收能力得以不断提高。发展中国家企业的技术吸收能力提高和技术积累增加，则促进发展中国家对外直接投资发展。因此，发展中国家对外直接投资是其前期外商直接投资增长、本国企业技术吸收能力提高和技术积累的结果。Dunning（1993）认为，外商在东道国直接投资能促进当地经济增长和技术在当地的溢出，进而提高当地企业国际竞争能力，并从事对外直接投资。中国学者江小涓等（2007）的实证研究表明：外商在华直接投资促进了中国技术进步和经济增长，同时也增强了中国企业的国际竞争力，推动了中国对外直接投资的发展。

二是对外直接投资对东道国吸收外商直接投资的单向影响。Reddaway 等（1968）的研究结果表明英国对外直接投资与英国吸引外商直接投资之间的关系不明显。Lipse 和 Weiss（1984，1994）研究了美国对外直接投资对美国经济的影响，认为：美国对外直接投资能促进国内产业结构的调整，提高国内生产效率，增加本国国民收入，扩大国内市场，这有利于进一步吸引外国直接投资。中国大多数学者认同中国对外直接投资对外商在华直接投资有正面作用。如王志民（2003）认为，"走出去"战略会改善国内市场环境，进而带动外商在华直接投资的发展。

三是外商在华直接投资与中国对外直接投资的相互关系。邢厚媛（2008）明确提出"引进来"和"走出去"应相互融合，因为"引进来"和"走出去"是一种相互促进的双向关系，同时还批评了中国地方政府在实际工作中把"引进来"和"走出去"割裂开来的做法，指出"'引进来'能够促进经济发展，而'走出去'会使资本外流并影响当地经济建设"等错误思想的危害，但作者并没有给出该观点的实证基础。然而，万丽娟等（2007）运用中国1980—2004年数据对中国对外直接投资的宏观绩效进行测定，实证结果却表明中国对外直接投资与外商在华直接投资之间的长期均衡关系不存在，而且也没有短期因果关系。由此看来，实证分析结果似乎不支持"引进来"和"走出去"的双向促进作用，理论研究的观点与实证分析的结论似乎截然对立。

外商在华直接投资与中国对外直接投资的长期相互关系到底如何？外商在华直接投资的持续发展能否促进中国对外直接投资的发展？中国对外直接投资的快速增长能否促进外商在华直接投资的发展？深入研究两者之间的相互关系，对进一步贯彻落实中国"引进来"和"走出去"相结合的对外开放战略具有重要的理论与现实意义。

三、模型构建与实证分析

（一）模型的构建与数据的选取

本文借鉴 Reddaway（1968）和 Lipse、Weiss（1984，1994）的研究方法，建立对外直接投资与外商在华直接投资相互关系模型如下：

$$FDIO = f \ (FDII, \ \varepsilon) \tag{1}$$

其中，FDIO 表示东道国对外直接投资，FDII 表示外商在东道国的直接投资，ε 表示其他经济干扰项。

为了更真实地反映外商在华直接投资与中国对外直接投资的长期相互关系，样本数据必须具有严谨性和公认性，同时也要保持样本数据的连续和完整。因此，本文选取联合国贸易与发展委员会（UNCTAD）数据库中外商在华直接投资（FDI Inward）和中国对外直接投资（FDI Outward）的统计数据，这一数据库也被国内一些学者使用（邱立成等，2005[①]；张如庆，2005）。本文外商在华直接投资用 FDII 表示，中国对外直接投资用 FDIO 表示，外商在华直接投资与中国对外直接投资差额用 FDIN 表示（即利用外商直接投资净额），单位均为百万美元。样本时间选定为 1982—2007 年[②]，三个变量原始时间序列数据变化如图 1 所示。直观上看，图 1 中变量时间序列有以下突出特征：一是 1992 年以前各变量数据变化平稳，此后各变量总体增长趋势明显；二是中国加入 WTO 以后各变量增长起伏波动大；三是外商在华直接投资规模远远大于中国对外直接投资规模，中国成为净外商直接投资输入国。为了消除变量线性增长趋势并考察变量间的弹性关系，本文分别对 FDII 和 FDIO 取对数（分别用 LFDII 和 LFDIO 表示），并对变量对数值进行分析，因为变量取对数之后更容易得到平稳数据，而且不会改变量的性质及其相互关系。本文运用的计量分析软件为 Eviews6.0。

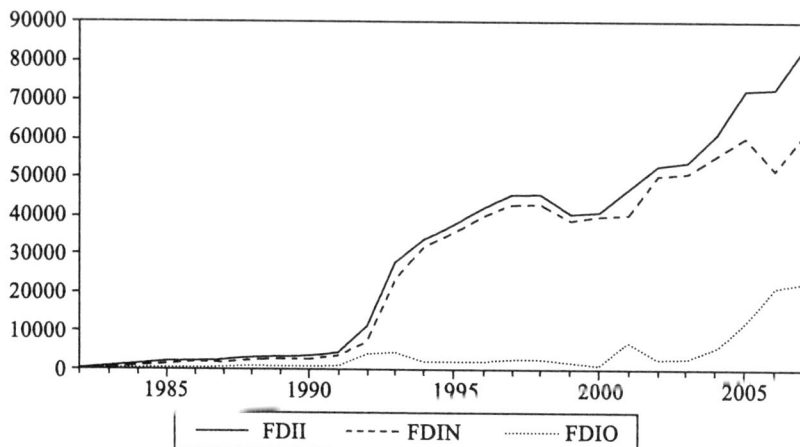

图 1　1992—2007 年外商在华直接投资与中国对外直接投资发展变化

（二）变量平稳性检验

如果时间序列是非平稳的，用传统最小二乘法分析就会导致参数估计失效或发生"伪回归"。为了考察变量间长期相互关系是否存在及其稳定性，必须先检验时间序列的平稳性。本文用 ADF（Augment Dickey_Fuller）方法检验时间序列的平稳性，检验结果如表 1 所示。由表 1 计量分析结果可知，LFDII 和 LFDIO 是非平稳的时间序列，但其一阶差分数据在 5% 显著水平上都能拒绝单位根的原假设。因此，可以判断两个变量是一阶差分平稳的时间序列，LFDII 和 LFDIO 这两个变量的线性组合是长期稳定均衡的，可

[①]　邱立成等还指出中国统计年鉴与联合国贸易与发展委员会公布数据的差异对实证检验带来的影响应值得关注和深入研究。

[②]　UNCTAD 数据库中外商在华直接投资数据起始于 1980 年，中国对外直接投资数据起始于 1982 年，因此，本文选 1982 年作为基期。

进一步研究并检验变量间的长期关系。

表1　　　　　　　　　　　　　　　　　　单位根检验结果

变量	检验类型 (c, t, p)	ADF 检验值	P 值	1%	ADF 临界值 5%	10%	结论
LFDII	$(c, 0, 2)$	−1.618	0.456	−3.753	−2.998	−2.639	不平稳
ΔLFDII	$(c, 0, 1)$	−3.322	0.026	−3.753	−2.998	−2.639	平稳
LFDIO	$(c, 0, 0)$	−1.891	0.331	−3.724	−32.986	−2.633	不平稳
ΔLFDIO	$(c, 0, 0)$	−6.195	0.000	−3.738	−2.992	−2.636	平稳

注：(1) Δ（＊）表示变量的一阶差分；(2) 检验类型括号中的 c 表示检验平稳性时估计方程中的常数项，为 0 表示不含常数项；第二项表示时间趋势项，为 0 表示不含趋势项；第三项表示自回归滞后的长度。

（三）数据结构稳定性检验

为了更真实地反映两变量的数据结构，有必要对变量数据结构稳定性进行检验。如果样本期内数据结构发生了变化，可能导致变量间相互关系的变异。因此，考察外商在华直接投资与中国对外直接投资的相互关系，也应该检验样本期内数据结构的稳定性。从图 1 可直观判断两变量 1982—2007 年数据结构变化明显，其中在 1992 年和 2000 年前后最为明显（作者认为是 1992 年邓小平同志"南方视察讲话"和中国加入世界贸易组织所带来的影响）。本文运用 Chow 断点检验方法来检验数据结构的稳定性。断点检验的基本思想是对每个子样本单独拟合方程来观察估计方程是否有显著差异。零假设是两个子样本拟合的方程无显著差异，如果被拒绝，则意味着数据结构不稳定，变量相互关系发生了结构变化。本文通过选择不同时点分别进行多次断点检验，结果发现选择 1993 年作为时间断点时的 Chow 断点检验效果最好，检验结果如表 2 所示。表 2 检验结果表明："南方视察讲话"对外商在华直接投资和中国对外直接投资的影响比中国加入 WTO 的影响更大，而且在时间上有滞后性，到了 1993 年才开始显现出来。

表2　　　　　　　　　　　　　　　　　　Chow 断点检验结果

检验统计量	检验统计量的值	分布形式	概率值
F 统计量	11.16389	Prob. F (2, 22)	0.0005
对数似然比统计量	18.21480	Prob. Chi-Square (2)	0.0001
Wald 统计量	22.32779	Prob. Chi-Square (2)	0.0000

（四）变量协整关系检验

为了既能真实地反映 FDII 和 FDIO 在 1982—2007 年数据结构的变化，又能检验两变量长期稳定的均衡关系，本文用 EG 两步法分别对两个变量在总样本期 1982—2007 年和子样本期 1982—1993 年及 1993—2007 年内的协整关系进行检验。EG 两步法的核心思想是对两个变量回归方程的残差进行单位根检验，如果残差是平稳序列，则变量之间的协整关系成立，变量间的长期稳定均衡关系就存在。因此，首先要计算两个变量在三个样本期内的协整回归方程，结果如下：

$$LFDIO = -0.351 + 0.812 \times LFDII + \varepsilon_{t1} \qquad (2)$$

$$(-0.408) \qquad (9.092)$$

$$R^2 = 0.755 \quad AR^2 = 0.766 \quad DW = 0.805 \quad F = 82.672$$

$$LFDIO = -3.32 + 1.212 \times LFDII + \varepsilon_{t2} \qquad (3)$$

$$(-3.53)(10.337)$$

$$R^2 = 0.914 \quad AR^2 = 0.906 \quad DW = 1.689 \quad F = 106.852$$

$$LFDIO = -16.387 + 2.286 \times LFDII + \varepsilon_{t3} \qquad (4)$$

$$(-2.665) \quad (4.01)$$

$$R^2 = 0.055 \quad AR^2 = 0.519 \quad DW = 1.33 \quad F = 16.083$$

其次，对三个样本期内协整回归方程的残差（即方程（2）、方程（3）和方程（4）中的 ε_{t1}、ε_{t2} 和 ε_{t3}）的平稳性进行检验，检验结果见表3。由检验结果可知：三个样本期内的协整回归方程的残差都拒绝单位根的原假设，即残差序列不存在单位根，表明残差是平稳的时间序列。因此可以判断：LFDIO 和 LFDII 两个变量在三个样本期内都存在长期协整关系，两变量之间长期均衡关系是稳定的。

表3 回归方程残差平稳性检验结果

样本区间	变量	检验类型 $(c,\ t,\ p)$	ADF 检验值	P 值	1%	ADF 临界值 5%	10%	结论
1982—2007 年	ε_{t1}	(0, 0, 0)	−2.4027	0.0185	−2.6607	−1.9550	1.6091	平稳
1982—1993 年	ε_{t2}	(0, 0, 0)	−2.7368	0.0112	−2.7922	−1.9777	−1.6020	平稳
1993—2007 年	ε_{t3}	(0, 0, 0)	−3.8512	0.0009	−2.7406	−1.9684	−1.6043	平稳

注：检验类型括号中的 c 表示检验平稳性时估计方程中的常数项，为 0 表示不含常数项；第二项表示时间趋势项，为 0 表示不含趋势项；第三项表示自回归滞后的长度。

总体上看，1982—2007 年 LFDIO 与 LFDII 之间的长期关系比较稳定，LFDIO 对 LFDII 的弹性系数为 0.8119，表明外商在华直接投资每增加1%，中国对外直接投资增加 0.8119%。具体说来，在 1982—1993 年和 1993—2007 年 LFDIO 对 LFDII 的反应弹性不断增强，其弹性系数分别为 1.2122 和 2.2859，这说明外商在华直接投资每增加1%，中国对外直接投资的反应弹性分别从 1982—1993 年的 1.2122% 增加到 1993—2007 年的 2.2859%。

（五）长期均衡误差修正模型

为了进一步考察变量长期均衡关系的动态特征，应该进一步分析两变量长期均衡关系发展过程中短期波动偏离的程度以及偏离状态修正的情况。虽然协整关系反映了变量间的长期均衡关系，但如果由于某种原因出现偏离均衡的现象，则必然会通过误差修正使变量重返均衡状态，而误差修正模型则能将短期波动和长期均衡结合起来。既然外商在华直接投资与中国对外直接投资之间存在协整关系，则一定存在误差修正模型来说明两变量由短期偏离向长期均衡调整的过程及其特点。本文计算出三个样本期内协整回归方程的误差修正模型如下：

$$\Delta LFDIO = -0.014 + 1.155 \times \Delta LFDII - 0.437 \times \varepsilon_{t1}(-1) \qquad (5)$$

$$(-0.092) \quad (2.534) \qquad (-2.401)$$

$$R^2 = 0.3193 \quad AR^2 = 0.253 \quad DW = 2.049 \quad F = 5.163$$

$$\Delta LFDIO = 0.2591 + 0.607 \times \Delta LFDII - 1.13 \times \varepsilon_{t2}(-1) \tag{6}$$

$$(1.342) \quad (1.593) \quad (-0.367)$$

$$R^2 = 0.65 \quad AR^2 = 0.563 \quad DW = 2.4609 \quad F = 7.428$$

$$\Delta LFDIO = -0.267 + 4.395 \times \Delta LFDII - 0.976 \times \varepsilon_{t3}(-1) \tag{7}$$

$$(-1.343) \quad (2.486) \quad (-4.04)$$

$$R^2 = 0.61 \quad AR^2 = 0.544 \quad DW = 2.055 \quad F = 8.75$$

各方程回归系数下面括号内的数字是 t 统计值。由以上结果可知：误差修正模型中误差修正项系数均为负值，说明修正短期波动偏离长期均衡的功能有效；同时方程（5）和方程（6）的变量回归系数显著，DW 值和 F 值都通过了检验；方程（6）的 DW 值和 F 值也通过检验，只是误差修正项系数 t 值较低，主要原因可能是观测数太少（子样本期内只有 12 个观测值）。虽然各方程决定系数有些偏低（但分期以后子样本期内的方程（6）和方程（7）的决定系数显著提高），可能是缺少其他解释变量所致，但这不影响现有变量之间的已有关系。

计量结果表明：在 1982—2007 年，短期波动偏离长期均衡的速度为 1.155，而非均衡修正误差则以 0.437 的速度修正偏离状态；在 1982—1993 年和 1993—2007 年短期波动偏离长期均衡的速度分别为 0.607 和 4.395，非均衡修正误差则以 1.13 和 0.976 的速度修正偏离程度。具体来讲，1982—1993 年短期波动偏离程度较小但修正偏离的速度较快，1993—2007 年短期波动偏离程度较大而修正偏离的速度较慢。总体上看，短期波动偏离长期均衡的速度较快，但修正短期偏离波动程度的速度比较慢。

（六）变量变化的格兰杰因果关系检验

虽然变量 LFDIO 和 LFDII 长期均衡关系的动态特征在不同时期不同，但可以进一步验证这两个变量的动态变化在多大程度上存在因果关系，即两变量变化值之间是否存在格兰杰（Granger）因果关系。因此，本文运用格兰杰因果关系检验对这两个变量变化之间的相互关系进行检证，检验结果如表 4 所示。从表 4 中 F 统计量及其伴随概率可知：在 0.5744 的显著水平上，在 1992—2007 年和 1982—1993 年 LFDII 变动均是 LFDIO 变化的格兰杰原因，而 LFDIO 变动却不是 LFDII 变化的格兰杰原因；在 0.4312 的显著水平上，则只有在 1982—2007 年 LFDII 变动才是 LFDIO 变化的格兰杰原因，LFDIO 变动却不是 LFDII 变化的格兰杰原因；更严格地考察，即在 0.01 的显著水平上，则只有 1993—2007 年 LFDII 变动才是 LFDIO 变化的格兰杰原因，而 LFDIO 变动却不是 LFDII 变化的格兰杰原因。这说明外商在华直接投资的发展对中国对外直接投资的单向解释作用不断地增强。因此，可以认为：LFDII 变化有助于解释和预测 LFDIO 变动，而且这种格兰杰因果关系是单向的，即不能用 LFDIO 变动去解释 LFDII 变化的原因。检验结果还表明"南方视察讲话"以后（1993—2007 年），外商在华直接投资变化对中国对外直接投资发展的影响不断加强，但中国对外直接投资变化还不能对外商在华直接投资发展产生统计意义上的影响。

表 4　　　　　　　　　　　　　　　　**格兰杰因果关系检验结果**

子样本期	滞后长度	原假设	F 统计值	概率值	判断
1982—2007 年	3	D (LFDII) does not Granger Cause D (LFDIO)	1.6439	0.2215	接受
	3	D (LFDIO) does not Granger Cause D (LFDII)	0.9734	0.4312	接受
1982—1993 年	2	D (LFDII) does not Granger Cause D (LFDIO)	1.4503	0.3360	接受
	2	D (LFDIO) does not Granger Cause D (LFDII)	0.6390	0.5744	接受
1993—2007 年	3	D (LFDII) does not Granger Cause D (LFDIO)	19.6382	0.0074	拒绝
	3	D (LFDIO) does not Granger Cause D (LFDII)	0.4388	0.7378	接受

注：表中判断结论均是在 1% 水平上进行的。

四、基本结论

通过以上实证检验，可以得出以下基本结论：

第一，外商在华直接投资与中国对外直接投资之间存在长期稳定的均衡关系。本文运用计量方法分析了 UNCTAD 数据库中有关外商在华直接投资和中国对外直接投资的统计数据。计量检验结果表明：尽管 1982—2007 年外商在华直接投资与中国对外直接投资的数据结构并不稳定，但也没有改变外商在华直接投资与中国对外直接投资相互关系的长期稳定均衡状态。外商在华直接投资与中国对外直接投资之间长期均衡稳定的关系，从实证分析的角度证明了中国"引进来"和"走出去"相结合战略是成功的，而且"引进来"和"走出去"相结合战略的实施结果也是长期稳定的。

第二，外商在华直接投资与中国对外直接投资的长期均衡关系在不同时期内的动态波动特征有差异。具体说来，"南方视察讲话"之前两者短期波动偏离长期均衡的程度较小而修正偏离的速度较快；"南方视察讲话"之后，两者短期波动偏离长期均衡的程度较大而修正偏离的速度较慢。总体上看，改革开放以来外商在华直接投资与中国对外直接投资相互均衡关系的发展过程中，由短期波动导致的偏离程度不断地提高，而对偏离状态的修正速度则在下降。这说明外商在华直接投资与中国对外直接投资之间的长期均衡关系可能受其他经济变量影响的程度在不断地提高。

第三，"南方视察讲话"之后外商在华直接投资变动有助于解释和预测中国对外直接投资发展的变化，而且这种单向格兰杰因果关系稳定而显著。这种现象的出现可能是由中国对外开放政策重大调整所导致的。中国改革开放过程中发生了两次重大政策调整：一是 1992 年邓小平"南方视察讲话"；二是中国加入世界贸易组织。这两次对外开放政策的重大调整，导致中国经济制度环境和经济发展外部条件都发生了显著变化，中国对外开放格局发生的"革命"，使"引进来"和"走出去"相结合战略不断地得到落实，对外开放"内引外联"作用不断强化。因此，中国对外开放政策结构性深化，促使外商在华直接投资与中国对外直接投资相互关系结构的调整，最终导致外商在华直接投资变动对中国"走出去"发展变化的影响增强，"引进来"促进"走出去"机制开始产生作用。

第四，目前中国对外直接投资变动并不能对外商在华直接投资发展产生统计意义上的影响。这种现象的基本原因可能在于：一是中国对外开放政策差异的影响。改革开放以来中国一直强调利用外资来缓解中国经济发展所需资金的短缺，而且各级政府历来都重视吸引外商直接投资的激励政策，从而导致中国利用外商直接投资快速发展，利用外商直接投资规模不断增大；相反，中国对外直接投资政策出台较晚，直到 2000 年中国政府才正式提出"走出去"的开放战略，而且各级政府对实施促进"走出去"的优惠政策又不如吸引外商直接投资优惠政策的力度大。因此，无论是在时间上还是在政策激励程度上，中国对外直接投资发展都相对滞后，所以中国对外直接投资发展整体规模偏小（从图 1 中 FDIN 可以看出），因而不能对外商在华直接投资变动产生影响。二是中国经济发展对外商在华直接投资和中国对外直接投资产生的影响不同。国内外研究中一个普遍接受的结论是：对外直接投资是一国经济发展后向外扩张的结果，而到一个国家直接投资则可能是这个国家经济增长所导致的国内市场扩大。因此，一个国家经济增长对吸引外商直接投资和对外直接投资都能产生重要影响。众所周知，改革开放以来，中国持续保持经济高速稳定的增长，外商在华直接投资主要是中国日益增长和不断完善的国内市场所吸引，而中国对外直接投资也是中国经济发展到一定阶段的产物。因此，中国经济发展才是带动外商在华直接投资和中国对外直接投资发展变化的根本原因；近年来外商在华直接投资发展对中国对外直接投资变动的单向格兰杰因果关系，主要是中国经济增长这一主要力量所间接引致的。

第五，虽然目前还不能从实证分析上确认中国对外直接投资变化对外商在华直接投资发展的影响，但随着中国对外开放的深化和中国经济持续快速的增长，可以预期中国对外直接投资对外商在华直接投资的潜在作用可能会逐渐显现。因为随着中国经济增长这一共同推动力量的增强，中国对外直接投资发展对外商在华直接投资变化的影响，必然能在经验实证分析中得到检验，从而为"引进来"和"走出去"互动关系的变化提供实证基础。

参 考 文 献

［1］江小涓等．中国经济的开放与增长：1980—2005 年．北京：人民出版社，2007.

［2］陈继勇等．国际直接投资的新发展与外商对华直接投资研究．北京：人民出版社，2002.

［3］高铁梅．计量经济学分析方法与建模．北京：清华大学出版社，2006.

［4］邢厚媛．"引进来"与"走出去"应相互融合．中国外资，2008，2.

［5］邱立成，于李娜．中国对外直接投资：理论分析与实证检验．南开学报，2005，2.

［6］薛求知，朱吉庆．中国对外直接投资理论研究与实证检验．江苏社会科学，2007，4.

［7］薛求知，朱吉庆．中国对外直接投资与"走出去"战略：理论基础与经验分析．复旦大学学报，2008，1.

［8］万丽娟等．中国对外直接投资宏观绩效的实证．重庆大学学报，2007，5.

［9］杨德新．中国对外直接投资的实践与理论．山东财政学院学报，2005，4.．

［10］张庆如．中国对外直接投资与对外贸易的关系分析．世界经济研究，2005，3.

［11］王志民．论"走出去"与制度创新．福建师范大学博士学位论文，2003.

［12］S. Sanjaya Lall, and Mohammad, S.. Multinationals in Indian big business：Industrial characteristics of foreign investments in a heavily regulated economy. Journal of Development Economics, 1983, 13.

［13］John A. Cantwell, and Paz Estrella E. Tolentino. Technological accumulation and Third World multinationals. University of Reading Discussion Paper in International Investment and Business Studies, 1990, 139.

［14］John, J. H. Dunning. Multinational enterprises and the global economy. Unwin Hyman Published, 1992.

［15］Lipsey, and Weiss. Foreign production and exports of individual firms. Review of Economics and Statistics, 1984, 66.

［16］Reddaway, W. B., Perkins, J. O. N., Potter, S. J., and Taylor, C. T.. Effects of United Kingdom direct investment overseas. The Economic Journal. 1968, 78（311）.

［17］Lipsey, R. E.. Outword direct investment and The US economy. NBER Working Papers, 1994.

股权结构与现金股利行为：
来自中国上市公司的经验证据[*]

● 王建琼[1]　黄巍菁[2]

（1，2 西南交通大学经济管理学院　成都　610031）

【摘　要】本文采用来自数据库 CSMAR（China Stock Market & Accounting Research Database）的样本数据，分别检验了我国上市公司在选择现金股利行为时，是否存在信号传递动因、再融资政策动因以及套现动因的假说。结果表明，公司股权结构不同，其选择现金股利的动因也不同，完善公司股权结构的治理是完善公司治理的重要前提条件。

【关键词】现金股利　股权结构　动因

一、引　言

（一）问题的提出

选择股利行为的动因是指上市公司选择某一股利行为的动机和原因。Black（1976）将现代公司的股利行为称作"股利之谜"（the dividend puzzle），它是现代公司财务的难点之一，也是影响股价、资本结构等的重要决策。

自2000年以来我国上市公司热衷于高派现股利行为，股权集中的上市公司更是如此，这已成为近年来学术界和实务界讨论的焦点问题之一（余学红，2002；陈红、李从珠、刘晓春，2003；姜荣耀、曹崇延，2003；秦江萍、王怀栋，2004）。这种派现热是体现了信号传递理论，还是为上市公司实现利益转移？本文拟对2001—2007年A股市场上市公司进行实证分析，探索派现热背后的深层原因，为决策部门和投资者提供参考依据。

（二）国内外研究动态

国内学界有人认为派现热的原因在于2000年以来证监会对上市公司再融资和发行新股提出现金股利的强制性要求（姜荣耀、曹崇延，2003；孙铮，2003；宋廷山、盛亦工，2004），也有人认为"派现是实现大股东利益传输的一种方式"（原红旗，1999；陈国辉，2000；黄永兴、张丹，2001；刘峰、贺建刚，2003；秦江萍、王怀栋，2004；李增泉、孙铮、任强，2004）。而西方主流股利理论之一信号传递理论则认为，现金股利的发放源于上市公司的净自由现金流量，因而现金股利的发放水平和上市公司的经营业绩

* 本文是教育部人文社会科学基金资助项目（编号：05JA790066）的阶段性成果。

之间存在着紧密的联系，现金股利的派发向外界传递了公司未来业绩良好的信息（Ross，1977；Asquith & Mullins，1983；Healy & Palepu，1988；Thaler & Womack，1995；Robert F. Stambaugh，1999）。但 DeAngelo 和 Skinner（1997）的实证研究却发现现金股利的变化并不能帮助人们预测公司未来的盈利变化，这使得上市公司选择现金股利行为动因的信号传递理论解释变得不确定。Johnson（2000）认为大股东倾向于利用自己手中的控制权，通过各种淘空（tunneling）的方式从上市公司转移资产和利润，从而造成对中小股东的侵害。Faccio、Lang 和 Young（2000）研究了欧洲和东亚地区的股利行为及掠夺现象，结果表明半数西欧公司以及东亚商业集团不同程度地存在控股股东通过股利行为掠夺外部股东的情况。

二、研究方法

（一）研究假设

我们假设：（1）如果股权集中的上市公司派发现金股利是向外界传递公司来年经营业绩良好的信号，那么在同一派现行为下，高股权集中度公司来年的经营业绩要好于低股权集中度公司；或者同一股权集中度下，增加支付现金股利的公司较减少支付现金股利的公司经营业绩好。（2）否则，派现的真实企图很可能是实现大股东的利益转移。（3）如果现金股利行为是满足配股政策之需，那么相对于配股政策出台前一年的派现和配股信息，配股融资的上市公司数目应该有显著差异。

（二）研究变量

为探讨不同股权结构下上市公司现金股利行为是否出于信号传递动因、大股东利益传输动因，还是再融资政策动因，本文综合国内外相关研究成果（陈浪南、姚正春，2000；孔小文、于笑坤，2003；刘峰、贺建刚，2004）。我们设置如下的变量来反映股利发放水平、股利变化率、股权结构等，见表1。

表1　　　　　　　　　　　　　　　　变量设置、测算与含义

变量名称	测算方法	变量含义
总资产收益率（ROA）	净利润/年均总资产	经营业绩变量
股利支付率（POR_t）	每股现金股利（DPST）/每股收益（EPST）	股利发放水平
股利变化率（PORL）	$(POR_t - POR_{t-1}) / POR_{t-1}$	股利增减情况
股权离散度（CV）	前十大股东比例的变异系数	
高股权集中度（H） 中股权集中度（M） 低股权集中度（L）	H、M、L 均为虚拟变量，以 1 或 0 表示	股权集中度

（三）数据来源

本文选用的数据主要来自深圳国泰安 CSMAR 数据库，其余来自巨潮互联资讯网（www.cninfo.com.cn）、易富网和《中国统计年鉴》（2002），统计分析软件为 SPSS 12.0。

本文选取 2002 年度我国沪深两市有现金股利支付的 A 股上市公司为研究对象，为使统计分析数据具有可比性，筛选出 278 家有效上市公司，标准如下：

（1）剔除派现同时又增发或送股的上市公司；

（2）剔除 ST、PT 上市公司；

（3）剔除银行、证券等金融类上市公司；

（4）在 2001—2003 年的年报财务数据完整。

（四）实验设计

为了考察不同股权集中度（高、中、低）的条件下不同现金股利行为（增、减）的差异，本文安排了如下的两因素（2×3）水平的统计设计，有效样本含量278（见表2）。

表2　　　　　　　　　　双因素多水平设计下的样本构成

		股权集中度①			合计
		H（高）	M（中）	L（低）	
股利付现行为②	A（增加）	74	64	8	146
	D（减少）	64	58	10	132
合计		138	122	18	278

注：本文所有统计检验的显著性水平 α = 0.05。

三、实证分析

（一）信号传递假设检验

从表2的设计可知，为检验现金股利行为是否具有"信号传递"效应，如果股权集中度与公司业绩无关，则我们可直接做两种股利付现行为（146家对132家）的假设检验，否则，分别就三种不同股权集中度下的两种股利付现行为的上市公司业绩进行比较。

H_{10}：不同股权集中度、相同现金股利支付行为（增或减）条件下，公司来年的经营业绩无显著差异。

H_{10A}：不同股权集中度、现金股利增加行为没有导致公司来年经营业绩的显著差异。

H_{10D}：不同股权集中度、现金股利减少行为没有导致公司来年经营业绩的显著差异。

为此，本文就现金股利增、减行为分别做了三种股权集中度下经营业绩的单因素方差分析，见表3。

表3　　　　　增加支付现金股利行为下，不同股权集中度公司来年经营业绩方差分析

	偏差平方和	自由度	均方差	F 检验值	显著性
组间	.122	2	.061	7.512	.001
组内	1.163	143	.008		
合计	1.286	145			

---

① 本文使用上市公司前十大股东持股比例的变异系数来反映其股权离散度，通过有序样品聚类，分成了高、中、低三个水平：H、M、L组。

② 为分析现金股利增减行为与公司未来经营业绩的关系，以此来检验信号传递假设，本文按连续两年的股利增、减行为分别将 H、M、L组分为 A、D 两个水平。

结果表明（$F = 7.512$，sig. $= .001 < 0.05$，不支持从而拒绝 H_{10A}），上市公司增加支付现金股利的行为，导致了不同股权集中度下公司来年的经营业绩有显著差异。进一步，对三种集中度下的公司业绩做多重比较（见表4）。

表4　　　　　　　　增加支付现金股利行为下，不同股权集中度公司来年经营业绩的多重比较

	（I）分组	（J）分组	均值差（I-J）	标准误差	显著性
Tamhane	H	M	−.060*	.016	.001
		L	−.079*	.041	.000
	M	H	.060*	.016	.001
		L	−.019	.043	.952
	L	H	.079*	.041	.000
		M	.019	.043	.952

结果表明，增加现金股利支付的行为，导致高度股权集中度公司来年经营业绩比中、低股权集中度公司显著地低（均值差为负），而中、低股权集中度公司之间并不存在显著的业绩差异。

类似的分析表明，减少支付现金股利行为并未导致不同股权集中度公司来年的经营业绩存在显著的差异性（$F = 1.036$，sig. $= .358 > .05$，不拒绝 H_{10D}）（见表5）。

表5　　　　　　　减少支付现金股利行为下的不同股权集中度公司未来经营业绩单因素方差分析

	偏差平方和	自由度	均方差	F 检验值	显著性
组间	.022	2	.011	1.036	.358
组内	1.390	129	.011		
合计	1.413	131			

表3与表5的结果表明，不同股权集中度公司、相同的现金股利支付行为（增或减）并未全面地支持"信号传递"假说；相反，其显示出高股权集中度公司偏好现金股利支付行为导致了来年经营业绩的下滑（见表6）。

表6　　　　　　　相同股权集中度、不同现金股利支付行为下公司来年的经营业绩比较

	股权集中度分组		
	$H_A - H_D$	$M_A - M_D$	$L_A - L_D$
方差齐性检验（F 值，sig.）	1.263（sig. $= .263$）	.501（sig. $= .481$）	1.214（sig. $= .287$）
独立样本 t 检验（t 值，sig.）	−.235（sig. $= .815$）	3.188（sig. $= .002$）	.411（sig. $= .001$）
自由度	136	120	16

H_{20}：相同股权集中度、不同现金股利支付行为（增或减）条件下，公司来年的经营业绩无显著差异。

H_{20H}：现金股利支付行为对高股权集中度公司来年的经营业绩无显著影响。

H_{20M}：现金股利支付行为对中股权集中度公司来年的经营业绩无显著影响。

H_{20L}：现金股利支付行为对低股权集中度公司来年的经营业绩无显著影响。

结果表明，各组的方差均满足齐性假设，不同股权集中度、两种付现行为条件下来年的平均经营业绩差异也不同（不拒绝 H_{20H}，拒绝 H_{20M} 和 H_{20L}）：股权集中度高（H 组），增加付现与减少付现的来年业绩差异并不显著，但行为 A 与行为 D 的经营业绩之差为负；股权集中度适中与偏低（M 组、L 组）的现金股利支付行为导致其来年的经营业绩出现了显著差异，但增加付现反而比减少付现更有利于提高来年的经营业绩。

综上所述，股权高度集中上市公司并不支持信号传递假设，且增、减付现的行为导致来年业绩下滑，这是否意味着大股东有利益转移的嫌疑呢？而中、低股权集中度上市公司支持"信号传递"假设，增加付现较减少付现更能提升来年的业绩。因此，我国现阶段上市公司付现行为部分地支持信号传递假设。

（二）大股东转移利益假设检验

La Porta 等（1999）以及 Claessen（2000）指出，在东亚一些国家和地区的大型企业内部普遍存在由某个家族控股，进而支配公司治理的现象。在我国上市公司中，股权分置改革前，绝对控股的是国有股和法人股，这批控股股东不能从资本利得（自由买卖差价）上获得实质性利益，现金股利就很可能成为其主要获利手段①。

股利支付率（POR_t）即每股现金股利/每股收益，考察股利环比②支付率 $POR_t / POR_{t-1} = （DPS_t / DPS_{t-1}）\div（EPS_t / EPS_{t-1}）$ 是否稳定有助于我们分析其付现动机。基于 Linter 理论，稳定的股利分配政策意味着 DPS_t / DPS_{t-1} 接近于 1。由于 EPS_t 主要受外生经济变量的影响而呈随机波动的趋势，保持稳定的股利分配金额必然使股利支付率具有相对更高的随机波动性；相反，如果公司以股息率的经常性波动为代价来保持稳定的股利支付率，则发放股利的真实动机更可能是控股股东"转移利益"。

现对 H、M、L 组分别做股利支付率的自回归模型，以此检验上市公司现金股利支付的随机波动性：

$$POR_t = \beta_0 + \beta_1 POR_{t-1} + \varepsilon_t$$

表 7   不同股权集中度下的股利支付率随机波动性检验

股权集中度	回归系数		F（sig.）
	β_0（t，sig.）	β_1（t，sig.）	
H*	.39（4.15，.000）	0.27（3.23，.002）	10.42（.002）
M	.53（14.06，.000）	0.13（1.38，.171）	1.90（.171）
L	.07（0.739，.471）	0.76（0.46，.593）	2.125（.310）

注：* 代表在 0.05 的显著性水平下，除高股权集中度上市公司以外，中、低股权集中度上市公司的股利付现率尚未表现出显著的自相关性。

结果表明，在中、低股权集中度上市公司中，股利支付随机性较大（回归系数表明无自相关性），不

---

① Linter（1964）、Allen 和 Michaely（2002）对美国企业实证研究发现，每股股利 DPS_t 大致等于当期每股收益 EPS_t 与上期每股股利 DPS_{t-1} 的加权平均，每股股利不随当期的盈利状况频繁波动，而是在较长时期内保持相对稳定的发放金额，他们认为公司保持这种派现行为是为了传递公司内部稳定的经营状况。

② 环比即国民经济统计学中的相对于定基比的一个动态比率概念，即 A_t / A_{t-1}。

支持"大股东转移利益"假设，同时，这与表6最后两列分析结果一致；而股权高度集中的上市公司股利支付率有较强的自相关性（回归系数.27>0），说明存在大股东"持续套现"的动机，支持"大股东转移利益"假设。

（三）再融资需求假设检验

上市公司的许多决策与再融资需求有着极大的联系，而我国证监会对上市公司再融资的审查和条件限制很严①，公司管理层必须努力满足再融资的条件来获得资格，而分红政策不仅直接影响再融资资格，也可以调节资产收益率来间接影响再融资资格。所以，我们采用对上市公司来年是否配股（融资）的分析来检验其付现股利行为是否支持"再融资需求"假设，见表8。

表8　　　　　　　　　　　　278 家样本公司 2002 年配股（融资）列联表

	H 组	M 组	L 组
未配股	132	117	17
配股	6	5	1
合计	138	122	18

注：Chi-Square=.081，sig.=.960>.05

结果表明，不同股权集中度下的配股（再融资）行为尚未表现出显著的统计学差异（sig.=.960>.05），说明当前我国上市公司派发现金股利的行为尚且不能支持"再融资需求"假设，与孙铮（2003）、姜荣耀等（2003）的结论不完全一致，说明我国上市公司派发现金股利行为是否满足"再融需求"假设还有待进一步探索。

四、结　论

本文通过把股权结构这一反映公司治理的重要要素引入分析过程，从不同角度剖析了公司选择支付现金股利行为的动因，结果表明，在我国现阶段，股权集中度是决定其现金股利支付行为的一个重要因素。这预示着要完善我国公司治理，必须先行完善公司股权结构的治理。

参 考 文 献

[1] 陈国辉，赵春光. 上市公司选择股利行为动因的实证研究. 财经问题研究，2000，5.

[2] 陈红，李从珠，刘晓春. 我国上市公司现金分红行为研究. 北方工业大学学报，2003，3.

[3] 陈浪南，姚正春. 我国股利行为信号传递作用的实证研究. 金融研究，2000，10.

[4] 陈信元，陈冬华，时旭. 公司治理与现金股利：基于佛山照明的案例研究. 管理世界，2003，8.

---

① 2001 年 3 月 28 日，中国证监会出台的《上市公司新股发行股利办法》第十一条第七款明确规定担任主承销商的证券公司应当关注公司最近三年有无分红派息且董事会未做出合理解释的现象，并且要求证券公司在尽职调查报告后予以说明。该管理办法适用于增发和配股，将分红与否和融资资格直接联系起来。

证监会对再融资资格最重要的限制来自对资产收益率的限制，2001 年相关文件指出净资产收益率三年平均不低于6%，达到条件的上市公司才具有配股资格。

［5］黄永兴，张丹．上市公司股利行为的实证研究．经济研究参考，2001，93．

［6］姜荣耀，曹崇延．政策引导对上市公司股利行为的影响分析．价值工程，2003，6．

［7］孔小文，于笑坤．上市公司股利行为信号传递效应的实证分析．管理世界，2003，6．

［8］赖建清．中国上市公司不分配股利内部影响因素的实证分析．首都经济贸易大学学报，2002，5．

［9］李增泉，孙铮，任强．所有权安排与现金股利行为——来自我国上市公司的经验证据．中国会计与财务研究，2004，12．

［10］李志彤，陈敏．我国上市公司股利分配模型的建立和检验．数量经济技术经济研究，2001，11．

［11］刘峰，贺建刚．股权结构与大股东利益实现方式的选择——中国资本市场利益输送的初步研究．中国会计评论，2004，6．

［12］刘彤．小股东权益与公司治理绩效改善．经济科学，2002，2．

［13］刘星，魏峰，戴玉光．经理管理防御下的公司股利行为研究．中国会计评论，2004，12．

［14］吕长江，王克敏．上市公司股利行为的实证分析．经济研究，1999，12．

［15］秦江萍，王怀栋．中国上市公司现金分红实证分析．财会研究，2004，8．

［16］伍利娜，高强，彭燕．中国上市公司"异常高派现"影响因素研究．经济科学，2003，1．

［17］徐晓东，陈小悦．第一大股东对公司治理、企业业绩的影响分析．经济研究，2003，2．

［18］杨淑娥，王勇，白革萍．我国股利分配政策影响因素的实证分析．会计研究，2000，2．

［19］原红旗．中国上市公司股利行为的分析．财经研究，2001，3．

［20］张鸣，张光龙．上市公司现金股利理论分析和数据检验．上海财经大学学报，2002，10．

［21］赵春光，张雪丽，叶龙．股利行为选择动因——来自我国证券市场的实证证据．财经研究，2001，2

［22］A. Sabur Mollah, and Helen Short. The influence of agency costs on dividend policy in an emerging market: Evidence from the dhaka stock exchange. Sixth ENBS Workshop at the University of Oslo Norway, 2000, 5.

［23］Claessens, S., Djankov S., and Lang, L. H. P.. The separation of ownership and control in East Asian corporations. Journal of Financial Economics, 2000, 58.

［24］La Porta, Florencio Lopez-de-Silanes, Andrei Shleifer, and Robert W. Vishny. Agency problems and dividend policies around the world. Journal of Finance, 2000, 1.

［25］Fama Eugene F., and French Kenneth R.. Disappearing dividends: Changing firm characteristics or lower propensity to pay?. Journal of Financial Economics, 2001, 60.

［26］Lintner, J.. The distribution of incomes of corporations among dividends, Retained earnings and taxes. The American Economic Review, 1956, 46.

［27］Miller, M. H., and Modigliani, F.. Dividend policy, Growth, and the valuation of shares. Journal of Business, 1961, 4.

［28］Nissim, Doran, and Amir Ziv. Dividend changes and future profitability. Journal of Finance, 2001, 56.

［29］Porta, R. L, Lopez-de-Silanes, F., Shleifer, A., and Vishny, R. W.. Agency problems and dividend policies around the world. Journal of Finance, 2000, 55.

公共管理理论的发展与
政府绩效审计评价的改进*

● 周亚荣

（武汉大学经济与管理学院 武汉 430072）

【摘 要】自 20 世纪 80 年代政府绩效审计开始在我国实施，理论界的研究与实务界的探讨都取得了一些初步成果，但距离西方国家成熟的政府绩效审计还有很大差距。近年来随着我国财政体制改革的逐步推进，政府绩效受关注的程度越来越高，如何安全有效地使用财政资金越来越引起社会各界的关注。以什么样的标准对政府公共资金使用的绩效进行评价是开展政府绩效审计的关键，本文以公共管理理论的发展为脉络，探寻西方国家政府绩效审计评价的发展历程，借鉴平衡记分卡原理为我国服务型政府的政府绩效审计评价设计了一个可行框架。

【关键词】公共管理理论 服务型政府 政府绩效审计评价

审计与公共管理有着密切的联系（雷达，2004）。自 20 世纪 60 年代开始兴起的公共选择理论，到 70 年代初伴随着西方国家政府重塑运动而兴起的新公共管理理论，以及在对新公共管理理论进行反思和批判的基础上产生的丹哈特（Robert B. Denhardt）的新公共服务理论，均对西方公共部门管理尤其是政府管理的理论与实践产生了重大而深远的影响，同时也促进了西方国家绩效审计的发展。

近年来，随着我国财政体制改革的逐步推进，政府绩效受关注的程度越来越高，如何安全有效地使用财政资金越来越引起社会各界的关注。以什么样的标准对政府公共资金使用的绩效进行评价是开展政府绩效审计的关键，理论界为政府绩效审计设置一套评价指标体系的呼声也越来越高。本文以公共管理理论的发展为脉络，探寻西方国家政府绩效审计评价的发展历程，以期为我国服务型政府下的政府绩效审计评价提供借鉴。

一、公共选择理论与政府绩效审计评价的"3E"标准

第二次世界大战后，西方各国政府普遍采用了凯恩斯主义的主张，对社会生活实行全面干预。当政府这只"看得见的手"干预市场并获得巨大成功时，与"市场失灵"相伴随的"政府失灵"也表现得同样明显。一方面，政府对社会、市场所承担的管理任务越来越多，成为"万能政府"；另一方面，政府内部官僚机构膨胀，效率低下，财政支出日益扩大，政府管理受到前所未有的挑战。正是在这样的背景下，强调自由主义和市场取向的公共选择理论异军突起。正如经济学家萨缪尔森所指出的，"公共选择理论用经

---

* 本文为湖北省教育厅 2009 年度人文社科项目（编号：2009b020）的研究成果之一。

济学的行为假设和方法，研究了当国家干预不能提高经济效率或收入分配不公平时所产生的政府失灵问题"。公共选择理论在20世纪60年代正式介入"公共管理"领域，并建立了一套自己的理论。该理论认为，政府官员的"经济人"特性与政治市场的结构性缺陷（强制性支配和缺乏有效竞争），决定了"政府失灵"具有必然性。公共选择也就是政府选择，它是以公共产品为对象，通过一定的政治程序，由集体来进行的选择（许百军，2004）。要从制度上减少政府道德风险和逆向选择引发的交易费用，在事前就必须对政府官员拥有的权力进行某种制约；事中保证权力行使过程受到监督；事后则需要对权力行使的结果进行评价，或奖赏，或追究责任，形成有效的激励机制。由此提出了公共选择意志法制化、程序化和制度化的要求；提出了强化对公共资源管理过程的控制与约束的要求；提出了管理结果的经济性、效率性和效果性的审计监督的要求，以有效地消除政策制定与实施过程中的官僚主义因素。绩效审计就是通过对政府运行结果的评价来参与权力制约的。

绩效审计萌芽于20世纪40年代。如美国国会于1945年通过了《联邦公司控制法案》，该法案要求审计总署不仅应直接评价公营企业的合规性，而且应对管理效率和内部控制系统的效率加以评价，并向国会报告。1946年又颁布了《立法机构改组条例》，其中规定："审计长应向国会提供充分资料，以判断公款是否得到经济、有效的处理。"具有真正现代形式的绩效审计形成于20世纪六七十年代，以各国法律赋予审计机关进行绩效审计的职责为标志（雷达，2004）。如美国审计总署于1972年根据立法赋予的权限制定了《政府机构、计划项目、活动和职责的审计标准》（*Standards for Audit of Governmental organizations*，*Programs*，*Activities and Functions*），明确提出了"绩效型"审计的要求。根据该文件，美国国家审计包括三大部分：财务和合法性审计、经济性和效率性审计、计划项目效果审计。其中经济性和效率性审计、计划项目效果审计不属于传统的财务审计范畴，而是绩效审计。这一时期绩效审计作为独立的审计类型刚刚建立，所以其内容是围绕"3E"（economy、efficiency、effectiveness）这三个要素进行的监督和评价。

二、新公共管理理论与政府绩效审计评价的拓展

随着撒切尔和里根主义在全球的扩展，20世纪70年代末兴起了一股持续性全球政府改革的浪潮，理论界将这股政府改革浪潮称为新公共管理运动理论。尽管新公共管理是一系列创造性改革的通用标签，具有多种称谓，但其核心精神是以私人部门管理的优越性、公私管理的相通性之假定为前提，将市场机制和私人部门管理策略引入公共部门，建立"掌舵"与"划桨"功能分开的"企业家"政府。该理论主张通过民营化、市场检验、公共服务的合同承包缩小政府职能范围，建立顾客导向的企业家政府。同时，在政府和公共部门引入商业管理理论、方法、技术以及市场竞争机制，提高公共服务的质量与绩效。市场导向、管理主义、公私伙伴关系，成为20世纪80年代以来世界各国政府改革运动的纲领。

西方国家绩效审计的快速发展正是在20世纪七八十年代，并在90年代日趋完善。1977年，最高审计机关国际组织第九届国际大会通过的《利马宣言》第一次将绩效审计写入大会宣言，而在1986年最高审计机关国际组织第十二届国际大会上，又通过了《关于绩效审计、国有企业审计和审计质量的总声明》。该声明首次给绩效审计下了明确的定义，并对绩效审计的目标和范围、审计对象选择、审计计划、资料收集与分析技术、报告程序等方面做了说明。

1989年加拿大的丹尼斯·普瑞斯波尔提出，"政府部门除了对3E进行审计外，还应审查对自然资源的有效利用和对生态保护的维护情况，同时还应审查政府项目及政府活动所产生的利润分配与再分配的不公平及对社会秩序稳定的影响"（王光远，1996）。这就是环保性审计（environment audits）和公平性审计（equity audits）。由此政府绩效评价也从"3E"扩展到了"5E"。评价标准方面，荷兰鹿特丹 Erasmus 大

学公共管理学教授 Pollitt 等人受英国经济和社会研究局的资助，曾调查欧洲五国（英国、法国、荷兰、瑞典和芬兰）最高审计机关在 1993—1995 年开展绩效审计的状况，其中包括对政府绩效审计标准的研究，他们把绩效审计标准分为：经济性（economy）、效率性（efficiency）、效果性（effectiveness）、良好管理实践（good management practice）、良好治理（good governance）、服务质量（quality of service）、完成目标（goal attainment）、其他（other）。根据这一分类，Pollitt 等人通过对各国政府绩效审计报告的分析（包括1985—1987 年的审计报告和 1993—1995 年的审计报告），得到各国绩效审计标准的使用情况，结果如表1、表 2 所示。

表1　　　　　　　　　　　欧洲两国绩效审计标准使用情况表[①]（1985—1987 年）

次数　类别　　国家	经济性	效率性	效果性	良好管理实践	良好治理	服务质量	完成目标
英国	10	5	7	28	11	0	5
荷兰	60	4	2	101	8	0	13

表2　　　　　　　　　　　欧洲四国绩效审计标准使用情况表[②]（1993—1995 年）

次数　类别　　国家	经济性	效率性	效果性	良好管理实践	良好治理	服务质量	完成目标
英国	23	18	22	43	5	17	18
瑞典	7	3	1	22	6	22	6
荷兰	29	4	3	76	7	1	15
芬兰		29		19	16	0	33

由于法国公开的审计报告数量有限，所以不能像其他几个国家一样进行数据分析。而瑞典、芬兰的审计报告只包括 1993—1995 年的。

比较 1985—1987 年及 1993—1995 年这两个时期各国对绩效审计标准的使用情况，可以明显看出绩效审计标准的变化。首先，"良好管理"和"经济性"一直是英国、荷兰国家审计署最常用的标准；在英国，效果性标准在 90 年代比 80 年代运用得频繁，这和效果审计在 90 年代显著增加有关。其次，英国对"服务质量"标准的应用，不但从无到有，而且发展迅猛，这和英国绩效审计环境的改变有很大关系。1991 年英国实施了《公民宪章》，1992 年又采取了其他提高质量的措施，这一系列公共管理改革与政府绩效审计紧密结合起来，体现了公共管理理论对绩效审计的影响；其他国家与服务质量和良好管理有关的

---

① Christopher Pollitt, Xavier Girre, Jeremy Lonsdate, Robetr Mul, Hikka Summa, and Marit Waerness. Performance or Compliance? —Performance Audit and Public Management in Five Countries. Oxford：Oxford University Press, 1999. 作者根据原始数据进行了综合.

② Christopher Pollitt, Xavier Girre, Jeremy Lonsdate, Robetr Mul, Hikka Summa, and Marit Waerness. Performance or Compliance? —Performance Audit and Public Management in Five Countries. Oxford：Oxford University Press, 1999. 作者根据原始数据进行了综合.

评价标准也呈增长状态，说明随着西方国家政府审计环境的变化，绩效审计开始更多地关注控制管理活动和公共事业服务质量水平。最后，四国的许多审计报告都涉及"完成目标"标准，这清楚地表明了各国最高审计机关肩负着公共经管责任的传统角色。

三、新公共服务理论与政府绩效审计评价的改进

针对公共行政领域日益被新公共管理理论所主导而产生的理论和实践相分离问题，如政府正日益成为新型的、有偏向且日益私人化的企业家，而淡忘了它服务于公民和授权予公民的职责；政府逐渐抛弃划桨观念并接受掌舵的责任时，仅仅是用一个"行政中心"替代另一个"行政中心"；政府官员在享受更多的控制权时，却忘记了政府的"公民所有"性质，美国亚利桑那州立大学丹哈特教授夫妇于 21 世纪初提出"公民第一"的新公共服务理论（中国行政管理，2002）。该理论强调"政府的职能是服务，而不是掌舵；公共利益是目标而非副产品；在思想上要具有战略性，在行动上要具有民主性；为公民服务，而不是为顾客服务；责任并不简单；重视人，而不只是重视生产率；公民权和公共服务比企业家精神更重要"。

新公共服务理论为政府绩效审计提供了全新的理论视角。2004 年 7 月 7 日，美国审计总署（General Accounting Office）将其名称改为拥有同样缩写（GAO）的政府问责署（Government Accountability Office）。这一变化是美国审计总署近年来工作内容转变的结果，体现了美国政府问责署未来的发展方向，反映了美国议会和人民关注政府责任，致力于提高政府工作效能，增强政府决策科学性的强烈愿望。在今天的 GAO，评估政府的绩效，并对它的结果负责是 GAO 担当怎样角色和做什么工作时考虑的中心问题。GAO 认为，公众应该得到政府运作的全面信息，从费用的支出到政策制定，因为只有全体选民被充分告之的政府才是能真正代表民意的政府。

与此类似，美国于 2007 年 7 月改版了《政府审计准则》（*Government Auditing Standards*），序言中即称政府官员应对公共资源运用的效率（efficiently）、经济（economically）、效果（effectively）、道德（ethically）、公平（equitably）负责。与传统的"3E"比较，道德和公平的加入，体现了政府审计师关注政府官员责任、诚实和可靠性的要求。由此可见，新公共服务理论的发展使得西方国家也在思考探索绩效审计特别是目标定位和评价标准的重新架构。

四、我国服务型政府下的政府绩效审计评价

（一）服务型政府下政府绩效审计评价维度

国外的政府改革并没有明确提出"服务型政府"的概念，"服务型政府"的概念是我国首次提出的，使得服务型政府的理论和实践都具有一定的开创性。自中国共产党十六届三中全会正式提出并阐释全面、协调、可持续发展的政府治理理念以来，中国政府重新定位政府职能，使全能型政府转变为经济调节、市场监督、社会管理和公共服务，加强了对政府权力的制约和监督。党的十七大更是提出建设服务型政府的目标。服务型政府强化公民与政府之间的公共受托责任关系，把政府真正置于公民的监督与制约之下。服务型政府的提出，标志着我国政治体制改革重心向转变政府职能、创新管理体制转移，标志着我国政府向有限政府和有效政府、责任政府目标模式的转变。

我国政府绩效审计在推广和发展中面临诸多难题，其中最大的难点在于缺乏一套衡量政府部门①绩效的评价标准。西方国家经验表明绩效评价指标体系是不可能一步到位的，但一个明确、统一的建立和选择绩效审计评价标准的思路框架对于绩效审计实践的开展具有重要的指导意义。由此，我们借鉴平衡记分卡原理改进评价标准，建立评价指标。

1990 年，哈佛商学院罗伯特·S. 卡普兰教授和复兴全球战略集团总裁大卫·P. 若顿提出了一种包括企业所有组织活动的绩效指标的记分卡理论，即平衡记分卡（balanced scorecard）。该理论将企业绩效评价分为财务、顾客、企业内部业务流程和企业学习与成长 4 个维度，其所谓的"平衡"包括以下四方面：在长期目标与短期目标之间保持平衡；在外部计量（股东和客户）和关键内部计量之间（内部流程、学习和成长）之间保持平衡；在所求的结果和这些结果的执行动因之间保持平衡；在强调客观性测量和主观性测量之间保持平衡。虽然平衡记分卡最初的焦点和运用是改善营利组织的绩效评价，但平衡记分卡自身的特点决定了它能把组织的战略整合起来，传达组织的战略；把个人、组织和各部门的积极性联系起来达到一个共同的目标；同时克服了传统的单纯基于财务指标评估体系的缺陷。由此，平衡记分卡在改善政府部门和非营利组织的绩效评价上也具有好的效果。

结合"服务型政府"理念内涵的剖析，参考美、澳等国政府的经验②，可以认为，平衡记分卡在公民导向、强调服务责任、鼓励民主参与、促进政府收缩职能从而提升效能等方面，与"服务型政府"理念的内生要求极好地吻合，是适用于政府绩效审计评价指标建立的系统性工具。我们将基于平衡记分卡的服务型政府绩效审计评价标准调整为政府为公民服务、政府内部控制、政府财务绩效、政府学习与发展四个维度。

首先，根据服务型政府强化公民与政府之间的公共受托责任关系、"服务于公民，而不是顾客"的理念，我们把政府为公民服务作为政府绩效评价的第一个维度。掌握公共权力、为社会和公众提供公共产品和公共服务的政府，根据社会发展和公民的需要提供优质高效的公共产品和公共服务是其一项首要职能，而"全心全意为人民服务"正是中国共产党作为执政党的根本宗旨所在。所以，公民对政府提供的公共服务是否满意应成为服务型政府绩效审计评价的第一个维度。

其次，政府部门的建设和发展一方面依赖于外部的环境，另一方面又依赖于内部的自我管理。良好有序的政府内部控制是保证政府绩效水平优良的关键。美国审计总署认为，立法机构和政府官员随着选举而发生变化，造成政府机构管理缺乏连续性，客观上增加了对内部控制的有效需求。我国服务型政府建设初期，法制不完善、政府职能不到位、市场失灵、行政程序不规范等现象仍然存在，由于决策程序不规范导致的决策失误、损失浪费现象时有发生，如果不考虑内部控制制度的完善，势必导致绩效的下降。由此，我们把政府内部控制作为服务型政府绩效审计评价的第二个维度。

再次，虽然不能像企业一样把财务维度作为评价政府部门的首要方面，但公共受托责任的有效履行离不开对经济性的追求，经济、高效的公共行政能在现有公共财政实力的基础上提供高质量的公共服务。所以，财务维度是进行政府部门绩效审计评价的第三个方面。

---

① 我国目前对政府绩效审计的评价主要涉及三个对象：政府总体、政府部门和政府项目。从审计的角度讲对政府总体设计评价指标体系的意义不大，而目前就政府项目的绩效审计评价（包括国家建设项目、专项资金等）指标的研究也较多。我们仅从政府部门的角度研究评价指标的设置。

② 1996 年，美国交通运输部下属的采购部是最早采用平衡记分卡的政府部门之一。

最后，全球化和信息化要求政府改变与社会的传统关系模式，将自己塑造成学习型政府①，保持与外部行政生态环境在物质、人员、信息、文化等方面的良性互动和有效回应，使之具有更强的学习力和应对变化的管理能力。所以，学习与发展维度是评价政府绩效的第四个方面，通过建设学习型政府以保证政府部门取得未来可持续的绩效。

（二）服务型政府下政府绩效审计评价指标的构建

政府为公民服务维度可以借鉴"SERVQUAL"（英文"service quality"的缩写）模型，评价政府部门服务质量，该模型揭示出满意服务的五个要素：可靠性、反应、保证、情感投入和有形资产。可靠性主要指履行服务承诺的能力；反应主要是服务速度；保证是指政府公务员的专业技能、礼貌、可信程度、安全感等；情感投入指政府人性化的表现，如沟通顺畅、理解客户；有形资产则主要指外显设备、器材、工具等。政府核心的任务是从战略发展的角度识别当前环境下公民的各种需求以及需求的特性，并提供服务满足公民的需求，所以核心的结果评价指标应该是公民满意度。可以从上述可靠性、反应、保证、情感投入和有形资产五个方面测定公民满意度。其次，为体现以人为本的理念，促进社会公正，我国服务型政府近年来一直提倡"公共服务均等化"，即一个国家的公民无论居住在哪个地区，都有平等享受国家最低标准的基本公共服务的权利，而推进基本公共服务均等化的重要手段是实行转移支付制度。评价政府部门为公民服务的公平性可以设计转移支付方式的综合运用情况这一指标，以评价其恰当性。

政府内部控制维度主要考核评价政府行政效率和政府机关效能。政府机关效能属于微观的内部运行机制范畴，即制度是否完善、是否有效执行、是否依法行政、是否政务公开、是否办事高效等。所以，首先应评价内部控制的健全性，包括：计划和制定计划的过程；管理方针和指令；预算和编制预算的过程；具体职能的衡量、报告和监督程序；为提高效率和达到目标所作的管理上的努力。其次应评价内部控制制度是否得到了有效的执行以及内部监督的有效性，包括政府部门是否依照程序进行管理活动，内部控制的结果是否有效。

政府财务绩效维度首先应考虑传统的财政财务收支方面的内容，如政府部门财政资金是否按法律规定的用途使用，国有资产的管理、使用效果等，还应考核政府在提供服务时是否具有成本意识和资源环境意识，是否遵循了经济性原则，以降低施政成本，节约开支，减少对环境的污染和破坏，实现可持续发展；不仅考核经济效益，还要考核社会效益。此方面的指标包括年行政成本、各项行政经费增长情况、服务的单位成本等。考核资源环境绩效可以设计环境治理状况和可持续发展能力的指标。

学习与发展维度方面，首先是人力资源评价指标，在政府部门中人力资源比物质资源要重要得多。政府部门生产的是无形产品——服务，所提供的服务质量高低与政府部门中工作人员的素质、业务水平和价值观等有密切关系。所以，政府部门对其拥有的人力资源应加强开发，加大人员培训力度和继续教育力度，使人员数量、结构、素质与履行职责的要求相适应。此方面的指标包括：人员的满意度、人员综合服务素质的提高、人员的改进建议和采纳次数、人员适应程度、获得继续教育人员的比例。其次是信息系统建设方面。政府部门不仅要履行自身职责，而且要保证履行职责的相关信息能够畅通，所以应加强信息系统建设和改造以支持政务的公平、公开和高效的需求。此方面可设计信息畅通度、信息公开度、信息错误率等指标。

---

① 学习型政府是指政府通过不断学习，不断改善政府收集、管理和运用知识的能力，以提高政府效能和创新政府管理。学习型政府的核心就是学习，即从过去注重资历和学历，转变为注重知识和能力。"边工作、边学习、边提高"是学习型政府的重要特征。

以上设计的评价维度和基本指标可用图 1 表示。

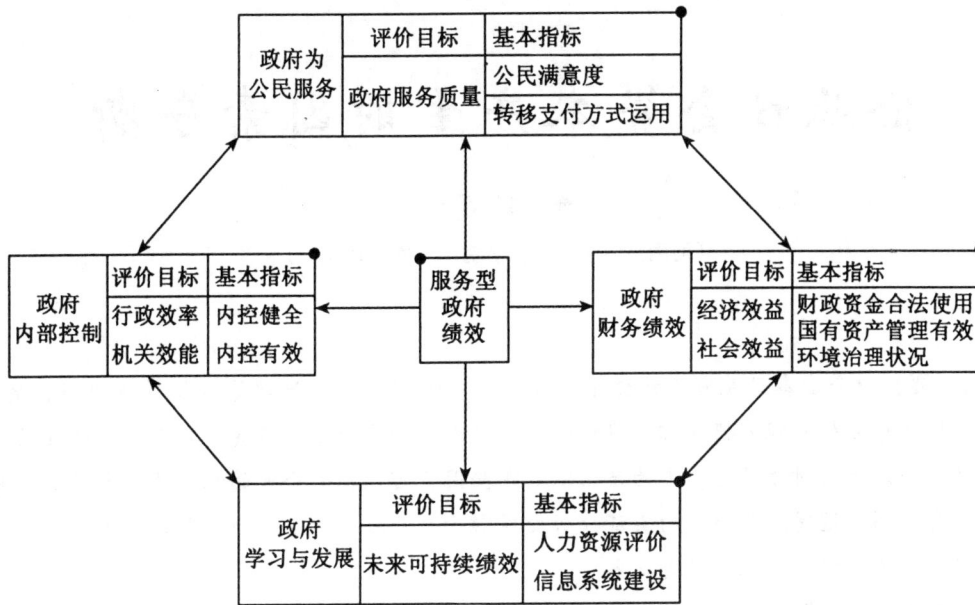

政府为公民服务

评价目标	基本指标
政府服务质量	公民满意度
	转移支付方式运用

服务型政府绩效

政府内部控制

评价目标	基本指标
行政效率	内控健全
机关效能	内控有效

政府财务绩效

评价目标	基本指标
经济效益	财政资金合法使用
社会效益	国有资产管理有效
	环境治理状况

政府学习与发展

评价目标	基本指标
未来可持续绩效	人力资源评价
	信息系统建设

图 1　政府绩效平衡记分卡

参 考 文 献

[1] Government Auditing Standards (July 2007 Revision), http：//www. gao. gov/govaud/ybk01. htm.

[2] 罗伯特·卡普兰，大卫·若顿. 平衡记分卡——化战略为行动. 广州：广东经济出版社，2005.

[3] 公共支出绩效审计研究课题组. 公共支出绩效审计研究. 北京：中国时代经济出版社，2007.

[4] 廖洪，王素梅. 以问责为基础的国家审计发展研究. 审计研究，2008，5.

[5] 贾康，孙洁. 平衡记分卡（表）方法在我国政府绩效预算考核中的应用初探. 预算管理与会计，2008，6.

[6] 许百军. 公共选择理论与对我国经济效益审计目标取向的启示. 审计研究，2004，4.

企业社会资本产生的因素分析[*]

● 顿朝晖

（河南财经学院会计学院　郑州　450002）

【摘　要】社会资本日益成为社会学、经济学、管理学和政治学等多学科共同研究的热点，不同学科的理论分析和经验研究都发现社会资本可以对经济增长、社会稳定及企业的发展起到很好的推动作用。但是对于社会资本的产生以及哪些因素可以提升企业的社会资本却没有较好进行研究，本文试图通过对上市公司的实证分析发现影响企业社会资本的内部与外部因素，以帮助企业能够有针对性地提升自己的社会资本。

【关键词】社会资本　社会环境　公司治理

一、引　言

随着对资本概念的深入认识和重新定义，资本的范畴远远超越了物质资本。资本在经济学的范畴中指的是能够产生价值增值的资源，而资本的范畴和概念则是随着社会和经济的发展而日益丰富的。20 世纪 50 年代，美国经济学家 Schultz 和 Becker 为了解开社会增长之谜而引入了人力资本理论。这第一次使得资本这一概念突破了具体的物质形态而具有了更广义和抽象的内涵，即资本这一概念成为可以带来价值增值的所有物质与非物质资源的总称。传统的资本概念与现实之间的不一致反映了传统资本概念范围的狭隘，进而促使学者们对资本的概念进行更为全面的研究。20 世纪 80 年代以来，为了解释单纯使用物质资本和人力资本所不能解释的许多社会和经济问题，又产生了社会资本这一概念。

以往的研究已经证实社会资本可以对经济增长、社会稳定及企业的发展起到很好的推动作用，但是对于社会资本的产生以及哪些因素可以提升企业的社会资本却没有较好地进行研究，本文试图通过对上市公司的实证分析发现影响企业社会资本的内部与外部因素，以帮助企业能够有针对性地提升自己的社会资本。

二、文献回顾

"社会资本"一词早有学者使用，但最早对社会资本进行系统分析的是法国学者 Bourdieu（1986）。他认为，资本是一种积累的劳动，个人或者团体通过占有资本，能够获得更多的社会资源，它是真实或虚拟资源的总和，是一种通过对"体制化关系网络"的占有而获取的实际或潜在的资源集合体。遗憾的是 Bourdieu 对以后社会资本研究产生的影响较小，一是他的文章以法文发表，没有在英文世界得到广泛传播；二是他的分析重点放在了社会资本的再生产和转化方面，而后来的研究主要是关于社会资本本身的界

* 本文是河南省政府决策招标课题（编号：B032）的阶段性成果。

定及其对社会、政治和经济的影响方面。

在对社会资本的研究中以美国学者的研究成果最多也最重要。早期最有代表性的学者是 Coleman 和 Putnam，Coleman（1988，1990）从理论上系统阐述了社会资本的概念，Putnam（1993，1995）则研究了社会资本对民主和经济发展的重要作用。在 Coleman 和 Putnam 之后，出现了大量的关于社会资本的理论和定义，Burt（1992）、Portes（1995）、Fukuyama（1995）和 Lin（2001）等都从不同的角度定义了社会资本。

我国学者较早研究社会资本问题的是张其仔（1999，2000，2004）、边燕杰和丘海雄（2000）等，张其仔（1999）通过对一个村庄的案例研究发现，用西方的方法和程序去追溯农民的社会网络仅仅具有部分的适用性，弱关系在农民非就业领域的效力并没有得到经验资料的支持，相反，强关系的作用则得到证明。边燕杰和丘海雄（2000）认为，社会资本是行动主体与社会的联系以及通过这种联系获取稀缺资源的能力。他们通过对广州 188 家企业的调查结果证明，企业的纵向联系、横向联系和社会联系是形成和扩展企业社会资本的渠道，社会资本对企业的经营能力也具有直接的正面影响。

近期一些学者基于中国的情况对社会资本的作用进行了实证检验，王霄、胡军（2005）通过问卷调查，利用因素分析和结构方程，分析了中小企业技术创新影响因素的结构和机理，得到社会资本影响中小企业技术创新的结论。张俊生、曾亚敏（2005）以中国的省际数据为样本，用无偿献血率和信任来衡量社会资本，研究了各省以及直辖市的社会资本与金融发展的关系，发现社会资本具有优势的地区与金融发展有正相关关系。蒋春燕、赵曙明（2006）以江苏省和广东省的 676 家新兴企业为调查对象，研究了社会资本对企业绩效的作用机制。陈晓红、吴小瑾（2007）将中小企业的社会资本划分为结构因子、转化因子与能力因子，并对某地区的 154 家中小企业的社会资本与其信用水平的相关性进行了实证研究，发现两者之间存在明显的正相关关系。石军伟等（2007）用企业与政府的联系、企业的社会网络资本及自身的关系资本代替企业的社会资本，通过对 97 家上市公司的实证研究，发现社会资本对企业的销售有促进作用。孙永风等（2008）研究了企业社会资本在知识管理中所发挥的作用，并利用 607 家中国企业的数据进行了检验，实证表明社会资本有利于企业在制度环境不完备背景下的知识管理，有利于企业通过知识的获取与整合构建自身的竞争优势。另外，贺远琼与田志龙（2006）对海尔、宝洁（中国）及新希望三家企业进行了分析，探讨了企业家在企业社会资本积累过程中的角色和作用。

对于社会资本的理论分析和经验研究虽然角度、立场不同，但是可以从中发现一些共同的内容，一是认为社会资本是存在于社会结构中的一种资源；二是认为社会资本的基本含义离不开社会关系网络；三是社会资本对微观个体和宏观经济都有促进作用。微观层次上，社会资本观帮助我们说明某些个人的理性行为和非理性行为比其他人更成功的原因是这些人的人际关系网络不但存在优势，而且运用得当。宏观层次上，社会资本观帮助我们认识到某些群体、组织、地区和国家的比较优势，不仅在于物质和人力资源，而且在于社会性的资源，即它们内部和外部的关系网络存在比较优势。在宏观与微观的联系上，即所谓中观层次，从人际关系视角，社会资本观帮助我们把握个体与团体的联系，从而解释个体之间的行为互动如何导致了社会结构的建立和重建，解释社会结构如何制约和激励个体行为。

综上可以发现，虽然国内外不同的学者对社会资本的定义不完全一致，在进行实证检验时也没有统一的测度标准，但是都认为社会资本是可以推动经济发展和提升企业价值与绩效的，不过对于社会资本如何形成以及社会资本形成的影响因素有哪些却少有研究，本文试图通过对中国上市公司的检验对影响社会资本形成的因素进行初步的探索。

三、理论分析与研究假设

本文从两个方面对企业社会资本的影响因素进行分析，分别是企业内部与企业外部因素，企业内部因素主要包括企业家关系资本、企业的公司治理与企业的财务治理情况。

（一）企业家对企业社会资本的贡献

企业是在企业家的推动下进入市场的，企业经营也是在企业家的组织下进行的，因此，企业经营绩效的优劣在很大程度上取决于企业家人力资本的质量及其利用状况。企业家人力资本中重要的构成部分是企业家社会资本。企业家社会资本是以企业家本身依附为主要特征，以企业家本身为中心结点的网络体系、社会声望和信任的总和。从某种意义上说，企业家工作的重要方面就是要编织、运营和发展企业内部以及企业外部的各种网络关系。企业内部各部门之间、企业与外部各组织之间在生产经营活动中发生的各种联系，表面上看是组织或机构之间的关系，实际上是在这些组织或机构工作的特别是领导这些组织或机构的人与人之间的关系。企业家要与下级雇员、企业管理人员、董事会、银行、股东、顾客、供应商、竞争对手以及政府、新闻界、公众等方方面面建立社会网络。因此本文提出第一个假设：

企业家的政治身份与企业的社会资本正相关。

（二）公司治理、财务治理对企业社会资本的作用

1. 公司治理与企业社会资本

社会资本是从社会网络中所得到回报的总和，而这些回报都是建立在信任的基础上的，一个企业公司治理的状况会在很大程度上影响其他利益相关者及外部人对企业的信任程度，所以，首先考虑公司治理对社会资本的影响是有意义的。在公司治理中利用三个指标分析企业社会资本的形成，即控股股东的持股比例、独立董事的人数、召开董事会的次数。

自从伯利和米恩斯的开创性研究以来，代理问题日益成为关注的焦点，其后詹森和麦克林做了奠基性的工作，他们把企业中的代理关系定义为一种契约，进而把代理成本归纳为三种，即委托人的监督支出、代理人的保证支出和剩余损失。早期的代理理论认为，分散的小股东由于"搭便车"等原因很难起到控制管理者的作用，因而股权的集中有利于增强对管理者的控制以及抑制管理者的机会主义行为，缓解公司的代理冲突。但是拉·波塔等人的研究对传统的代理理论提出了质疑，他们的研究表明，伯利和米恩斯所提出的所有权和控制权分离问题并不如想象的那样严重，所有权分散不是普遍的现象，相反，世界上大部分国家的公司所有权结构相对集中，并由控股股东掌握，企业的代理问题主要存在于控股股东与中小股东之间，控股股东为了获取私人收益，可能会通过一些淘空行为损害小股东的利益。国内的李增泉等人也发现我国上市公司中也存在大股东侵害中小股东的行为。因此，股权集中具有两面性，既可用来保护大股东自身利益，降低管理层的代理成本，又可用来侵害其他小股东利益。

对于股权结构与公司被信任程度的关系还没有相关的实证研究，但是已有学者对股权结构与公司舞弊的相关性研究没有一致的结论。Chen et al. ① 以被证监会处罚的舞弊公司为样本，对股权结构、董事会特征与舞弊的关系进行研究，单变量分析表明股权结构和董事会特征对公司舞弊都有重要影响，但在 probit 回归中，董事会特征更重要。但是，陈国进、林辉、王磊（2005）和张翼、马光（2005）的研究却发现

---

① Chen, Gongmeng, Firth, M., Gao, D. N., and Rui, O. M.. Ownership structure, Corporate governance and fraud: Evidence from China. Journal of Corporate Finance, 2006, 12 (3): 424-448.

第一大股东持股比例与财务舞弊负相关。

独立董事的人数用来衡量公司信息的公开程度以及公司内部人受到外部监督的情况。一般认为董事会外部成员比例的增加可以减少公司内部欺诈发生的可能性，并且随着企业外部董事任期的延长以及外部董事所任公司数目的减少，公司内部的欺诈会有下降的趋势①。Forker（1992）、Beasly（1996）、Sharma（2004）等都发现董事会特征和独立董事的比例与公司舞弊相关。但是国内的实证研究结果与国外的研究差异较大。张俊生、曾亚敏（2004）的研究表明，独立董事比例、董事会规模以及两职合一对公司舞弊的解释能力有限，梁杰、王璇、李进中（2004）和张翼、马光（2005）的研究结论与之基本一致。

董事会召开的次数可以体现董事会对公司的控制度、董事会所起作用的大小及董事们的交流程度，本文提出三个关于公司治理与社会资本的假设是：

股权结构与企业的社会资本相关。

独立董事的比例与企业的社会资本无显著关系。

董事会的召开次数与社会资本正相关。

2. 财务治理与企业社会资本

财务指标对公司的相关外部人以及作为企业网络组成部分的关系人具有强烈的信号作用，财务指标的种类非常多，从外部关系人最关心的角度，本文选取企业规模、资产负债率和总资产报酬率来反映公司的财务治理情况。

（1）企业规模。从理论上讲，企业的规模越大，越容易获得外部关系人的信任，这是因为人们普遍认为大企业对交易具有较强的承诺性。而我国学者的相关实证研究也发现，大公司由于内部控制较好，产生利润误报的比例较小（张为国、王霞，2004），但是安然、世通、中航油等国内外大公司的丑闻又使得人们发出这样的疑问：谁能管得了大公司？

（2）资产负债率。负债会对公司的形象产生直接的影响，对于债务较小的企业，债务的产生是正向的治理促进作用，但是负债过高就会使得外部关系人产生不信任感。理论上来说，负债越多，财务杠杆就会越高，同时财务风险也越高，而且负债的增加也会导致管理层进行盈余管理等机会主义行为。

（3）总资产报酬率（ROA）。收益稳定而且可以带来较好报酬率的企业自然可以得到社会的信任，因为这类企业有着可以预期的良好业绩，可以为自己的所有利益相关者带来回报，而我们选取总资产报酬率而没有选择权益报酬率（ROE）的原因是我们站在公司利益相关者的角度而不仅仅是股东的角度来考虑企业的价值。

因此我们得到关于财务治理的三个假设：

企业规模与企业的社会资本相关。

资产负债率与企业的社会资本负相关。

总资产报酬率与企业的社会资本正相关。

（三）企业所在地的社会环境

Putnam 指出，一个普遍依赖信任的社会比一个没有信任或者信任不够充分的社会更具有效率，因为信任为社会增添了润滑剂，正如货币中介比物物交换更有效率。而社会中信任程度的提高会对企业的运营产生帮助，因此本文提出关于企业的社会环境与社会资本关系的假设：

---

① Beasley, M. S.. An empirical analysis of the relation between the board of director composition and financial statement fraud. The Accounting Review, 1996 : 443-465.

企业所在地区社会信任度与企业的社会资本正相关。

四、变量设计与实证检验

（一）变量定义、模型设计与数据采集

对于社会资本的研究在国内外虽然已有不少，但是还存在两个比较大的问题，就是社会资本的含义不统一以及社会资本的测量不易把握，不过学者们一致同意信任是社会资本不可或缺的重要部分。本文以2004 年《经济观察报》发布的上市公司的信任指数作为企业的社会资本的替代度量，不同于深交所的公司指数，这个信任指数是由公司以及管理机构外部的独立机构评出，有较强的公正性和独立性，其中重点关注两个样本组，信任指数排名前 50 名的企业和排名最后 50 名的企业，在此基础上首先把排名前 50 和后 50 的两个样本组进行对比，然后把所有 100 名企业作为全样本组利用如下模型进行检验。

$$SC = \beta_0 + \beta_1 ENT + \beta_2 CR + \beta_3 IN + \beta_4 TI + \beta_5 SIZE + \beta_6 RAD + \beta_7 ROA + \beta_8 GB + \beta_9 TR + \mu \tag{1}$$

其中 β_0 是常数项，β_i（$i=1$，2，…，9）分别是各个自变量的回归系数，μ 是包括了不可观测因素的误差项。SC 是信任指数，作为企业社会资本的代理变量。ENT 为虚拟变量，表示公司的董事长或者总经理曾经担任政府官员或者是人大代表。CR 表示第一大股东的持股比例，IN 和 TI 分别代表独立董事的数量和召开董事会的次数。财务治理的三个指标 SIZE、RAD、ROA 分别代表公司的规模、资产负债率和资产收益率。

地区的社会环境是较难直接度量的，本文采取两个替代指标：地区的无偿献血率和地区守信度。无偿献血率被认为可以衡量一个地区居民的公德心或公民精神，Guiso 等人（2001）的研究曾使用过该指标，用 GB 表示。地区守信度用 TR 表示，代表地区的企业和居民相互的信任程度。

信任指数的数据是在新浪网站上采集而来。大股东持股比例、独立董事数量、召开董事会次数、总资产、资产负债率、资产收益率来自 CSMAR 数据库。地区的无偿献血率是从卫生部网站所公布的 2004 年各省无偿献血率排行，地区的守信度的数据是来自张维迎和柯荣柱（2002）对 31 个省、市、自治区的信用度所做的排名。数据的处理和分析使用 EXCEL 和 Eviews 软件进行。

（二）统计分析与经验检验

1. 描述性统计分析及组间均值差异 t 检验

首先按照信任指数前 50 名和最后 50 名的数据进行分类描述性统计分析。两个对比组进行分组的对比结果见表 1。

表1   各变量的组间均值差异及其 t 检验

变量	平均	方差	观测值	相关系数	df	t Stat	P（T≤t）	t 临界
SC$_1$	48.66	1.986641	50					
SC$_2$	18.54	7.372058	50	0.861756	49	128.14	7.17E-64	1.6765
ENT$_1$	0.64	0.235102	50					
ENT$_2$	0.32	0.222041	50	0.067885	49	3.4663	0.000554	1.6765

132

变量	平均	方差	观测值	相关系数	df	t Stat	P (T≤t)	t 临界
CR$_1$	39.48	354.6628	50					
CR$_2$	32.61	412.1486	50	0.133739	49	1.8843	0.032729	1.6765
IN$_1$	3.14	0.612653	50					
IN$_2$	3.00	0.938776	50	-0.08073	49	0.7651	0.223924	1.6765
TI$_1$	7.12	7.32	50					
TI$_2$	6.23	6.303673	50	-0.17559	49	-0.368	0.357073	1.6765
SIZE$_1$	179071	3.47E+10	50					
SIZE$_2$	391220	8.73E+11	50	-0.12599	49	-1.537	0.065287	1.6765
RAD$_1$	0.38	0.728063	50					
RAD$_2$	0.02	0.422167	50	-0.02038	49	-3.599	0.000371	1.6765
ROA$_1$	0.05	0.000836	50					
ROA$_2$	-0.06	0.031023	50	-0.05841	49	4.4448	2.52E-05	1.6765
TR$_1$	88.70	4718.932	50					
TR$_2$	85.41	6806.919	50	-0.05255	49	0.2110	0.416864	1.6765

从表 1 可以看出两个样本组的信任指数、高管的政治地位、资产负债率和资产收益率都非常显著地区别于零，如前文所述，组一是上市公司信任指数的前五十名，组二是排名最后的五十名，说明两个组的高管的地位与财务状况对信任的影响最大；而大股东持股比例也较为显著，公司规模接近于显著，表明外部投资者开始关注公司治理的情况。而独立董事的个数、召开董事会的次数和地区的信任程度是不显著的，表明这三个指标在两个组之间没有显著的区分。

2. 模型的假设检验

进行模型检验之前，首先检验变量的相关程度（见表 2）。

表 2　　　　　　　　　　　　　　　　**Pearson 相关系数**

	ENT	CR	SIZE	RAD	ROA	GB	TRUST
ENT		-0.18698	0.024982	0.007677	0.079683	0.035423	-0.1019
CR	-0.18698		0.31986	0.02865	0.214363	-0.05151	0.253797
SIZE	0.024982	0.31986		-0.02231	0.125063	-0.27165	0.318457
RAD	0.007677	0.02865	-0.02231		-0.27816	0.035855	0.0157
ROA	0.079683	0.214363	0.125063	-0.27816		-0.127	0.06676
GB	0.035423	-0.05151	-0.27165	0.035855	-0.127		-0.59529
TR	-0.1019	0.253797	0.318457	0.0157	0.06676	-0.59529	

从表 2 可以看出各变量的相关程度较低，只有代表地区信任度的献血率与地区守信度两个变量有轻微的相关性，因此可以对所设模型进行 OLS 检验。对模型进行 OLS 回归的结果见表 3。

表3   **OLS 估计检验的结果**

变量	预期符号	Coefficient	Std. Error	t-Statistic	Prob.
C		26.8602	(8.1720) ***	3.2868	0.0015
ENT	+	10.7702	(2.5756) ***	4.1816	0.0001
CR	?	0.2399	(0.0703) ***	3.4127	0.0010
IN	+	0.5596	(1.5939)	0.3511	0.7264
TI	+	−0.4119	(0.5340)	−0.7713	0.4426
SIZE	—	−7.91E−06	(2.01E−06) ***	−3.9426	0.0002
RAD	—	−7.6686	(2.5868) **	−2.9645	0.0039
ROA	+	33.4080	(9.7378) ***	3.4307	0.0009
GB	+	0.0009	(0.0712)	0.0120	0.9904
TR	+	0.0106	(0.0224)	0.4736	0.6370
R−squared		0.4544	Adj R−squared		0.3973
F−statistic		7.9597	Prob（F−statistic）		0.0000
观测值		100			

注：*** 表示在 1% 水平上显著，** 表示在 5% 水平上显著。

由回归结果（见表4）可以看出，高管的政治地位对企业的社会资本有显著的贡献，同时大股东的控股比例增加也有利于企业的社会资本积累，说明大股东控股比例增加虽然会产生代理问题，但是在更大程度上可以使外部人相信大股东的支持效应会高于淘空效应。独立董事的数量和召开董事会的次数与被解释变量没有显著相关关系，说明我国的独立董事没有起更大的作用，同时经理人或者大股东对董事会可能有较大的控制作用，本文的回归结果说明董事会在企业治理中的作用并不明显。

表4   **二元变量回归检验**

变量	Coefficient	Std. Error	t-Statistic	Prob.
C	0.352356	0.268564	1.312001	0.193
ENT	0.340024	0.084644	4.017126	0.0001
CR	0.007428	0.00231	3.215418	0.0018
IN	2.24E−02	5.24E−02	0.427003	0.6704
TI	−0.014619	0.01755	−0.83297	0.4072
SIZE	−2.55E−07	6.59E−08	−3.86361	0.0002
RAD	−0.276564	0.085012	−3.25324	0.0016
ROA	1.039274	0.320022	3.247504	0.0017
GB	−6.46E−04	2.34E−03	−0.27603	0.7832

变量	Coefficient	Std. Error	t-Statistic	Prob.
TR	0.000373	0.000736	0.506766	0.6136
R-squared	0.44727		Adj R-squared	0.389427
F-statistic	7.732387		Prob（F-statistic）	0.0000
观测值	100			

从财务指标来看，公司规模与企业的社会资本负相关，说明大公司正在失去人们的信任，关于大公司人们讨论最多的不再是透明和稳定，而是特权与内幕。资产负债率与信任度负相关和资产收益率与信任度正相关符合预期。

两个地区社会资本的代理变量即献血率和地区守信度与被解释变量没有显著关系，表明上市公司无论是最受信任还是最不受信任都没有利用区域优势形成自己的社会资本。

（三）稳健性检验

上述 OLS 回归是直接使用被解释变量上市公司信任指数的具体数值进行检验的，由于本文在进行假设检验时对于社会资本使用的是信任指数作为代理变量，所以使用指数的具体数值不够严格，下面利用上面的分组情况把第一组设为企业存在社会资本，第二组设为企业不存在社会资本，利用虚拟变量进行稳健性检验。

结果表明，各变量的显著水平与原模型一致，说明研究结论较为稳健。

五、结论与不足

本文从企业家、企业的公司治理和企业所在地区三个方面分析了企业社会资本产生的影响因素，并利用《经济观察报》提供的上市公司信任指数作为企业社会资本的代理变量，结果发现：（1）企业家的个人社会资本对企业的社会资本有明显的贡献，这也从另一个方面说明了企业家的重要性，企业是由人力资本与非人力资本组成的一个资源集合体。（2）企业的公司治理方面，股权结构、公司规模、资产负债率与资产收益率均对企业社会资本有显著作用，但是独立董事和董事会的作用不明显。（3）企业所在地区的社会资本对企业的社会资本没有明显的贡献，说明企业没有充分利用地区的网络结构来促进自己的发展。

对于企业社会资本的形成及影响因素，本文只是进行了初步的研究分析，还有很多地方需要进一步完善，如使用的代理变量十分合适，限于条件，数据只是截面数据，另外除了文中谈到的三个方面外是否还有其他的影响因素都是需要深入研究的内容。

参 考 文 献

[1] Berle, A., and Means, G.. The modern corporation and private property. New York: Macmillan, 1932.

[2] Bourdieu, P. Le Capital social notes provisoires. Actes de la Recherche en Sciences Sociales, 1988, 3.

[3] Coleman, J. S.. Foundations of social theory. Cambridge: Harvard University Press, 1988.

［4］Jensen, M. , and Meckling, W. . Theory of the firm：Managerial behavior, Agency costs and ownership structure. Journal of Financial Economics, 1990, 3.

［5］La Porta, R. , Loptz-de-Silanes, F. , and Shleifer, A. . Corporate ownership around the world. Journal of Finance , 1990, 54.

［6］Putnam, R. et al. Making democracy work, Civic traditions in modern italy. Princeton：Princeton University Press, 1993.

［7］边燕杰，丘海雄. 企业的社会资本及其功效. 中国社会科学，2000, 2.

［8］张其仔. 社会网与基层经济生活——晋江市西滨镇跃进村案例研究. 社会学研究，1999, 3.

［9］张其仔. 社会资本与国有企业业绩研究. 当代财经，2000, 1.

［10］张为国，王霞. 中国上市公司会计差错的动因分析. 会计研究.2004, 4.

组织内部决策权配置的研究评述与展望[*]

● 陈建安¹　李燕萍²　吴绍棠³

（1，2，3 武汉大学经济与管理学院　武汉　430072）

【摘　要】在动态环境下，企业内部决策权的有效分配和运用是决定企业成功的关键因素。决策权配置的研究和实践的重点也从宏观公司治理的视角转向对公司内部微观运作的探索。本文对组织内部决策权配置的测度、前因变量和后果变量文献加以梳理，在评价文献的基础上展望了未来研究的方向。从决策权配置测量看，需要开发中国情境下决策权配置测量量表，描述国内企业决策权配置状态；从知识和决策权之间匹配看，需要揭示决策权配置与知识管理的关联效应及作用机理，构建决策权配置数理模型；从决策权配置分析方法看，需要采用长期跟踪研究，揭示决策权配置对组织绩效的影响规律。

【关键词】决策权配置　测度　影响因素　组织绩效

一、引　言

在竞争激烈的动态环境中，许多行业缺乏信息或快速变化，市场信息经常不准确或很快就失效，行动之前制定详细计划的机会越来越少，从而企业的生存和发展越来越依赖于快速而又准确的决策。追求快速决策是成功企业在复杂多变环境下赢得竞争优势的必然要求。决策的效果和效率首先取决于企业内部决策权如何配置，不同的决策权配置方式决定了不同的决策机制，进而影响一个企业将如何运作。例如，松下公司、通用电气公司等通过决策权的动态配置解决了在不确定环境下组织的适应性问题，比它们的竞争对手能够作出更快的决策。然而，如何分配企业内部决策权并达到优化企业运行的目标是一个极为复杂的难题。因此，决策权配置在理论上或实务上，均有其值得深入探讨的重要性。

决策权配置主要涉及三个层面：组织与外部环境（如政府）之间的决策权分配；组织之间（如母、子公司）的决策权分配；组织内部人员之间和组织基本单元（部门、团队等）之间的决策权分配（Peterson & Zimmerman，2004）。组织与外部利益相关者之间的决策权配置模式为外部治理结构，组织内部各权力主体之间的决策权配置模式为内部治理结构。长期以来，对决策权配置的研究一直在经济学、管理学等文献中占据了显著地位，而公司内部治理结构又是近年来研究的热点。从已有的研究文献看，关于所有者与经营者之间、总公司与子公司之间权利配置制度安排的研究，是公司内部治理宏观层面的研究重点；关于决策权如何配置、配置的规则如何得到执行及其对组织运营产生最直接的影响等的研究，则是内部决策权配置的微观层面的研究重点。同时，研究文献也显示，组织内部决策权配置的微观基础议题越来

* 本文的研究得到湖北省社会科学基金重点项目"知识员工的社会资本与人力资本协同开发：以武汉城市圈为例"（编号：［2009］003）和武汉市科技局重点软科学项目"中青年创新人才成长的外部环境研究"（编号：200842133586）的资助。

越得到组织理论和组织行为领域学者的关注，这也反映了决策权配置的研究与实践领域的新变化，即决策权配置的研究和实践的重点已从宏观公司治理的视角转向对公司内部微观运作的探索。

检索对于组织内部决策权配置研究的文献，根据研究决策权配置的变量关系划分，主要有决策权配置的测度、决策权配置的影响因素以及决策权配置对组织绩效的影响三类。本文主要梳理了已有文献关于内部决策权配置的测度、机理与应用的研究思路，并指出现有研究存在的不足，展望该领域未来研究的主要方向和侧重点，为实践领域提供理论指导。

（一）组织内部决策权配置的测度

组织内部决策权配置是一种相对稳定的状态，进行全面定量化的研究是非常必要的。定量测度组织内部决策权配置能够比较精确地反映部门或者个人的决策权空间范围，发现各种决定在何处作出以及如何作出。决策权的分配是组织设计中最重要的问题，而在实践中很难精确地描述它，其主要原因在于测量过程中遇到许多难题，包括权力的多维性、对权力的误解、经验测量的困难，以及测量结果相互矛盾等（Connor，1992）。不同的学者从各自研究需要出发探讨了决策权配置的测度问题，使得该研究领域长期处于一种分化的状态。

1. 数学模型法

考察一个组织决策权配置的程度究竟多大，最根本的标志是该组织中各项决策权的分配是集中还是分散。Steers（1977），Brickley、Smith 和 Zimmerman（1997），Jung 和 Avolio（1999），蔡继荣（2001）等将决策权配置的实际现象抽象成数学问题，从数学模型角度寻求最优分权度。符气岗（1996）采用洛伦茨曲线来描述决策权的集中程度，只强调在决策过程中起各种作用的成员比例，不能说明在享有决策权的那一组成员中如何分配决策权①。人们也可以从一个成员的自治程度来判断他们被权力所支配的程度。傅博达（2005）把决策权的横向分布情况描述为任务小组的自治程度②；Christie、Joye 和 Watts（2003）采用利润中心、成本中心和混合中心来反映决策权在同一层级不同单元之间的分配程度。

数学模型法将组织内决策权配置简单地视为集权或分权的单维变量，即把决策权配置看作是决策权沿着集权—分权连续带逐渐地被赋予不同的层级，有利于从整体上把握决策权配置的本质。随着对权力的深入研究，Cullen 和 Perrewé（1981）、Connor（1992）等学者认识到权力的单维观点存在问题。虽然分权度描述了决策权在组织内的分布情况，但是将组织内部决策权配置视为一个神秘的"黑箱"，仅仅综合地反映了决策权分配的相对状态，并没有体现出决策权配置的多维性。

2. 感知测量法

决策权存在量和质的问题，决策权配置的关键在于集中或分散权力的类型与大小。学者们进一步认识到决策权是一个多维概念，组织内的横向关系和纵向关系能够被界定为配置类型或决策模式。组织内部决策权配置的测度并非仅是最优分权度的确定，而是一个开放的复杂系统的测量和评价。随着决策权配置的界定从单维概念到多维概念，测量方法从定性分析到定量研究，Bhargava 和 Kelkar（2001）、Cemal 和 Mehtap（2008）等学者采用感知测量法，通过自我陈述量表来收集数据，对组织决策权的纵向集权程度进行了研究。Saunders（1981）归纳了部门权力的测量方法：通过调查问卷测量感知的部门参与决策程度、部门代表参与重要组织委员会的数量、组织图中部门的地位或所处层次、获得重要资源分配的能力。Richardson 等（2002）采用业务单元在作出下列决策时所拥有的自主权来测量分权程度，具体决策事项包括：增加新投资、确定业务单元的经营预算、开发市场、定价、雇用、解雇和高层管理人员的奖惩、盈余

---

① 符气岗. 决策结构与对外经济贸易体制的改革. 新东方，1996，4：25-30.

② 亨克·傅博达著. 创建柔性企业：如何保持竞争优势. 北京：人民邮电出版社，2005：144.

收益分配、所属设施的开放和关闭、薪酬政策的制定。Negandhi 和 Reimann（1973）从以下方面分析了组织内决策事项的决策点分布情况：重大政策（兼并、扩张或中止、多元化）、销售政策、产品组合、生产标准设置、人力资源政策和经理层人员选拔等。谢卫红和蓝海林（2004）采用经营单位的年度目标、批准重大投资项目、整个公司的总体战略、制定经营单位遵守的经营战略、生产决策来考察集权度①。林山、黄培伦和蓝海林（2005）参考 Caruana 和 Morris 等的量表，选择国内珠江三角地区、长江三角地区和大连及东北的企业样本，测量了组织内部决策权配置的整体程度②。

不过，感知测量法采用相对权力评价机制和多维度取向所揭示的决策权配置结构，只是凭人的主观判断来描述。虽然运用综合指数能够测量和评价企业的决策权配置整体状态，但是不同人的评价标准不尽相同，并且不能具体体现某一层级具体拥有哪些方面的决策权，从而约束了研究人员和组织结构设计人员的思维。

3. 客观描述法

为了避免感知测量法的主观性，一些学者采用描述性问卷对组织内决策权配置的总体布局和具体分布情况进行了客观的定量测量和评价。在组织结构的纵向维度，决策点主要在层级之间进行设置。Blau、Falbe 和 McKinley 等（1976）以制造企业为研究对象，使用基层员工、基层管理人员、中层管理人员、副总经理、CEO 或总裁，以及董事长或董事会 6 个层级来评价决策点。决策权的配置与决策主题有关，决策点的设置与具体决策事项相关。Marsh（1992）采用奥斯顿集团开发的量表测量了日本企业的具体领域决策的决策层次，根据 37 项决策的决策点进行集权—分权的判断，决策事项具体划分为人事与组织结构、财务预算、生产和市场四大类。Ali 和 Paul（1992）将奥斯顿集团的 37 项决策调整为 16 项决策，通过要求高级经理识别这 16 项决策领域的决策点来测量决策权配置状态。Meagher 和 Wait（2004）根据澳大利亚工作场所劳资关系调查（1995）的数据分析了澳大利亚企业的决策权配置情况，其中高层管理人员和高级现场管理人员分别完成 44% 的决策事项，一线基层员工仅负责少于 1% 的决策事项。Fiedler、Grover 和 Teng（1996）采用 Miller 和 Friesen 开发的组织决策权配置测量工具，从资本预算、新产品或服务引入、新市场开发、主要产品系列的定价、人事选拔 5 个方面探讨了组织内的集权程度。Vickery、Droge 和 Germain（1999）从工人之间任务分配、内部劳动争议、工厂加班时间安排、生产设备或机器运转 4 类决策事项的决策点测量了经营分权的程度。Carter 和 Cullen（1984）把报纸出版发行过程划分为 3 大类 26 项决策，即生产决策、新闻决策和人事决策，进一步对 26 项决策事项的决策点进行了测量。Pugh 和 Hickson（1976）将制造企业决策划分为 37 项决策，并将 37 项决策归纳为四大类：人事与组织结构，包括雇用、培训、薪酬、晋升、解雇操作人员和管理人员、工作方法和任务安排、新岗位或部门的设置、福利设施和内部劳动争议；预算，包括资本或收入项目未分配资金的开支；生产，包括机器运转、新设备选择、检查和工作研究、作业计划和产量；销售，包括销售区域和市场类别、产品定价、交货期、新产品或新服务。

综合上述研究，虽然西方学者在这个研究领域提出了不少测量量表，清晰地界定组织内部决策权的具体分布状态，但是这些学者对组织内部决策权分项变量的数目和界定各不相同；并且，他们的研究成果主要以垂直等级制组织结构为背景而展开讨论，并没有深入地分析在同一层次上单元或部门之间的决策权分配。

由于决策权配置是公司治理的核心内容，Finkelstein（1992）和刘华（2002）等学者从公司治理角度研究了组织的集权度，提出一些客观指标用以测量高层管理者的权力状况，所收集的数据来源于上市公司

---

① 谢卫红，蓝海林著. 结构视角的组织柔性化研究. 北京：经济科学出版社，2004：76.
② 林山，黄培伦，蓝海林著. 组织结构特性与组织知识创新的关系研究. 北京：经济科学出版社，2005：38.

的公开披露资料和相关报道。但是，这些测量指标都建立在企业高管的基础之上，主要体现经营权与所有权的分离程度，并没有涉及组织内决策权配置的整体状态。

另外，Aiken 和 Hage（1967）、Carter 和 Cullen（1984）、Connor（1992）等学者提出决策权配置分配不仅需要考虑集权度，也需要考虑参与决策的程度[1][2][3]。就性质而言，权力等级是一种结构性的决策权分配，参与决策是一种行为性的决策权分配。参与决策是决策权再分配的重要过程，那么如何测量参与决策？Drake Mitchell（1977）以上下级之间权力的相对大小来评价参与决策[4]；Hage（1980）进一步建议用参与决策的职位比例和参与决策范围的大小来评价参与决策的程度；Carter 和 Cullen（1984）采用参与某项决策的层距和共享层级两个指标来评价参与决策的内部结构。国内研究在此领域的测量和评价还是一个相对薄弱的环节，尚未引起国内学者应有的关注和深入的研究。

（二）组织内部决策权配置的影响因素

决策的效果和效率首先取决于决策权的配置，如何恰当地划分集中决策和分散决策以及优化决策权结构的整体效能则是决策权配置研究和实践的重点。已有研究文献显示，学术界关于不同管理模式下的决策权分布体系存在不同的观点，总的来看，存在规模因素论、环境因素论、战略决定论、技术决定论、权力控制因素决定论等，但学者们都以影响因素为切入点，研究组织内部决策权配置的问题。有哪些因素影响决策权配置，许多学者从不同角度进行了研究，且著述丰富。

1. 环境特征和组织特征

传统的组织理论认为权力在企业中的分布形态取决于组织所处的环境。环境是外部影响决策权配置的基本因素。Negandhi 和 Reimann（1973）通过问卷调查，分析了企业规模、组织单元的独立程度、技术水平、市场状况、对利益相关者的关注程度对分权的影响[5]。Vickery、Droge 和 Germain（1999）通过问卷调查研究发现：企业规模越大，环境的不确定性程度越高，产品定制程度越大，经营分权程度则越大。Christie、Joye 和 Watts（2003）选取 121 家样本公司，研究发现：公司越大，隐性知识越多，业务越分散，政府干预越少，越有可能采用更高程度的分权。Meagher 和 Wait（2004）根据澳大利亚的企业数据研究发现：对于产品出口型企业，在产品需求可以预见的情况下，产品市场竞争越激烈，决策权越向一线员工分散；如果企业生产相同产品的场所越多，决策权越向高层管理人员集中。Connor（1992）认为组织结构特征、环境因素和决策事项特征不仅影响决策权的集中程度，而且影响着参与程度。然而，Puffer 和 McCarthy（1993）调查了前苏联制造企业 90 位管理人员的决策权情况，并与美国制造企业的 140 位管理人员进行比较，发现二者非常相似，政治、社会和经济差异并没有对决策权分布产生影响。

以前，企业的决策权配置主要通过纵向过程来管理，横向分配仅仅作为增强纵向配置过程的辅助手段。目前，随着外部环境变化的加剧，组织结构扁平化，决策权横向配置成为主要手段。Vàzquez（2004）认为企业规模、产权性质、企业年限等影响着决策权横向配置，但是他并没有进一步分析它们如何影响决

① Aiken, M., and Hage, J.. Relationship of centralization to other structural properties. Administrative Science Quarterly, 1967, 12: 72-92.

② Carter, N. M., and Cullen, J. B.. A comparison of centralization/decentralization of decision making concepts and measures. Journal of Management, 1984, 2: 259-268.

③ Connor, P. E.. Decision-making participation patterns: The role of organizational context. Academy of Management Journal, 1992, 1: 218-231.

④ Drake, B., and Mitchell, T.. The effects of vertical and horizontal power on individual motivation and satisfaction. Academy of Management Journal, 1977, 4: 573-591.

⑤ Negandhi, A. R., and Reimann, B. C.. Correlates of decentralization: Closed and open systems perspectives. Academy of Management Journal, 1973, 4: 570-583.

策权配置。Pfeffer（1981）认为减少不确定性的能力、不可替代性和组织中心性影响组织单元的权力大小。Sieloff（2003）运用组织内权力的战略权变理论，分析了医院护理部门的权力来源于部门地位、对环境的控制、角色和资源①。但是，Saunders（1981）认为部门任务的重要性仅对权力与其决定因素之间的关系起到调节作用，并不是决定因素②。

2. 信息技术

决策权的配置是组织设计中的关键变量之一，信息技术作为决策权配置的重要影响因素，在国内外学术界引起热烈的讨论。Dewett 和 Jones（2001）等认为网络信息技术能够影响决策权的配置，但是没有进一步讨论信息技术如何影响决策权配置，以及影响效果如何。对于信息技术导致集权还是分权的问题，不同的学者看法不一。Lado 和 Zhang（1998）等学者认为，信息技术使管理者得到更快、更准确、更丰富的信息，减少了决策的不确定性，集权化的趋势更明显③。Argyres（1999）认为，信息技术能使中层和低层管理者获得更多组织中非局部的信息，使他们能以全局视野作出更优决策，从而导致分权化④。Brynjolfsson 和 Hitt（1998）发现，企业信息化和分权行为，尤其是企业对于团队的分权存在互补关系。Wyner 和 Malone（1996），王智慧、蒋馥和王意冈（2001）等更多的学者认为，信息技术既导致有些决策的集权又导致有些决策的分权。但是，Applegate、Cash 和 Mills（1988），Gurbakzain 和 Whang（1991）等认为信息技术对决策权分配的影响是不确定的，需依靠管理者的选择或信息技术如何应用⑤⑥。信息技术对决策权分配带来哪些影响，不仅理论研究众说纷纭，实证研究也呈现多元化局面。Collins、Ryan 和 Matusik（1999）通过实证研究发现，计算机技术对战略决策权没有影响，但能够促进一线业务决策集权化⑦。Attewell 和 Rule（1984）通过案例研究发现，信息技术的应用对决策权的分配具有两面性，即信息技术的应用既可促进组织集权化也可促进分权化⑧。蔡波涛（2007）进一步通过抽样调查，得到以下分析结果：计算机技术应用会促进企业的集权程度，通信技术应用会促进企业的分权程度。

3. 知识分布

乔伊斯（2003），程德俊、蒋春艳和陶向南（2001），项国鹏（2003）等论述了知识与权力的关系，却没有涉及如何根据知识分布科学合理地配置权力的内容⑨⑩。以知识在企业中的分布来分配相应的决策权已为许多管理学者所共识。如马克斯·韦伯（1921）认为科层组织所有的权力应当与相应的职位联系在一起，但职位的担任者不是根据选举产生的，而是根据专业资格任命的。当前，知识已成为影响决策权

① Sieloff, C. L.. Measuring nursing power within organizations Journal of Nursing Scholarship, 2003, 2：183-187.

② Saunders, C. S.. Management information systems, communications and departmental power：An integrative model. Academy of Management Review, 1981, 3：431-442.

③ Lado, A. A., Zhang, M. J.. Expert systems, Knowledge development and utilizadon, and sustained competive advantage：A resource based-model. Academy of Management Executive, 1998, 4：489-509.

④ Argyres, N. S.. The impact of information technology on coordination：Evidence from the B-2 'Stealth' bomber. Organization Science, 1999, 10：162-180.

⑤ Applegate, L. M., Cash, J. I., and Mills, Q. D.. Information technology and tomorrow's manager. Harvard Business Review, 1988, 6：128-136.

⑥ Gurbaxani, V., and Whang, S.. The impact of information systems on organizations and markets. Communications of ACM, 1991, 1：59-73.

⑦ Collins, P. D., Ryan, L. V., and Matusik, S. F.. Programmable automation and the locus of decision-making power. Journal of Management, 1999, 1：29-35.

⑧ Attewell, P., and Rule, J.. Computing and organizations：What we know and what we don't know. Communications of the ACM, 1984, 27：1 184-1 192.

⑨ 程德俊, 蒋春艳, 陶向南. 知识的分布与组织的集权和分权. 外国经济与管理, 2001, 3：7-10.

⑩ 项国鹏. 知识和公司战略的结构化分析及其启示. 管理科学, 2003, 4：32-37.

配置的核心要素，实践工作者需要的不仅是集权与分权，而且需要了解哪些权力宜集中，哪些权力宜分散，因此一些只是对集权和分权进行利弊分析的理论成果已经难以满足实践的需要。

王智慧和蒋馥（2002）等学者利用博弈论、排队论等理论建立数学模型，从权力分配的某一环节出发去识别、认识权力分配的最佳结构①，这为我们探索组织内部决策权配置提供了可行的思路。但是，Mackenzie（1986）认为组织结构中某个层次上的权力设置将影响整个组织的权力设置②，这也提醒我们组织内部决策权配置的复杂性。部分学者以代理理论和信息经济学理论为基础，从一个新的视角，即用成本分析的方法分析了决策权和知识之间匹配的必要性，论证一项决策最低应该下放到什么层次。Hayek（1945）认为，由于知识的转移成本很大，决策权配置取决于知识分布③，却忽略了由于决策权在委托者和代理者之间转移的代理成本。Hart 和 Moore（1999）、Poitevin（2000）认为激励或协调是影响决策权分配的关键因素。Brickley、Smith 和 Zimmerman（1997），Marino 和 Matsusaka（2005）等学者提出决策权分配需要考虑有关知识的传递以及协调和控制的成本。詹森和麦克林（1992）进一步提出决策权的最优配置取决于知识成本和代理成本之间权衡的分析框架。Hayek、詹森和麦克林等学者的研究表明，决策权在组织中的分布情况主要取决于组织以通用知识还是专门知识为战略重点，以及知识如何分布。由于利用的知识类型不一致，决策权在组织内部的分配状况也会出现不一致。这些观点为企业内部决策权配置的研究提供一条启发性思路，然而最小的决策成本所对应的决策权最优分配位置如何确定却没有更深入的研究。

虽然知识在决策权配置中的重要作用早已得到广泛关注，但是上述研究都假设组织中知识是既定的，仅强调了知识分布对决策权配置的单向因果关系，没有考虑知识管理和决策权配置的互动效应。企业组织的效率受到决策形成和决策执行过程中所需的知识的限制，而决策权的不同配置方式影响着组织的知识水平，并由此对组织效率产生影响。Leach、Wall 和 Jackson（2003），Martin 和 Markus（2005）等学者认为授权与知识技能开发、组织学习之间存在明显的关联。Nonaka 和 Takeuchi（1995），Shipton、Dawson 和 West 等（2001）认为自主权可以增加员工创造新知识的动机，推动知识得以成功转移。Jones（2004）通过实证研究也发现，员工参与决策的程度越大，工作环境（以权力大小为主要特征）越好，员工共享知识的意愿越大。但是，这些研究仅强调了决策权配置确实会对知识管理产生影响，没有涉及决策权配置与知识管理是如何相互作用的，也没有揭示决策权和知识之间匹配的规律。

国内部分学者也在不断探讨知识与决策权的匹配问题。程德俊和陶向南（2001）、项国鹏（2003）等论述了组织中权力分布与知识分布的关系④，但是没有涉及如何根据知识分布合理配置权力。王智慧、蒋馥和王意冈（2001），芮明杰和陈守明（1999），苏方国和赵曙明（2005）围绕詹森和麦克林的决策权最优分配思路而展开定性描述⑤⑥⑦。胡蓓和陈建安（2005）等通过引入时间成本或机会成本，定量分析了如何围绕知识成本、时间成本和代理成本的均衡而确定决策权最优分配⑧。但是，这些文献是从经济学角度对基于现有知识的分布进行决策权分配的必要性分析。决策权配置的目的并不仅仅是在现有知识存量下实现决策权与知识的匹配，而是通过决策权的动态配置促进知识的创新。知识与决策权的匹配应该是一个动态的过程。此外，陈昆玉和覃正（2001）等进一步分析了决策权配置与知识共享之间的相伴而生、相

① 王智慧，蒋馥．信息技术、团队生产及底层员工生产组织设计．管理科学学报，2002，4：46-50．
② Mackenzie, K. D.. Virtual positions and power. Management Science, 1986, 5：622-642.
③ Hayek, F. A.. The use of knowledge in society. American Economic Review, 1945, 4：519-530.
④ 程德俊，陶向南．知识的分布与组织结构的变革．南开管理评论，2001，3：28-32．
⑤ 王智慧，蒋馥，王意冈．企业中决策权最优分配的数学模型及其分析．管理工程学报，2001，2：65-66．
⑥ 芮明杰，陈守明．企业组织的集权与分权：一个分析框架及其应用．上海经济研究，1999，7：42-46．
⑦ 苏方国，赵曙明．论知识与战略决策的有效配置．当代财经，2005，8：60-63．
⑧ 胡蓓，陈建安．J-M 决策权配置模型修正及其应用．工业工程与管理，2005，6：12-18．

互促进①。目前，国内缺乏对决策权配置与知识管理之间关系的实证研究，这是我国公司治理领域的一个相对薄弱环节。

综上所述，关于决策权配置影响因素的研究，国内外学者展开了大量的研究工作。但是，这些研究文献侧重单个因素对决策权配置的影响关系，忽视各因素之间的交互作用对决策权配置的影响；静态研究可以说明哪些因素与决策权配置具有相关性，但无法解释决策权配置的动态过程；现有文献主要从结果状态或单一维度研究如何实现知识和决策权之间的匹配，而对知识和决策权之间的互动性缺乏深入研究，在解释决策权配置新现象时面临前所未有的困难和局限。

（三）组织内部决策权配置对组织绩效的影响

不同的决策权配置方式决定不同的决策机制，进而影响一个企业将如何运营。一般来说，组织绩效是衡量企业运营是否良好的重要标志之一。Cohen 和 Bailey（1997）指出，组织绩效包括组织的效率、生产力、反应速度、质量、顾客满意度、员工满意度以及创新等②。决策权配置是否影响企业的组织绩效在组织管理和组织评价中日益受到关注。

1. 理论探讨

决策权配置对其他管理和组织变量的影响日益引起国内外学者们的注意，例如集权管理风格在多大程度上影响组织绩效或组织变革结果，分权在多大程度上激励员工。大多数管理学者认为决策权是决定组织绩效最重要的因素，决策权清晰也是有效配置资源的保证。Hayek（1945）指出，就经济组织而言，组织绩效主要取决于决策权配置和有关这种决策的重要知识之间的有效匹配③。然而，关于企业中决策权究竟是集中好还是分散好，学者们提出了一些关于决策权配置和组织绩效之间关联性的理论和经验性观点，众说纷纭，意见不一。

员工工作满意度作为企业管理绩效的一项重要指标，日益受到企业界与学术界的关注。Evans（1970）在研究中发现，领导形式和与工作自治、工作自由相关的满意度无关，工作自治比领导行为与工作满意度更相关④。Loher（1985）等进一步认为工作自治程度是工作满意度的预测器⑤。雒永信和聂锐（2006）通过构建积极性与分权度的关系模型，推断出积极性与个人所拥有权力的二分之一次方成正比例关系⑥。然而，Podsakoff 和 Schriesheim（1985）通过对工作中的权力研究，得到以下结论：奖励权力、强制权力和合法权力的效力最小，对人们在工作中的表现和工作满意度要么没有影响，要么会产生负面影响；专家权力和提供咨询的权力往往能够产生积极的效果⑦。

组织创新是组织长期发展的重要推动力。什么样的决策权配置状态最有利于创新，学者们有着不同的论点。一些学者认为，分权对企业创新有着正面的影响。Nelson 和 Winter（1977）提出：独立研究的数量越多，新思想出现的机会也就越大。Janice 和 Trice（1978）进一步认为：集权抑制创新的实施，分权能

① 陈昆玉，覃正．企业的组织问题：授权与控制悖论：一种基于知识的分析框架．科学学研究，2002，2：77-80.

② CohenS. G，and Bailey，D. R.．What makes teams work：Group effectiveness research from the shop floor to the executive suite. Journal of Management，1997，3：239-290.

③ Hayek，F. A.．The use of knowledge in society. American Economic Review，1945，4：519-530.

④ Evans，M. G.．Leadership and motivation：A core concept. Academy of Management Journal，1970，1：91-102.

⑤ Loher，B. T.，Noe，R. A.，and Moeller，N. L. et al. A meta-analysis of the relation of job characteristics to job satisfaction. Journal of Applied Psychology，1985，2：280-289.

⑥ 雒永信，聂锐．基于职工积极性的组织集权与分权问题研究．企业经济，2006，11：34-36.

⑦ Podsakoff，P. M.，and Schriesheim，C. A.．Field studies of French and Raven's bases of power：Critique，Reanalysis and suggestions for future research. Psychological Bulletin，1985，3：387-411.

够促进创新活动，即创新与集权存在负相关关系。Muthusamy（2005）认为，自我管理团队培育更大的自治，提高团队成员之间的沟通，强化团队成员对团队、组织的承诺，从而促进团队的创新。然而，一些学者则认为，集权比分权能够导致更多的企业创新。Aoki（1986）指出集权更有利于资源在组织内部的合理分配，当遇到重大决策时，分权由于信息搜集渠道不顺畅，会推迟决策。Englehardt 和 Simmons（2002）归纳了传统加速决策的方法主要有减少信息、压缩冲突和集权。Menon 和 Rajan（1992）建议，较少的官僚管理可能会导致政策和责任的空白地带，从而导致信息难以被扩散和充分利用，以及非常繁琐的产品开发过程①。李浩和戴大双（2003）等学者认为，分权与集权有机的结合有利于提升企业的技术创新效率。

随着外部市场环境的复杂化、动态化，学术界开始关注企业的反应速度与其组织结构和决策方式之间是否存在必然关联。一些学者认为，分权能够提高企业对外部环境的响应速度。例如，Schminke（2000）认为：聘用、晋升、生产过程控制等决策分散到部门层次，改善了财务绩效和对市场环境的响应。傅博达（2005）指出，当横向分权程度比较高时，业务单元不需要彼此协作完成任务，从而对外界环境的响应速度快。程德俊（2005）通过对高参与型组织和高控制型组织的比较，研究发现：高参与组织在动态环境下能够取得成本、质量、创新和速度上的优势。Radner（1993）等学者则认为，集权和分权并不是企业提高响应速度的关键，整合资源、共享知识和组织内任务集成尤为重要。

2. 实证研究

国外学者从不同角度、不同侧面对决策权配置是否影响组织绩效进行了大量的实证研究，我国也有学者开始关注这个问题。不仅理论研究众说纷纭，实证研究结论也呈现多元化局面。目前的研究文献中，一般从员工个体、团队群体和组织整体三个层面来判断组织的绩效。其中，个体层次的绩效包括工作满意度、工作态度和积极性等。大部分学者主要从授权角度研究决策权配置对员工满意度、积极性的影响，很少涉及制度分权对个体层面绩效的研究。

组织结构可以用复杂性、规范化和集权化三个基本特性来描述，内部决策权力的分配是组织设计的首要问题。谢卫红和蓝海林（2004）采用结构方程分析了组织结构与组织柔性的关系，发现集权度与组织柔性化水平成负相关。决策权配置并不仅仅是在知识存量既定的情况下通过集权或分权分配决策权，而是通过设计有效的制度保证知识的内生性增长。林山、黄培伦和蓝海林（2005）选择国内珠江三角地区、长江三角地区和大连及东北的企业样本，从知识创新的动态角度实证研究了组织集权化程度与组织知识创新的负相关关系。蔡启通（1997）在对制造业与服务业的研究中发现：就纵向集权而言，皮尔逊相关结果显示，纵向集权程度越高，则组织成员创造性及组织创新越低；多元回归分析结果却显示，纵向集权程度对组织成员整体创造性及组织创新均无显著的预测力；就专业化（横向集权）而言，皮尔逊相关结果显示，专业化程度愈高，则组织创新愈低；调节效应分析显示，服务企业的专业化程度愈高，则其组织创新程度愈低，制造企业的专业化程度则与其组织创新无显著关联。然而，陈建安和胡蓓（2007）通过实证研究发现：横向整合是影响新产品开发的关键因素；业务分权是否能够加快新产品开发速度取决于横向整合的强弱和决策权的类型②。

一些学者围绕决策权配置与组织财务绩效之间的关联性展开了实证研究。Christie、Joye 和 Watts（2003）采用相关分析方法探讨了分权（成本中心和利润中心）与投资机会之间的关系，发现：分权程度越大，投资机会越多。然而，部分学者通过研究发现，决策权配置对组织财务绩效的影响非常复杂，视企业具体特征或外部环境特征而定。例如，Richardson、Vandenberg 和 Blum（2002）通过实证研究对分权和

① Menon, A., and Lukas, B. A.. Antecedents and outcomes of new product development speed: A propositional inventory germane to marketing. European Journal of Marketing. 2004, 1/2: 209-221.

② 陈建安，胡蓓. 横向集成、业务分权与新产品开发速度的实证研究. 研究与发展管理，2007, 5: 16-23.

组织财务绩效之间的关系进行相关分析，发现：在快速发展的组织，分权大小与财务绩效负相关；处于衰退阶段的组织，低分权必然伴随低绩效，高分权能够改善绩效。Kim 和 Burton（2002）研究了任务不确定性、集权程度和项目团队绩效之间的关系，研究结果表明：在高任务不确定环境下，授权团队在成本和时间方面完成得很好，集权团队在质量方面完成得更好；在低任务不确定环境下，集权团队和授权团队在成本和时间方面没有绩效差别，但是集权团队在质量方面做得更好。这些研究加入更加细分的企业规模、行业环境等控制变量，使研究结果更加具体，更具有指导意义。

鉴于决策权配置对组织绩效的影响效果比较复杂，一些学者认为决策权配置可能主要是通过其他中介变量来起作用的。中介变量的引入，使决策权配置对组织绩效影响的研究摆脱困境和走向深入。Baum 和 Wally（2003）采用多元回归分析，在探索企业外部环境、组织结构特征影响战略决策速度和财务绩效的实证研究中发现，分权有利于加快新产品开发、新技术或新方法的引入，进而影响组织财务绩效。Cemal 和 Mehtap（2008）采用多元回归分析了参与、自治、技术复杂性、产业竞争度等因素对战略决策速度和财务绩效的影响。Nahm、Vonderembse 和 Koufteros（2003）采用结构方程分析了组织结构（正式化、层级数、横向整合、决策点和沟通水平）对基于时间制造策略和企业财务绩效（销售增长、投资回报率、市场份额、总体竞争地位）的影响。

目前，对决策权配置与组织绩效之间关联的实证研究常用问卷调查法，但是也有部分学者采用控制实验、案例研究和计算机仿真方法研究了决策权配置对组织绩效的影响。Drake 和 Mitchell（1977）采用实验法分析了决策权配置（参与决策、垂直权力和水平权力）对个人激励和工作满意度的影响①。Damanpour（1991）以半定量实验分析了组织结构与组织创新之间的关系，结果发现：集权化与组织创新成显著负相关，专业化则与组织创新成显著正相关②。Argyres（1995）则通过对通用汽车和 IBM 的个案研究，发现更多的集权决策可以加强组织的协调实施，但会降低各个分公司经理所获得的报酬与其做出的绩效之间的联系程度，不利于各分公司的积极性发挥③。陶厚永、刘洪和吕鸿江（2008）借助构建多主体模型和计算机仿真模拟，得出的结论表明：无论组织规模大小，过度集权和过度分权的组织绩效水平是低的，适度的集权或分权的组织绩效水平是高的；无论采取集权还是分权，组织规模越小，组织绩效水平波动频率越高、幅度越大④。

综上所述，国内外关于组织内部决策权配置影响组织绩效的研究文献呈现以下特征：在研究内容上，涉及了组织绩效的个体、群体和组织三个层次，但是对经济性绩效研究偏多，非经济性绩效研究偏少；多数关注决策权配置对组织层面绩效的影响，而对员工个体的影响则研究较少。在研究方法上，问卷调查法偏多，模型构建、控制实验、案例研究和计算机仿真方法偏少；并且，所有实证研究都是基于同一时间点的截面数据分析决策权配置对组织绩效的影响，缺乏长期的跟踪研究。

四、研究展望

尽管决策权配置问题在经济与管理领域中日益受到关注，并取得了一些重要的研究成果，但是，在组

---

① Drake, B., and Mitchell, T.. The effects of vertical and horizontal power on individual motivation and satisfaction. Academy of Management Journal, 1977, 4: 573-591.

② Damanpour, F.. Organizational innovation: A meta analysis of effects of determinants and moderators. Academy of Management Journal, 1991, 3: 555-590.

③ Argyres, N. S.. Technology strategy, Governance structure and interdivisional, Coordination. Journal of Economic Behavior and Organization, 1995, 28: 337-358.

④ 陶厚永, 刘洪, 吕鸿江. 组织管理的集权—分权模式与组织绩效的关系. 中国工业经济, 2008, 4: 82-91.

织面临新的竞争环境下，还有许多相关议题值得继续研究并加以突破。

1. 开发中国情境下决策权配置测量量表

测量决策权配置不仅具有学术上的研究价值，而且在企业的决策权配置管理中也有着重要的实践意义。一方面，对于决策权配置的测量和评价问题，国外研究偏多，缺乏专门针对中国企业定量的全面剖析组织内部决策权分配的研究。中国特定的环境和中国人的价值观与西方国家有较大差别，结合国情来研究企业内部的决策权配置也是非常必要的。另一方面，组织内部决策权地图不仅能揭示决策权的所在地，通常也能揭示决策权之间的关系。员工看到组织内部决策权地图，便可知道企业的决策权配置情况，比如，谁拥有决策权、拥有什么决策权、如何与这些决策权的拥有者取得联系等。尽管西方的研究为我们提供了研究基础，但是在开展具体研究时，需要考虑中国的文化背景及组织特征，重新开发中国情境下企业内部决策权配置的测量量表，并对该量表进行检验，进一步从多视角、多维度测量和评价我国企业内部决策权配置的总体状态、具体布局及其有效性。

2. 揭示决策权配置与知识管理关联的深层机制

知识管理整合现有知识，会创造更多的知识资源，促进决策权配置的动态化；决策权的动态配置会促进更多新知识的创造，更多新知识的出现又促进决策权配置的调整，这种关联效应导致良性循环。究竟是什么机制产生关联效应，这是需要探讨的。一方面，长期以来，知识分布对决策权配置的作用研究较多，决策权配置对知识管理的作用研究甚少；另一方面，现有研究从关系和过程上进行的静态定性描述多，从机理上进行的动态分析少。最近一些学者提出了决策权配置与知识管理互补性假说以及阶段性互补机制假说，对分析两者之间的关系提供了一个崭新的视角和思路。但是，关于决策权配置影响组织绩效的现有理论研究和实证研究没有把知识作为核心的结果变量，主要关注于激励、满意度和财务绩效等。因此，与两者互补相关的一系列问题，如互补范围的确定、互补类型的选择和互补效果的测度等，仍需要从理论上进一步加以阐述，并利用数量模型进行描绘以及通过企业数据加以实证检验。

3. 构建决策权动态配置的数理模型

决策权配置问题是一个非常复杂的动态问题，不仅需要一个科学的管理流程，同时也需要研究和建立相应的优化模型和方法来辅助企业内部的决策权配置。已有的决策权配置模型大多从经济学角度静态地分析知识和决策权匹配的必要性，对决策权最优配置的衡量标准主要关注成本而不是时间。但是，随着基于时间竞争的出现，市场环境高速变化，决策权配置的衡量标准已经发生了转变，时间最小化作为基本关键目标更能反映企业的动态变化。因此，在决策权配置模型中引入时间变量已是一种必然趋势。

现有的决策权配置研究主要集中在单项决策权或者把决策权视为单维变量与知识的匹配，忽视了各项决策权的相互影响，较少考虑各项决策权之间的联合配置问题。今后，需要分析实现企业目标所需进行的各种决策及其性质与特点，为决策权的具体配置提供依据。按照"先分解后集成"和"由点到线再到面"的思路，从决策权分配环节出发去识别、认识权力分配的最佳结构，从决策链视角研究不同类型决策的决策权最优分配问题，为组织决策权配置决策提供理论依据。

4. 揭示决策权配置对组织绩效的影响规律

今后要从静态和动态角度加强对决策权配置和组织绩效关联性的研究，更好地澄清和明确两者之间的关系。现有研究文献关于决策权配置对组织绩效的影响研究都是基于同一时间点的静态的分析，在今后的研究中要多关注关系分析中的一些中介变量（如行业类型、组织规模等）和调节变量（知识共享、战略决策速度等）。通过加入中介变量和调节变量等权变因素，深入解释和明确决策权配置对组织绩效影响的多重性和不确定性，描绘出它们之间的作用关系图。尤其需要进行一定时期的纵向追踪研究，分阶段进行纵向对比分析，这样就更能揭示决策权配置对组织绩效的作用规律。

参 考 文 献

[1] Connor, P. E.. Decision-making participation patterns: The role of organizational context. Academy of Management Journal. 1992, 35 (1).

[2] Christie, A. A., Joye, M. P., and Watts, R. L.. Decentralization of the firm: Theory and evidence. Journal of Corporate Finance, 2003, 9.

[3] Cullen, J, B., and Perrewé, P. L.. Decision making configurations: An alternative to the centralization/decentralization conceptualization. Journal of Management, 1981, 7.

[4] Bhargava, S., and Kelkar, A.. Examining the relationship between organizational structure, job involvement, job satisfaction, and empowerment: Implications for human resource development. International Journal of Human Resource Development and Management. 2001, 1 (2-4).

[5] Cemal Zehir, and Mehtap Ozsahin. A field research on the relationship between strategic decision-making speed and innovation performance in the case of Turkish large-scale firms. Management Decision, 2008, 46 (5).

[6] Richardson, H. A., Vandenberg, R. J., and Blum, T. C. et al. Does decentralization make a difference for the organization? An examination of the boundary conditions circumscribing decentralized decision-making and organizational financial performance. Journal of Management, 2002, 28 (2).

[7] Meagher, K. J., and Wait, A.. Decision making within organizations. Working Paper. Summer Workshop in Industrial Organization, University of Auckland, 2004.

[8] Puffer, S. M., and McCarthy, D. J.. Decision making authority of former Soviet and American managers. The International Executive, 1993, 35 (6).

[9] Vàzquez, X.. Allocating decision rights on the shop floor: A perspective from transaction cost economics and organization theory. Organization Science, 2004, 15 (4).

[10] Dewett, T., and Jones, G. R.. The role of information technology in the organization: A review, Model, and assessment. Journal of Management, 2001, 27 (3).

[11] Marino, A. M., and Matsusaka, J, G.. Decision processes, agency problems and information: An economic analysis of capital budgeting procedures. Review of Financial Studies. 2005, 18 (1).

[12] Leach, D. J., Wall, T. D., and Jackson, P. R.. The effect of empowerment on job knowledge: An empirical test involving operators of complex technology. Journal of Occupational and Organizational Psychology, 2003, 76 (1).

[13] Martin, S., and Markus, F. P.. Autonomy: Starting point and goal of personal and social change: A constructivist perspective on knowledge management in empowerment processes. Kybernetes. 2005, 34 (1/2).

[14] Jones, S.. Employee rights, Employee responsibilities and knowledge sharing in intelligent organization. Employee Responsibilities and Rights Journal, 2004, 14 (2/3).

[15] Muthusamy, S. K., Wheeler, J. V., and Simmons, B. L.. Self-managing work teams: Enhancing organizational innovativeness. Organization Development Journal, 2005, 23 (3).

[16] Kim, J., and Burton, R. M.. The effect of task uncertainty and decentralization on project team performance. Computational & Mathematical Organization Theory. 2002, 8.

[17] Baum, J. R., and Wally, S.. Strategic decision speed and firm performance. Strategic Management Journal, 2003, 24 (11).

[18] Nahm, A. Y., Vonderembse, M. A., and Koufteros, X. A.. The impact of organizational structure on time-based manufacturing and plant performance. Journal of Operations Management. 2003, 21 (3).

[19] 蔡继荣. 决策权配置与企业组织效率. 兰州大学学部报（社会科学版）, 2001, 29 (2).

[20] 王智慧, 蒋馥, 王意冈. 信息技术对企业中决策权分配影响的模型研究. 系统工程理论与实践, 2001, 7.

[21] 程德俊. 信息结构、决策权结构和高参与型组织的变革. 中国工业经济. 2005, 11.

企业理论的分析前提及其内生性决定

● 于　洋

（吉林大学管理学院　长春　130022）

【摘　要】目前对企业理论的认识存在两种理论流派，即同质性假设的企业合约理论与异质性假设的企业能力理论。本文认为，使用"同质性与异质性"作为区分标准将遮蔽企业理论的真实差异，企业理论的区别在于其分析前提的差异。而基于个人偏好的不确定性问题是企业理论的分析前提，是区分企业理论不同分析范式的标准。个人偏好决定消费者的消费行为，消费者的消费行为引导企业的生产，而消费者的需求受到生产者深刻的影响，是生产者创造的结果，企业理论的分析前提内生于企业的生产经营活动之中。

【关键词】企业理论　分析前提　内生性决定

企业是现实经济中的基本单元，其发展的态势与方式是决定经济发展与社会进步的重要变量。现代企业理论的主要内容是对企业性质与企业发展方式的认识。企业的性质，即企业存在的理论，探讨的是企业的本质问题；企业的发展方式，即企业的成长理论，探讨的是企业如何获取竞争优势、不断发展的问题。对于前者，其代表性理论是企业合约理论，而后者则是企业能力理论的研究课题。但是这两种理论流派目前仍各自独立发展，缺乏有效的沟通与整合，阻碍了企业理论统一分析框架的形成。鉴于此种情形，理论界许多有识之士做出了不懈的努力，试图从同质性与异质性的角度探寻两大流派的统一。然而，本文认为企业合约理论与企业能力理论分属于不同的分析范式，而使用"同质"和"异质"区分二者是一种错误的判断。这个误区忽视了企业理论的分析前提，遮蔽了两种理论的真正差异所在。基于此，本文通过对两种理论的评析，探寻企业理论的分析前提及其内生性决定，以深化对企业理论的认识。

一、企业理论的同质性假设与异质性假设评析

自从科斯发表了《企业的性质》以来，企业理论取得了长足的发展，涌现出许多不同的理论流派。但无论何种流派，都要面对一个共同的问题，即企业的性质问题。对这个问题的回答，形成了两个主要的流派：企业合约理论与企业能力理论。企业合约理论从企业与市场的关系入手，将企业看作是一个与市场相区别的合约形式；企业能力理论则从企业的成长源泉切入，将企业看作是一个生产性知识和能力的集合。由于这两个主要的理论流派在核心概念与分析方法存在差异，导致两种理论各自独立发展，阻碍了企业理论统一分析框架的形成。为此，理论界开始了对两种理论流派的比较研究，试图构建统一的企业理论分析框架。在这些比较研究中，理论界形成了对两种企业理论的一个基本判断，即企业合约理论的同质性假设与企业能力理论的异质性假设①。这种观点认为，企业合约理论是对新古典厂商理论同质性假设的延

---

① 杨瑞龙，刘刚. 企业的异质性假设和企业竞争优势的内生性分析. 中国工业经济，2002，1：88-94.

续，企业不过是一个关于剩余索取权的实现载体，企业存在的原因就是企业成长的原因①。企业合约理论通过引入交易费用概念，将交易看作基本分析单位，把企业抽象为一个与市场相区别的合约形式，从而抽象掉了企业之间的具体差异。因此，企业合约理论忽视了企业所具有的"生产"功能，从而也就无法弄清企业成长的原因。企业能力理论则从企业成长的内生性与竞争行为的异质性出发，探讨企业的"生产"功能。企业能力理论认为，企业的资源使企业具有了获得竞争优势的可能性，而资源的整合、配置与开发效率，即企业能力使这种可能性变为了现实性。企业能力内生于企业，使企业长期生产经营活动积累起来的专业性知识具有隐含性的特点，从而使这种能力具有了异质性。因此，理论界得出结论：企业合约理论是一种同质性假设的企业理论，企业能力理论是一种异质性假设的企业理论。它们分别从企业的"契约"与"生产"两个基本属性出发，分析和研究企业的性质②。

从同质与异质的角度出发研究企业理论，可以很方便地找到合约理论与能力理论的联系，深化企业理论的认识。但是，同质性和异质性的分析角度在本质上忽视了两种理论真正的区别，遮蔽了两种企业理论的内在联系，将企业理论的发展导入误区之中。

首先，同质与异质并不能作为区分两种企业理论的标准。从同质与异质的词义上看，"质"的含义是性质。企业合约理论认为企业的性质是合约，即物质资本与人力资本的合约。而企业能力理论则认为企业是生产性知识或能力的集合。如果从合约的角度来看，知识或能力的集合不过就是知识或能力的合约；而如果从知识或能力的角度看，物质资本与人力资本都可以看作是知识或能力的载体，物质资本与人力资本的合约也就是知识或能力的集合方式而已。因而在企业的本质上，两种理论是一致的，即一个认为企业是要素的合约，另一个认为企业的要素不过是知识或能力的载体。企业合约理论的合约观与企业能力理论的知识或能力观一样，都不否认企业之间的差异性。因为不同企业的物质资本与人力资本不同，其主体利益取向也就存在差异，所达成的合约也一定不相同。从内容的角度讲，合约与能力在企业与企业之间都存在差异性。因此，以同质性与异质性作为区别两种企业理论的标准是不准确的。

其次，同质与异质不是两种企业理论的分析前提。众所周知，企业合约理论来源于科斯《企业的性质》一文，而科斯对企业性质的探讨是在企业与市场的关系中，提出企业与市场都是资源配置的方式，企业与市场不过是一种合约对另一种合约的替代。由此可见，企业合约理论的分析前提是资源配置，即企业与市场都是一种资源配置方式。正因为如此，企业合约理论才被认为是对新古典主义的发展，并未触及新古典经济学的资源配置研究内核，只是在此基础上引入了制度维度。而企业能力理论则不同，企业能力理论源于管理学战略管理理论，主要探讨的问题是企业如何获取竞争优势。换言之，企业能力理论并不关心企业与市场的关系问题，而关注于企业之间的竞争成败。众所周知，企业竞争的成败取决于企业能否持续地创造价值、获得利润。因此，企业能力理论的分析前提是价值创造，这与管理学的研究内核是一脉相承的。所以，企业合约理论与企业能力理论的分析前提是不同的，一个是资源配置，另一个是价值创造。简单地使用"同质"和"异质"的区分标准，忽视其分析前提的差异性显然是不合适的。

通过上面的分析，我们可以清楚地发现，理论界使用"同质性假设与异质性假设"作为企业合约理论与企业能力理论的区分标准是片面的、不准确的。这种区分将遮蔽两种理论的真实差异，不利于企业理论的深入发展。企业合约理论与企业能力理论真实的、内在的区别在于其分析前提的差异，即资源配置与价值创造两种分析方式的差异。资源配置分析范式与价值创造分析范式的差异造成了企业理论中两大理论体系的分野，一个以新古典经济学为代表，另一个则是管理学的研究课题。企业理论若要形成统一的分析

① 连建辉，黄文峰．企业的同质性假设、异质性假设与企业所有权安排——两种企业治理观的经济学分析．当代经济研究，2002，9：57-64.

② 刘刚．企业的异质性假设．北京：中国人民大学出版社，2005：5.

框架，必须在资源配置与价值创造的内在体系中寻找其统一性。

二、企业理论的分析前提

资源配置与价值创造是两个紧密相连的范畴，其内在联系在稀缺性原理之中。所谓稀缺性是指"相对于人的无限欲望而言，财富是有限的……即物品的有限性与人需要的无限性"。① 稀缺性的前提是物的有用性，稀缺性的另一个条件是人的目的性。由于物的有限性与人之无限欲望的矛盾，产生了人类全部的经济活动。为了满足人的欲望，解决资源的有限性，就构成了经济学的基本理论前提。为了解决这个基本矛盾，经济学形成了两个基本研究思路：一个是新古典主义思路，即假设个人偏好、技术与资源禀赋稳定，探讨如何使资源得到合理配置；另一个则是古典主义思路，即假设个人偏好、技术和资源禀赋变化，研究如何通过人的经济活动改善资源的有限状况，以满足人的无限欲望。前者构成了资源配置分析范式，后者形成了价值创造分析范式。这两种不同的分析范式在企业理论中构成了两种不同的研究思路，也形成了企业合约理论与企业能力理论的分析前提。

如图1所示，图左侧是以探寻资源合理配置为主题的新古典主义分析范式，在企业理论中以新古典厂商理论和企业合约理论为代表，其理论前提是假设人的欲望不变，将企业看作与市场相似的一种资源配置方式；图右侧是以寻求价值创造为核心的古典主义分析范式，代表性企业理论为企业能力理论，其理论前提是假设人的欲望变化，将企业视为价值创造者，通过企业对价值持续创造的追求，寻求最资源有限性的改善，以满足人们的无限欲望。

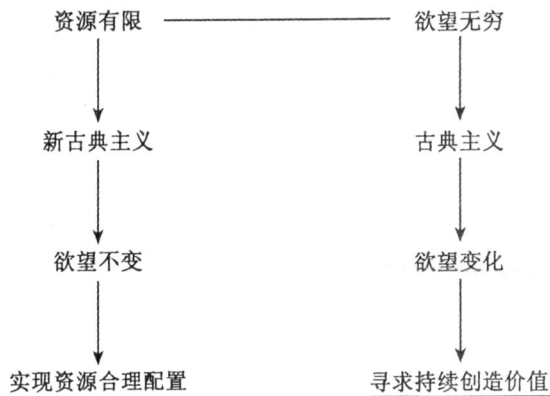

资源有限 ——————— 欲望无穷

新古典主义　　　　　　　　古典主义

欲望不变　　　　　　　　　欲望变化

实现资源合理配置　　　　　寻求持续创造价值

图1　经济学的两种分析范式

人们欲望的满足来源于产品对于人的效用的实现，所谓效用，是指"消费者如何在不同的物品和服务之间进行排序。通常可以理解为一个人从消费一种物品或服务中得到的主观上的享受或有用性。……在需求理论中，说人们在最大化他们的效用，其含义就是他们总是选择自己最偏好的消费品组合"。可见，效用是人之欲望是否满足的衡量标准，而效用又总是与消费者的偏好联系在一起的。由此推知，个人偏好是其欲望满足的指南。这样，由稀缺性原理引发的两种分析范式的理论前提就是个人偏好的稳定性。如果假设个人偏好稳定，理论研究的主题就是在既定欲望条件下对资源配置最优解的寻求；而如果假设个人偏好变化，理论分析的出发点则是如何创造价值来满足人的欲望。因此，个人偏好是否稳定就成为了两种理论分析范式的前提。

---

① 伊特韦尔. 新帕尔格雷夫经济学大辞典（第4卷）. 北京：经济科学出版社，2000：272.

所谓"偏好稳定"就是在理论分析中假设偏好不变，在此前提下探讨经济运行的规律。但是，现实生活中的个人偏好并非稳定，而是处于不断的变化之中。如果在理论分析中放松个人偏好稳定的假设，承认个人偏好是变化的，那就必然要引入不确定性。换言之，如果个人偏好不稳定，必然使企业面对不确定的外部环境①，而企业理论分析范式的分歧点恰恰是由不确定性问题引发的。对于不确定性问题的研究首推奈特，奈特认为企业的经营活动是不确定的，不确定是企业利润的来源。奈特的这一理论洞见是对新古典静态分析的颠覆，从而也揭开了理论界对不确定性问题的关注。对于不确定性，目前形成了两种不同的研究思路②：一是把不确定性归结为信息成本约束下的最优决策问题，即由于信息成本的约束，经济主体的经营环境呈现出不确定性；二是反对将不确定性归结为信息成本约束下的最优化问题，而将不确定性理解为企业行为的不确定性，由此出发探讨不确定性对于企业发展的意义。换言之，前一种思路将不确定性看作是外生变量，将不确定性理解为由于经济主体认识能力的局限性所引发的信息成本约束；后者则认为不确定性是经济系统的内生变量，来源于企业的不确定性行为。我们将这两种对于不确定性的观点与个人偏好联系起来看，可以发现，对于个人偏好的问题，一种观点认为个人偏好的变化是外生的，另一种则认为是内生的。因此，不确定性问题的实质在这里是个人偏好的来源问题，认为不确定性来源于信息成本约束的观点属于偏好外生论，而将不确定性看作内生变量的观点则属于个人偏好内生论。

企业合约理论属于个人偏好外生论。科斯明确指出："不确定性问题常常被认为对企业均衡研究十分重要。没有不确定性的存在，企业的出现似乎是不可思议的。但是，那些认为支付方式是企业的特征的人（如奈特教授）——一个接受剩余的和浮动的收入的人保证那些参加生产的人有固定的收入——似乎提出一个与我们所考虑的问题无关的观点。一个企业家可以将他的劳务出售给另一个企业家以获得一定的货币收入，而他支付给雇员的钱则主要或完全是其利润的一部分。重要的问题看来是，资源的配置为什么没有直接通过价格机制来完成。"可见，科斯认为企业家与普通雇员的分工并不一定必然按照奈特所说的方式存在，完全可以通过市场进行交易，即通过市场实现企业家才能与普通雇员的生产性服务相交易，而无需企业制度。企业制度产生的原因不是奈特所说的不确定性，而在于市场中存在交易成本，企业制度是节约市场交易成本的装置。换言之，奈特的不确定性是由于经济主体知识和预见的缺乏，是一种内生性的不确定性。科斯则反对奈特从企业内部结构来分析不确定性，而是从交易过程的价格、供求等经济变量的变化来考察不确定性。也就是说，科斯的不确定性概念是一个外生变量，这个外生性的不确定性将导致交易成本，并不必然对企业制度构成影响。企业合约理论由于根植于科斯的交易费用理论范式，同样将不确定性视为外生变量而不予以考察，从而无法解释企业利润来源问题。但是，企业如何发展这个问题不容回避。为此，企业合约理论提出了企业家作为企业的"中心签约人"而存在，通过企业家的"眼光"、"洞察力"发现市场机会，推动企业发展。因此，在企业合约理论的分析思路下，个人偏好必然是外生的，个人偏好的变化所造成的不确定性被认为是信息成本的约束所导致的。也就是说，在企业合约理论中，如果信息成本为零，企业将同新古典厂商一样，也将获得稳定的个人偏好信息，问题是现实中的信息成本为正，企业则必须面对不确定性。因此，企业合约理论通过交易成本的引入，回归了新古典经济学，从而也回归了资源配置分析范式。

企业能力理论不同于企业合约理论，属于个人偏好内生论。企业能力理论认为："企业行为本身的不确定性，才是真正的不确定性。……长期利润仅仅是企业竞争行为的结果，而企业竞争行为是建立在企业

---

① 对于企业而言，引发不确定性的因素很多，有消费者偏好的变化、技术的变化、竞争环境等。本文为分析的简便，只考虑消费者偏好的变化引发的不确定性问题。

② 刘刚. 企业的异质性假设. 北京：中国人民大学出版社，2005：42.

内生成长过程中异质性的知识和能力积累的基础之上的。"①换言之，企业能力理论认为的利润来源于企业的竞争优势，企业的机会是企业自生的竞争行为创造的结果，是内生性的。因此，企业能力理论认为作为企业利润来源的个人偏好是内生于企业行为之中的，企业通过其创造价值的竞争行为引发了个人偏好的转变。

总之，个人偏好问题是企业理论的分析前提。假定个人偏好稳定的理论是新古典厂商理论，假设个人偏好变化且外生的理论代表是企业合约理论，而假设个人偏好变化且内生的理论代表是企业能力理论。前两种分析思路都将企业看作是一种资源配置方式，因而属于资源配置分析范式；后一种理论则认为企业的行为可以创造或影响个人偏好的变化，企业活动的核心是价值创造，因而属于价值创造分析范式。

三、企业理论分析前提的内生性决定

个人偏好决定消费者的消费行为，而消费者的消费行为是引导企业生产的指南，企业能否持续成长取决于其产品与服务是否符合消费者的需求。正确认识个人偏好问题，必须正确理解消费者的消费行为。

消费者的消费行为不是一个简单的消费过程，而是一个生产效用的过程。新古典消费行为理论认为消费者通过从市场中购买效用，追求效用最大化。其理论前提就是消费者的效用直接来源于物品与服务，来源于消费者对于物品与服务的主观期望。但是，效用的主观性使得消费者对物品与服务的需求不同，新古典理论将这种效用或需求的差异解释为偏好的差异性，问题是消费者何以存在差异性的偏好呢？正如加里·贝克尔所言："传统的选择理论的缺陷在于它既不能说明偏好如何形成，又不能预言偏好的影响，但它却基于偏好上的差异去解释行为……因此，现有理论的应用通常限于市场领域。……而许多涉及有限资源在可供选择的目标中的分配的其他行为决策却被排除在外。"② 加里·贝克尔在反思传统新古典消费者行为理论存在的问题基础上，将生产概念引入消费理论，提出了新消费者行为理论。新消费者行为理论认为，消费者选择的初级目标是作为商品的实体，消费者从这些商品实体中生产效用。加里·贝克尔指出："家庭作为消费单位通过自有时间的部分支出，通过组织从市场获得的产品与劳务从事这种生产活动。所有市场产品被用作市场以外的生产过程的投入要素，消费者对这些市场产品的需求是有一种派生需求。"③ 可见，在新消费者行为理论看来，商品对于消费者而言不过是其生产效用的原料，消费者对商品的需求是其生产效用的派生需求，消费者对产品的需求来自于某种更为基本的目标，利用产品的特性可以实现这些目标。

消费者作为一个"效用的生产者"，其消费过程的结果是效用最大化。消费者之所以生产效用，其原因在于消费者存在作为人的基本需要。需要是消费者的期望或欲求，需要的实现结果是效用的满足。换言之，需要是消费的原因，效用是满足需要的结果和衡量标准。在消费者的消费"生产过程"中，效用是结果，需要是为获取效用而形成的主观欲求与期望。因此，在消费者的需求结构中，最基本的要求是需要。每一个消费者都有需要，如生理需要、物质需要、归属需要、精神需要、自我实现需要等。这些基本的需要是每一个消费者都具有的，是作为人与生俱来的基本属性，它源自生命的进化。但是需要的实现或满足必须借助一定的物质载体，这就产生了需求。消费者的需求受到其基本需要的指引，其需要的实现、效用的满足，都要借助于具体的产品与服务。而消费者偏好何种需求，取决于消费者身处的环境和自身的经验。换言之，消费者的需求是有选择性的，即消费者根据其生活的经验选择具体的产品与服务来表现其需求。消费者的这种生活经验受到生产者深刻的影响，即消费者对产品需求的选择是生产者创造的。正如

①　刘刚. 企业的异质性假设. 北京：中国人民大学出版社，2005：55.
②　加里·S. 贝克尔. 人类行为的经济分析. 王业宇，译. 上海：上海三联书店，上海人民出版社，1995：157.
③　加里·S. 贝克尔. 人类行为的经济分析. 王业宇，译. 上海：上海三联书店，上海人民出版社，1995：161.

马克思所指出的："生产为消费创造的不只是对象。它也给予消费以消费的规定性、消费的性质，使消费得以完成。正如消费使产品得以完成其为产品一样，生产使消费得以完成。首先，对象不是一般的对象，而是一定的对象，是必须用一定的而又是由生产本身所媒介的方式来消费的。饥饿总是饥饿，但是用刀叉吃熟肉来解除的饥饿不同于用手、指甲和牙齿啃生肉来解除的饥饿。"① 可见，消费者的需求是特定的，是由生产者所提供的消费方式决定的。消费者对于自己的需要是一种朦胧的意向、一种先验的可能性，其实现要求一定的物质载体。存在决定意识。消费者实现需要的特定物质载体只能是消费者自身所经验过并对该物质载体的功能有所了解的东西。换言之，消费者的需求要以其生活经验为基础，在其生活中选择可供消费的对象，从而确立其需求。对于消费者而言，其生活的经验都是人类劳动的结果，都是生产者创造的结晶。当古人出行的时候，他所能想到的方式都与牲畜有关，而现代人却会开汽车、坐火车、乘飞机出行。消费者要求出行的需要没有改变，但需求的方式变了。而古人与今人之所以呈现不同的需求，在于他们的生活经验不同。今人之所以比古人的选择余地多，在于人类通过劳动创造出了新的实现需要的物质载体。因此，消费者的需求是选择性的，是根据其生活经验来选择的，而消费者的这种生活经验受到生产者深刻的影响，是生产者创造的结果。从这个意义上讲，消费者的消费行为不是消费者与生俱来的自我表现，不是对于生产者而言的外生变量，消费者的消费行为是消费者与生产者共同创造的结果，是生产与消费相互作用的产物。对于生产者而言，其供给不是被动地适应消费需求，而是主动地创造。简言之，生产者供给的决定性因素在生产者自己手中。

　　生产者通过对消费需求的创造，不断地提示需要、引导需要的实现；消费者通过需要的实现，不断地印证需求、引导需求的创造。简言之，消费者的消费行为偏好是生产与消费的"公共域"。但是，在市场经济条件下，生产者供给并非由单独的生产者自己所决定，而是由社会化的需求所决定。在只存在一个生产者的理论模型下，消费者的需求选择完全听命于该单独生产者的需求创造。也就是说，在此种情形下，由于消费者的生活经验取决于该生产者的劳动，则消费者的选择余地受制于该生产者的生产行为，生产者对产品或服务的供给是决定性的。而在市场经济条件下，这种情况就发生了变化。首先，由于市场经济中存在众多的生产者，其中会有多个生产者为满足消费者的某个需要而提供不同的特定产品，从而使消费者的选择余地增多。消费者将依据效用最大化原则，在众多的特定产品中进行选择和比较，从而使单个生产者售出其产品的机会降低。在竞争的压力下，某个居于主导地位的生产者的产品将成为市场标准，使生产者的产品趋同。如此，消费者的需求就会定格在这种市场标准上，即消费者需求的社会化。其次，市场经济中会存在众多的消费者，消费者会因为面临产品选择余地过多而不知所措。为降低选择成本，消费者之间相互借鉴其消费经验，从而使消费需求呈现出社会化趋势。因此，在市场经济条件下，消费者的消费需求社会化了。这就出现了一个变化，即消费者基本需要的实现不再依赖于某个生产者创造的需求，而要借助社会化的消费需求来表达。生产者所生产的产品或服务必须以符合这个社会化的需求为前提。此种状况下生产者的生产将面对两个决定性因素：消费者的需要和社会化的需求。生产者能否在此种复杂的环境中不断生存和发展，则取决于生产者能否做到既符合社会化的需求，又不断地创新去满足消费者日益增长的需要。这才是市场经济条件下个人偏好内生化的机理。

四、结　论

　　基于个人偏好的不确定性问题是企业理论的分析前提，是区分企业理论不同分析范式的标准。假定个人偏好稳定的企业理论是新古典厂商理论，假设个人偏好变化且外生的理论代表是企业合约理论，而假设

---

　　① 　马克思恩格斯选集（第2卷）．北京：人民出版社，1972：74．

个人偏好变化且内生的理论代表是企业能力理论。前两种分析思路都将企业看做一种资源配置方式，因而属于资源配置分析范式；后一种理论则认为企业的行为可以创造或影响个人偏好的变化，企业活动的核心是价值创造，因而属于价值创造分析范式。个人偏好决定消费者的消费行为，而消费者的消费行为是引导企业生产的指南，因而正确认识个人偏好问题，必须从正确理解消费者的消费行为出发。消费者作为一个人，具有人的基本需要，为了实现这些需要，必须寻求特定的产品或服务。而这种指向特定产品或服务的需要就成为消费者的需求。消费者的需求是选择性的，是根据其生活经验来选择的，而消费者的这种生活经验受到生产者深刻的影响，是生产者创造的结果。因此，企业是价值创造的主体，企业的本质是生产，企业理论的分析前提内生于企业的生产经营活动之中。

参 考 文 献

[1] 杨瑞龙，刘刚．企业的异质性假设和企业竞争优势的内生性分析．中国工业经济，2002，1.

[2] 连建辉，黄文峰．企业的同质性假设、异质性假设与企业所有权安排——两种企业治理观的经济学分析．当代经济研究，2002，9.

[3] 刘刚．企业的异质性假设．北京：中国人民大学出版社，2005.

[4] 伊特韦尔．新帕尔格雷夫经济学大辞典（第4卷）．北京：经济科学出版社，2000.

[5] 保罗·萨缪尔森，威廉·诺德豪斯．经济学（第16版）．北京：华夏出版社，1999.

[6] 奥利弗·E.威廉姆森，西德尼·G.温特．企业的性质．姚海鑫，译．北京：商务印书馆，2007.

[7] 加里·S.贝克尔．人类行为的经济分析．王业宇，译．上海：上海三联书店，上海人民出版社，1995.

[8] 马克思恩格斯选集（第2卷）．北京：人民出版社，1972.

金融危机背景下商学教育的反思与创新[*]
——兼论国际管理实践硕士项目

● 刘林青[1]　刘　兵[2]　潘　枫[3]

（1，2，3 武汉大学经济与管理学院　武汉　430072）

【摘　要】2008 年，由次级贷款危机演化形成的全球性金融危机肆虐全球经济。此后，关于金融危机产生原因的探索一直没有停止过，持有的观点也纷繁芜杂。本文从经济参与者的角度，认为金融危机很大程度上是管理的危机，而这种管理危机的始作俑者正是商学教育，在此基础上揭露商学教育中存在的种种问题。最后，结合国际管理实践硕士（IMPM）探索商学教育的改革方向。

【关键词】金融危机　商学教育　IMPM

一、引　言

1991 年，我国开始试探性地引入 MBA 项目，历经 18 年的探索实践，我国 MBA 教育无论在招生院校数量、招生人数上还是在教育体系上都发生了翻天覆地的变化。据统计，招生院校从最初的 9 所增加到现在的 181 所；招生人数从 1991 年的 94 人增加到现在每年约 2.5 万人。另外，MBA 毕业生中的许多人已成为优秀的企业家、职业经理人，他们已成为推动我国经济发展的一支重要力量。MBA 教育面临的一方面是机遇，无论是发达国家还是发展中国家都有对管理教育强有力的市场需求，我国正处于经济快速发展期，落后的管理现状决定我国对管理的需求更为迫切；另一方面是挑战，其中最为重要的一个挑战是越来越多的组织和个人怀疑商学院不能提供适当的管理教育，这种怀疑态度在美国和欧洲普遍存在，他们认为商学院尤其是以学术研究为主导方向的商学院培养出来的人才是只有理论能力而不注重实践的人才。另一个挑战是最近几年发生的公司丑闻使人们认为商学院在操守方面的教育是失败的。因此，探讨 MBA 教育的改革创新不仅具有理论意义，而且具有重要的现实意义。

二、金融危机引发商学教育的反思

1881 年，美国费城企业家约瑟夫·沃顿（Joseph Wharton）将其资产的一部分捐给宾夕法尼亚大学建立了沃顿商学院——美国第一所商学院。他的初衷是培养那些继承了前辈财富的年轻人成为国家新的商业领袖。而工商管理硕士培训计划（MBA）要晚些，大约于 1908 年诞生于哈佛大学。经历一百多年的努

* 本文得到湖北省教育厅教学改革研究项目"工商管理人才培养模式创新研究"（编号：200808）和武汉大学自主科研项目"创业型大学的创业生态系统研究"的联合资助。

力，MBA 教育培养了众多的优秀工商管理人才，创造了美国经济发展的神话。MBA 被誉为"天之骄子"和"管理精英"，成为企业界乃至社会敬重和羡慕的特殊人物，甚至在公众心目中被视为"商界英雄"。但是，2008 年全球金融危机给商学教育好好上了一课。2007 年 2 月 13 日美国新世纪金融公司发出 2006 年第四季度盈利预警，美国次级抵押贷款风险开始浮现，次贷危机开始逐渐显现并且愈演愈烈，2008 年 9 月 15 日，拥有 158 年历史的雷曼兄弟公司宣布申请破产保护，标志着金融危机的全面爆发。这样的局面很具讽刺意味——各国正为亚洲金融危机十周年反思而喋喋不休的时候，美国次贷危机全面拉开序幕，基于这样的情况，不得不反问人们的反思对于规避金融危机的价值在哪里？

全球金融危机给世界经济带来了大动荡、大萧条。美国受到的冲击尤为明显，其金融体系、金融市场、金融机构、房地产市场、投资者信心等几乎到了崩溃的边缘。此外，金融风暴的杀伤力已穿透整个金融层面向实体经济发出猛烈冲击。例如，如果美国政府不出手，不仅像花旗银行这样的金融帝国，而且连通用汽车这样的企业帝国都岌岌可危甚至倒闭。美联储前主席格林斯潘就这种情形发出感叹："美国正在陷入百年一遇的金融危机之中。"金融危机爆发后，众多组织和个人关注探讨其原因。一场百年一遇的金融危机产生的原因包括很多因素：自身的、外界的、体制的等，因此，关于金融危机原因的解释有很多，大致可以归纳为：实体经济的原因：（1）美国负债经济模式的破灭：美国的负债经济模式规模太大，远远超出其实际支付能力；（2）科技创新步伐没有跟上；（3）经济运行的周期规律。虚拟经济的原因：（1）长期的低利率和流动性泛滥；（2）房地产市场泡沫和次级贷款过多；（3）投资杠杆比例过高和金融衍生品开发过滥；（4）信用评级不严和金融监管不力（何国勇，2009）。

此次金融危机的原因都归结于此吗？答案很难让人信服，因为上面总结的原因忽视了经济参与者，尤其是忽视了经理人在金融危机中的所作所为。可能正是出于这种分析，目前结合经理人谈金融危机有两种声音。第一种声音是美国金融危机爆发后，总统奥巴马公开批判华尔街银行的首席执行官贪婪无道，害惨了全世界。北大国际 MBA 院长杨壮认为："造成此次金融危机的原因，表面似乎是……但实质上也反映出人性的贪婪和行为不自律的恶果。"（杨壮，2009）。在谈及对金融危机的看法时，亨利·明茨伯格用另外一种声音作为回应：金融危机的实质是管理的危机，而 MBA 正是这场全球金融危机的帮凶。

哪种声音更为贴切？本文认为宽泛地讨论贪婪没有任何意义。因为人的社会性本质把人与动物区分开来，人总是有社会责任与道德观念的一面与贪婪的一面的抗争，甚至这种所谓的贪婪应该理解为人对物质生活条件的索求更为恰当。由此可以认为人性贪婪的显现是社会责任与道德的沦丧。关于社会责任与道德的沦丧，Ghoshal 认为，通过宣扬理想的无视道德的激励理论，商学院使它们的学生从社会道德责任中解放出来（Ghoshal，2005）。

Ghoshal 还用模型解释了这种现象（见图 1），该模型为分析错误的管理理论给社会带来的影响提供了一个分析的基本路径。过去 50 年商学院研究越来越多地采用一种所谓的"科学"模型，也即 Hayek 描述的"虚伪的知识"（Hayek，1989）。此种模型把理论基于分散化的分析，并且排除任何的人类想法而用片面的假设和演绎的推理（Bailey & Ford，1989）。另外，在管理理论中还存在一种否认任何道德和伦理的假设。正是这样的过程把商学教育毕业生的社会责任消弭殆尽，让他们变成贪婪的"魔鬼"。Ghoshal 还表示，最近 30 年很多糟糕的管理实践都深深植根于从商学院学习时候就已经产生的一组观念中。不仅理论分析支持第二种声音，近些年许多 MBA 毕业生也印证了这一点。一些大公司接连出现"丑闻"，问题的中心正是这些 MBA 精英们。比如"安然"首席执行官 Jeffery Skilling 是哈佛 MBA，其首席财务官是西北大学的 MBA；"世界通信"首席财务官沙立文是纽约州立大学的 MBA（彭新武、李汉东，2005）。此类例子不胜枚举。此次金融危机更加凸显了这一问题，在华尔街投资银行中掌握这些金融衍生工具的，正是接受过良好训练、熟练地掌握现代金融知识的顶尖商学院的 MBA 精英们。正是那些在美国次贷危机中扮演了不光彩角色、具有 MBA 教育背景的华尔街高管们，让整个社会对商学院的教育产生了怀疑。《纽约时报》的批评更加直接：MBA 违反了大学教育的理想，这种课程只教授学生捞钱，一双眼睛盯着股票市场，MBA 课程是一件华丽的外衣，制造"专业"的神话，生产一批批贪婪无道的"泡沫银行家"、"骗子分析员"。

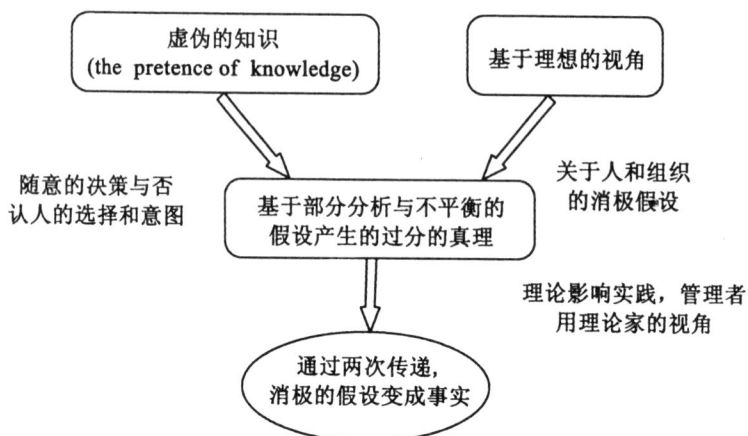

图 1　坏的理论带来糟糕的管理实践的过程①

　　大洋彼岸 MBA 教育随着"后安然时代"反思风潮的到来，在开始重估 MBA 教育。即使一向坚持多元化主张的媒体也开始反思"精英阶层"的构成及作用，比如："300 多年来企业一直没有 CEO，世界不也发展得挺好吗？CEO 真的不可或缺？"（《财富》杂志）"商学院的崛起是近几十年的事，从前大多数企业没有 MBA，不也管理得很好？"（《华尔街日报》）这种怀疑可以用 Sheldon Zalaznick 的一篇曾经于 1968 年出现在《财富》杂志上的文章作概括，他声称："拔尖的管理天才主要来源于商学院这种想法未经证实就已经获准盛行了……"因此，是时候反思商学教育到底给社会带来了什么。

三、商学教育的缺陷

　　关于商学教育的反思并不是近来才有。早在 20 世纪 80 年代，以 1984 年《哈佛商业评论》"管理学院不能令人满意的管理教育应对美国工商业国际竞争力下降负有一定责任"的批评意见为代表，对当时美国 MBA 教育状况的批评引起管理教育界长时间深刻的反思。大学教师罗伯特·海斯和威廉·艾贝纳士提出批评，"与其偏爱独立分析，不如培养来自经验的洞察力；与其偏好短期的成本减少，不如长期开展技术竞争"。斯坦福大学的哈罗德·李维特的观点更为尖锐，"商学院把年轻男人和女人……变成有着不健全的智能、冰冷的感情和衰退的灵魂的残废"（杨斌，2005）。Cheit 在他的两百多篇文章中总结了关于美国商学院教育的批评：首先，商学院强调错的管理模式；其次，商学院忽视了一些重要的工作，如关于行为的技能；再次，商学院未能满足社会的需求；最后，商学院促成了傲慢、短视、追求名利等不受欢迎的态度（Cheit，1985）。

　　对商学教育的批评非常多，但关于商学教育缺陷的探寻却没有很好地深入。本文认为要对商学教育存在的缺陷进行透彻的分析，了解其历史很有必要。Thomas 持有相同的看法，他认为要明白当前美国商学教育的状况，对商学教育发展历史的了解是必要的（Thomas，1997）。Oxenham 也表示：清楚事物的历史

---

① Sumantra Ghoshal. Bad management theories are destroying good management Practice. Academy of Management Learning and Education, 2005, 4（1）: 75-91.

是判定组织是否就面临的挑战给出了合乎逻辑的反应和判定我们是否出现了问题的前提（Oxenham，1984）。Thomas引入历史时期和范式（paradigm）的概念，把商学教育历史划分为四个范式时期（见图2）。

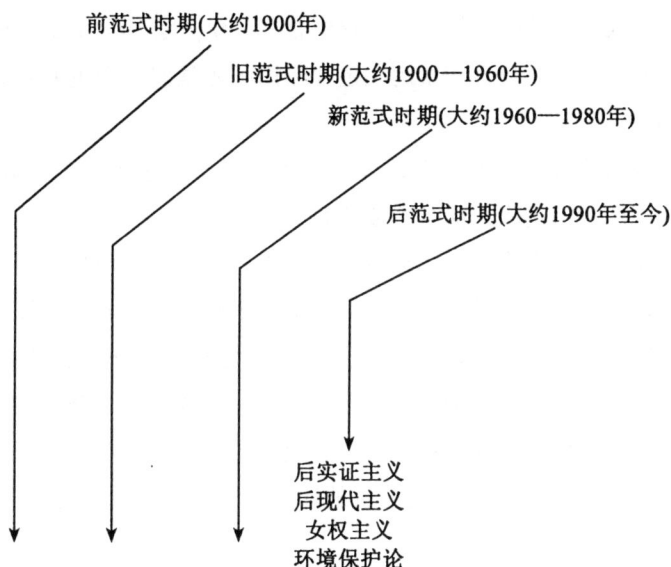

前范式时期(大约1900年)

旧范式时期(大约1900—1960年)

新范式时期(大约1960—1980年)

后范式时期(大约1990年至今)

后实证主义
后现代主义
女权主义
环境保护论

图2　管理形成模型的继承①

前范式（preparadigm）时期：管理知识的产生、传播、应用基于一个这样的假设，即这个过程只能在工厂最好地得到实现，其本身就是管理组织日常工作过程的一部分。因此，管理知识被认为本质上是局部适应的，包括单凭经验的方法、行动纲领、日常的方法技巧，这种知识只能在实践中被管理实践者自己发现和发明，或者被认为是基于风俗和习惯产生的聪明才智。这种知识主要来自经验而不能被固化，或者只能作为个体的知识而形成。

旧范式（oldparadigm）时期：在这个时期，管理知识被认为是由教育来传授的，而不被理解为职业的、专业的、技术的形式。20世纪早期，美国管理教育由以人文科学为基础转向更多的实践和功能导向。因此，根据Cheit的观点，旧范式时期建立管理知识和管理实践的紧密联系。旧范式时期的假设不同于前范式时期的假设，认为管理知识能够编纂成书和通过正规教育传授。然而，它的不足之处是假设管理知识是科学的或者管理能够像医学一样是以科学为基础的专业。

新范式（newparadigm）时期：新范式是在第二次世界大战后出现的管理范式，它假定创建有关管理的科学并且把它作为经理人实践的基础是可能的和必要的（Locke，1989）。这种模式产生于一系列复杂的、相互关联的实践，包括在各个领域的知识跃迁，如经济学、数学、统计和组织理论的出现，业务研究和系统理论，以及大企业大规模的出现。20世纪60年代，"管理已成为科学，这是以前从未关注的焦点"（Locke，1989）。

后范式（postparadigm）时期：上述的发展可以概括为在性质和程度上形成管理主导模式共识的过程。因而，在前范式时期学者和实践者关于管理的形成达成共识，双方同意管理知识是在工作场所形成的。在旧范式时期共识以这样的形式出现，即认为管理知识能够或者至少部分能够在高等教育系统中有效形成。新范式时期，学术界继续坚持认为管理知识能够或者至少部分能够在高等教育系统中有效形成，但是一部

---

① Alan Berkeley Thomas. The coming crisis of western management education. Systems practice, 1997, 10 (6): 59.

分实践者表示很大的异议。另外，还有来自后现代主义、女权主义、环保主义、批判理论强烈的批评。可以看出这并不简单是学者对他们名声的担忧或管理从业人员对体面的 MBA 教育相关业务的担忧，后面的这些批评提出了管理教育、管理行为的议题。虽然人们很难达成统一的批评，但是大量批评的声音正在从各个方面给管理教育提出议题。这一切都支持这一论点：当代管理教育确实处在危机中。

本文认为商学教育由管理教育的基本假设、课程组合、教学方法三个主要部分组成，当然，还有师资力量、学院硬件设备等，但是对商学教育质量起决定性作用的还是前三个主要部分。

1. 管理教育的基本假设

追溯管理教育的历史渊源，我们不难发现，每个范式时期，管理教育怎么开展总是与一个假设相对应，如在前范式时期认为管理学习过程只能唯一或者只能最佳地在工厂得到实现，其本身就是管理组织日常工作过程的一部分。本文认为，四个时期的假设差异可以归结为对管理是科学或是艺术或是技术的认识的不同。分析四个范式时期可以找到商学教育最为重要的一个缺陷——基本假设的错误：部分观点把商学教育看成是纯粹的科学；部分观点把商学教育看成是纯粹的艺术；部分观点把商学教育看成是纯粹的技术。明茨伯格把管理理解为一种实践，认为管理是科学、艺术、技术的结合而不是其中的任何一种。传统的商学教育无论把商学教育看成纯科学还是纯艺术，都会导致实践中出现机能失调：把商学教育看成纯科学时，MBA 学生在毕业的时候会留下管理就是分析的印象，它会导致计算型风格；把商学教育看成纯艺术时会导致英雄主义风格（杨斌，2005）。

2. 课程设置

理想的 MBA 课程最主要的特征是什么？1988 年 Porter 和 McKibbin 提出了对以后有深远影响的关于理想课程的六大特征：第一，多学科整合。设计课程基于多学科和综合问题的解决。第二，基于经验的学习。取代或者至少补充传统的"粉笔加说话"式的讲课，提供更多经验性的锻炼，旨在解决真实世界的问题。第三，软性技巧的发展。第四，全球化的视角。第五，聚焦情报技术。第六，企业伦理和企业社会责任。在后安然时代，企业伦理和企业社会责任必须占据重要地位。

有多少世界顶级商学院展现了一种或多种理想特征？在对世界前 50 名商学院的核心课程进行网络调查后，Navarro 认为很多学校理想的课程只是在建设中（Navarro，2008）。

出现如此尴尬的局面缘于课程设置的缺陷。首先，今天几乎所有的商学院采取的都是专业职能的形式，无论是研究一个主张、设计一个项目、教授一门课程还是聘用一位教授。当然，商业经理人对构成必知商业语言的职能有最起码的了解是必需的。在课堂上接触所有的职能可以拓宽只拥有单一职能工作经验的学生对商业实践的理解。问题在于商学院的各个职能教育各自为政，导致其间的鸿沟越来越深，每门课程都推崇自己的角度，发展自己的内容，树立自己带有偏见的观点，而且在最大限度上扩展自己的意识形态，譬如，金融学中的股东价值观、组织行为学中工作人员的"授权"、市场营销学中的"客户服务"。最后产生这样一个后果：当学生们最终毕业离开的时候，他们学到的是对于互不相干的种种观点的顺从接受。其次，用分析代替管理是课程设定的另外一个缺陷。彼得·圣吉认为，"把世界拆成片片段段来理解，这显然能够使复杂的问题容易处理，但是无形中，我们却付出了巨大的代价——全然失掉'整体'感，也不了解自身行动所带来的一连串后果"（Peter M. Senge，2006）。商学教育项目正在做这样的事情。另一方面，管理的本质决定了管理的真正精髓在于综合，经理人必须以连续的远见、一致的组织、综合的系统等形式把事物组合在一起。并不是说经理人不需要分析，相反，这意味着他们需要把分析作为对综合的一种预投入。问题在于将事物分割开来的危险是很可能无法再把它们组装回去了。最后，软性技巧的发展、企业社会责任、全球化视角没有得到重视。这些依然少于传统的功能竖井（functional silo）型的课程，如财务、市场营销等。在硬科学和软技巧之间，大多数商学院依然偏爱分析。

此外，社会科学类学科在课程设置中的地位低下。商学院过于重视培养专业领域的人才，过于强调金融和管理的创新，强调模型和数量的分析，不断推出新的金融衍生工具，越来越借助于计算机模型来进行投资和评估决策，却在某种程度上忽视了对社会以及经济基本关系的教育。中山大学岭南学院院长吴立范认为："这正是金融危机给我们提出的重要课题，直接冲击多年来自由竞争和'有效金融市场'的理论体系。我们不可能通过数学模型来解决经济和金融市场的所有问题。"（黎平，2009）

3. 教学方式

现在，在教学方式的选择上大多数商学院实行案例教育。但是，过多的纯案例教育对商学教育是有害的。认为案例教育存在问题的学者首推加拿大麦基尔大学亨利·明茨伯格，他认为："MBA课程训练出来的毕业生犹如雇佣兵，除了少数的例外，他们对任何行业或企业都没有承诺感。这些MBA课程创造了一套错误的企业价值观。"明茨伯格对著名的哈佛商学院纯案例教学法的批评尤为猛烈，认为案例方法只训练人们对自己几乎一无所知的事务妄加发言（Mintzberg，1993）。这样批评是有道理的，案例教育把管理减为决策制定和决策分析。在案例研究课堂上培养的技巧是制定决策的技巧——和理论派学院的情形一样。甚至这些技巧都是受到高度限制的：决定的数据资料已经给出，而关于周边情形的信息却被忽略了。另外，案例课堂上学不到软性技巧，案例的二手性质以及案例没有鼓励参与都是案例教育的硬伤。

商业模拟也是商学院教学方式的一个偏好。尽管现实世界的经理人们在"计算的混乱"和"控制的无序"中工作（Andrews，1976），现在商学教育却努力地告诉学生们用固定的格式记载他们的数据。商业模拟最近为什么会广受商学院的吹捧？这得益于计算机设备的更新换代带来的高速计算能力。人们把自己比拟成万能的上帝。在高速计算能力的诱惑下，商业模拟就在商学院这样被组织：学生们组成团队，在季度基础上对价格和产品做出决策，在利润和市场份额上展开竞争。一般情况下这些模拟综合了商学教育项目所学的所有课程。但是，模拟对于管理实践真的行之有效吗？答案并不容乐观。这种模拟离管理实践十万八千里。每隔几分钟根据设定的参数依次做出恰当的决策，然后就会有一部机器马上告诉你你做得有多么出色，这种事情与真实世界里的管理是不能混为一谈的。它导致的结果是：给人们留下这样的印象——管理是有规则的和容易被模拟的。

当众多商学院觉得商业模拟还不够的时候，或者发觉商业模拟并不能带来好的管理教育的时候，商学院做出了努力，但是不幸的是另外一种带有噱头的产物诞生了——实习课题。最近几年，数目不断增加的MBA学生在真实的世界里开始了探险的旅程，他们被商学院派到真正的公司里完成实习课题，甚至是咨询作业。确实，相对于商业模拟，实习课题更加接近实际了。但不能说它就是实际的，只能说是带有实际的成分。很显然，实习课题并不能有效地给人们提供优质的管理教育。

4. "捞钱的机器"

1977年，《福布斯》（*Forbes*）杂志把MBA称作"在受尊重程度上仅次于医学博士的一张通往幸福生活的护照"（Cheit，1985）。正是由于MBA建立了这种尊贵地位，MBA教育扩招速度可谓是惊人的（见图3）。

有意思的是，金融危机爆发后，华尔街哀鸿遍野，而美国各地的商学院却因此振奋不已。根据美国研究生入学管理委员会统计，2008年1—9月GMAT考试的注册人数达到129902人，比2007年同期上升5.1%。赚钱本身并不是商学教育的问题，但是在模糊的基本假设、粗糙的课程设计、不合理的教学方式综合形成的具有危害的管理教育下盲目扩招和放宽招生条件，会加速社会责任的丧失。

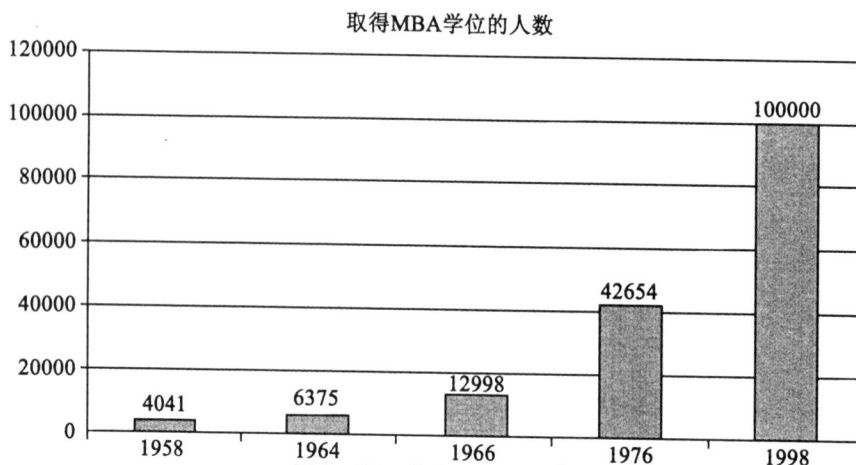

图 3　MBA 毕业生的增长①

四、商学教育的改革与创新

商学教育的问题对于社会都是致命的。表面看来这样的表达有哗众取宠之嫌，但是仔细思考后会发现事实确实如此。现有商学教育过于偏重各种理性分析技能，鼓励精于计算型的管理模式；也有一些商学教育过度强调所谓的洞察力，培养了英雄型的管理模式。所有这些都忽略了管理的一个重要因素——经验。这样商学教育不仅在培养管理者方面遭遇了失败，而且还给学生们留下一个对于管理的错误印象。商学院教育经理人的方式正在破坏领导能力，而且将带来可怕的经济后果和社会后果。仅仅在美国，每十年就有差不多100万拿着所谓的 MBA 证书的人进入经济领域，他们中的大多数对关于顾客和工人、产品和流程的第一手知识几乎一无所知，而他们希望管理那些通过个人经验掌握了这些知识的人。

既然商学教育存在这么多的缺陷以及遭受到如此之多的批评，那么改革与创新怎么进行？众多商学院以及学者对此做出了回应并进行了一系列的革新，比如美国的 Babson 学院按综合性原则设计了 MBA 课程而不是按职能独立分科讲授，并取得成效；重视团队合作精神，建立团队文化已成为各 MBA 课程的一个主流思想。重视学生的软性技巧（soft skills）训练：美国若干大学已在精心设计一些有关课程，特别是行为科学方面，并进行试验，例如通过学期研究计划、课堂报告、人际活动等方法，对领导才能的软性技巧进行训练。重视商业道德的训练：重视商业道德是世界各地 MBA 课程的一大趋势。明茨伯格花七年时间与英国兰卡斯特大学乔思林教授联手创立了一种与传统商学教育截然不同的融科学、艺术为一体的、被誉为"第三代"管理教育模式的国际管理实践硕士（International Masters in Practicing Management，IMPM）。

1. IMPM 课程设计

IMPM 由三大洲、五个国家的大学组成的一个联盟负责，每个国家负责一个为期二周的单元学习。这些学校是加拿大蒙特利尔的麦吉尔大学、英国兰卡斯特大学商学院、法国枫丹白露的欧洲商学院、印度班加罗尔的印度管理学院和日本的一些大学组合，包括神户大学、一桥大学和日本高级科技研究院。每个单元学习都致力于教授一种不同的管理心模。围绕在它们周围的是该项目的其他活动，其中许多是回到工作岗位上进行的（课程安排见图4）。

---

①　Cheit. Business schools and their critics. California Management Review，1985，27（3）：43-62.

2. IMPM 项目带来的创新

IMPM 不是一项提供技能以解决特定问题或者使知识升级的培训，而是一个关注于传授方法促进学生进行参与的课程。与其他国际管理课程相比较，IMPM 更着眼于"教育"而非"培训"。它并不是给学生填充所谓的大量技能，而是让学生在现实生活中学习反思、分析、世界性、合作以及变革。

用实践来理解和把握管理学是其一个重要的创新。IMPM 基于这样一种假设：管理学在具有科学的成分之外还包含大量的艺术成分，对于没有管理经验的人管理教育什么都不是，但对于那些有管理经验的人却能产生深远的影响。IMPM 项目只招在职管理者，最好由公司集体派出。IMPM 把他们定义为参与者，而不是学生，并且要求一个公司向一个班同时派出 4 ~ 5 名参与者，这样他们能够在课堂上组成一个小组，共同完成一些学习任务，也便于他们把工作中的问题带入课堂，同时，能够更有效地把所学的知识带回工作中去。

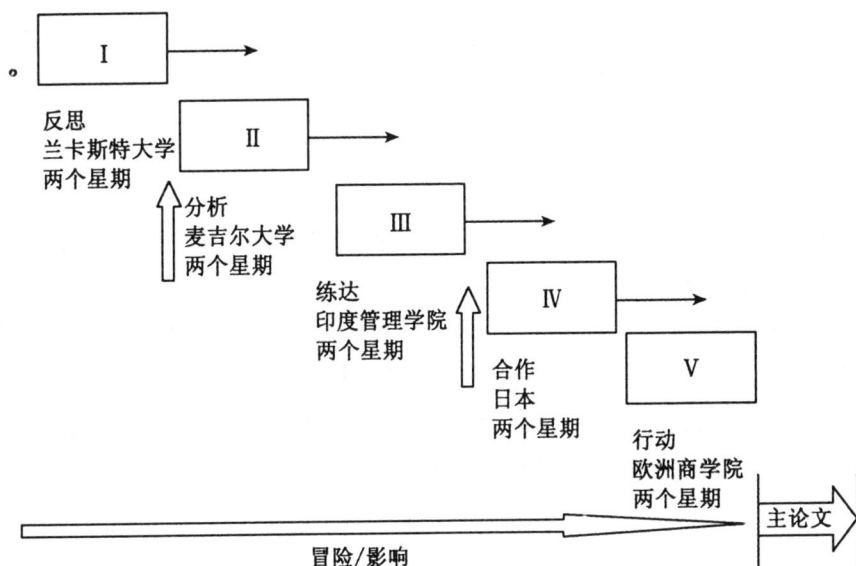

图 4　IMPM 课程安排①

强调书本上的概念与自身的管理经验相互验证、相互支持的反思对于学习的重要性是其第二个创新。教师讲授是传递一些课程内容的必要方式，案例研究则有助于利用一些外部经验，两者在管理教学中都有一席之地，但在 IMPM 项目中，它们都不是最主要的，最主要的是参与者自身的经验。IMPM 的假设是当有意思的思想与活生生的经验相联系时，学习的力量才最为强大。教师通过讲授、案例、阅读、小组交流、参观等方式介绍各种正式化的知识，包括思想、概念、理论、技术、证据等。参与者则带来他们的经验，很多都是默示的、无法完全用语言清楚地表达出来的经验。当这两者相遇，人们开始反思时，学习的过程就开始了。这些反思可能是个人独立进行，可能是在同桌的小组内进行，也可能是在全班的范围内进行。关键是把好的思想交给有经验的管理者后，让他们去决定课堂的进程。这里说的反思，并不仅是将偏见和盲点充分暴露出来，同时也提供一个清楚表达个人思想和企求的平台。明茨伯格认为：有经验的管理者们相互之间可学的东西绝不会比他们能从教授那里可学的东西少。

IMPM 的第三个创新是打破了管理各专业学科之间的界限，不是按市场营销、财务、人力资源等专业来安排课程，而是按照作为一个管理者必备的五种心态来设计课程。IMPM 的假设是：管理工作自身

---

① 亨利·明茨伯格著. 管理者而非 MBA. 杨斌，译. 北京：机械工业出版社，2005：175-200.

能够为组织管理教育提供一个有用的框架，认为一个有效的管理者所做的每件事都分布在反思和行动之间，也就是说管理者在深思和实际工作的结合中工作。这可以用三个层次来表述：第一个层次关于个体和团队之间的关系，这里最重要的是善于合作；第二个层次关于组织，这里最重要的是分析能力；第三个层次是环境，包括组织外部的整个世界（见图5）。

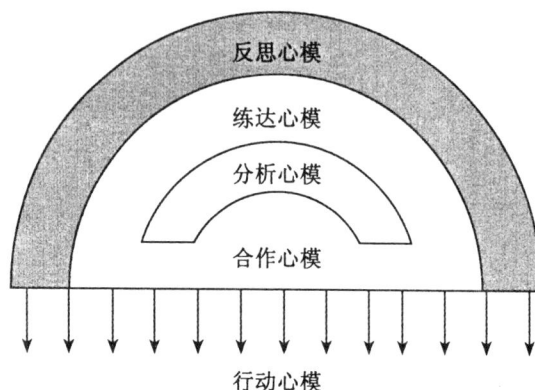

图5　管理教育的框架①

管理者需要了解全球化，但更重要的是他们必须更加世事练达，老成持重。这些加起来就得到一个有五个层次内容的典型管理者的心智模式，即五种"心态"：管理自我反思心态；管理关系合作心态；管理组织分析心态；管理环境练达心态；管理变革行动心态。IMPM项目与其他管理教育项目的最大不同在于反思和行动。反思以及与现实紧密联系的具体行动，使其与一般管理培训课程区分开来，不管是短期课程还是"新兵训练营"类的较长课程。所有的模块都由各国的商学院参与设计，由各国的参与者和公司做东道主，各自都是一段独特的经验。所有这些合起来，就组成了一个系统的、集成的学习经验。

3. IMPM项目的应用

IMPM课程提供了一个来自不同组织和部门、不同国家和企业文化的经验，其知识框架仍然青睐现实的商务世界。其中的心态方法被证实是一个真正对许多组织都有吸引的亮点。它使得个人的、基础的和公司的方法能够被引入新的环境中，即引入组织及其方法的运作过程中。事实也是如此，相当一批国际大企业和大机构参与了IMPM的创建，如摩托罗拉、松下、富士通、LG、汉莎航空、英国电信、加拿大皇家银行、国际红十字会等。迄今为止，IMPM项目已经举办七届，共招收245人。随着欧洲商学院、印度管理学院和日本神户大学的相继加入，如今IMPM项目已经形成一个国际联盟，并正在成为国际管理教育的一种新标杆（彭新武、李汉东，2005）。

五、结束语

对外国尤其是美国的商学教育课程的批评，过去一直都有，但近年特别严厉。有的批评来自商界主管人士，有的则是商学院任教的学者。批评的焦点是各院校培养出来的MBA人才不能满足商界的要求。简单来说，商界所需的企管人才要具备以下才能：具有领导技巧、有解决问题的能力、能与人

---

① Henry Mintzberg, and Jonathan Gosling. Educating managers beyond borders. Academy of Management Learning and Education, 2002, 1（1）: 1-76.

沟通，以及具有团队的合作精神。

　　针对这些批评，各著名商学院进行了反思与革新。但是，这些改革与创新并未系统化。在系统化与实践方面，IMPM 走得更远一些，它以高效的教育方法挑战了传统，为商学教育模式的改革完善提供了一种很有用的框架。

　　我国 MBA 教育的发展机遇与挑战并存，社会对商学教育的需求促进了我国 MBA 教育的繁荣，但由于我国 MBA 教育体系才建立将近 20 年，一些领域尚处于空白地带。因此，有必要选择性地吸收西方 MBA 教育的经验，借鉴成功的经验，同时要避免西方 MBA 教育的失败。

参 考 文 献

[1] Henry Mintzberg . Managers not MBAs , A hard look at the soft practice of managing and management development . San Francisco：Berrett-Koehler Publishers , 2004.

[2] Sumantra Ghoshal . Bad management theories are destroying good management . Academy of Management Learning and Education , 2005, 4（1）.

[3] Peter Navarro . The MBA core curricula of top-ranked U. S. business schools：A study in failure. Academy of Management Learning and Education , 2008, 7（1）.

[4] Hayek. The pretence of knowledge . American Economic Review, 1989, 12.

[5] Bailey, and Ford . Management as science versus management as practice in postgraduate business education. Business Strategy Review, 1996, 7（4）.

[6] Alan Berkeley Thomas . The coming crisis of western management education. Systems Practice, 1997, 10（6）.

[7] Oxenham . Education versus qualifications? A study of relationships between education, selection for employment and the productivity of labour . London：George Allen and Unwin, 1984.

[8] Locke . Management and higher education since 1940. Cambridge：Cambridge University Press, 1989.

[9] Watson . The place for universities in management education. Gen. Manage , 1993, 19（2）.

[10] Cheit . Business schools and their critics. California Management Review , 1985, 27（3）.

[11] Peter, M. Senge. The fifth discipline. New South Walse：Currency Press, 2006.

[12] Andrews. Management：How a boss works in calculated chaos. New York Times, 1976-10-29（3）.

[13] Freedley, E. T.. A practical treatise on Business. London：Thomas Bosworth, 1853.

[14] 彭新武，李汉东. 颠覆 MBA：异端大师明茨伯格和 IMPM. 广州：广东经济出版社，2005.

[15] 何国勇. 国际金融危机的成因、前景及启示. 南方论坛（South Forum），2009, 2.

[16] 杨壮. 金融危机警告 MBA 教育. 商务周刊，2009, 1.

[17] 黎平，吴立范. 重塑商学院教育. 经理人，2009, 179.

物业管理企业顾客满意度测评模型研究

● 徐　莉[1]　吴开婷[2]　王建敏[3]

（1，2，3 武汉大学经济与管理学院　武汉　430072）

【摘　要】物业管理是服务行业，其服务质量直接影响着顾客满意度的评价与物业管理行业的发展。因此，在物业管理行业引入顾客满意度测评，不仅具有重要的现实意义，也是物业管理研究的一个理论命题。本文首先构建了一套完整的物业管理顾客满意度指标体系，其次引入主成分分析法对顾客满意度开发了综合评价模型，最后对该测评体系进行了案例检验，结果表明该指标体系和评价方法具有较强的科学性和可操作性。

【关键词】物业管理　顾客满意度　主成分分析

一、引　言

物业管理是一种专业化、社会化、企业化的特殊服务行业，其内容是对建筑物及其附属设施设备、环境等进行科学管理，使其保持完好和正常使用，进而达到保值、增值的目的[①]。随着我国社会主义市场经济的深入发展，房地产行业不断发展成熟，物业管理作为房地产业体系的重要组成部分和配套体系，越来越显示出广阔的市场发展前景。作为管理、经营、服务于一体的行业，物业管理服务的对象是人，应寓管理于服务之中，在服务中实现对物业的经营与管理，从而更好地满足顾客和使用者的需求。物业管理的本质是服务，顾客满意与否应是考核物业管理服务质量的重要指标，直接影响着物业管理企业的生存和发展。通过物业管理顾客满意度测评不仅能衡量企业的服务质量，便于企业以此为参考进一步改进；同时顾客满意度也是体现企业竞争力的重要指标，是企业重要的无形资产。为此，如何提升顾客满意度成为当前物业管理者所面临的一项重要任务，也是当前研究者所关注的重要理论命题。

目前学术界对顾客满意度这类多指标、多方案问题进行综合测评的方法主要有层次分析法（AHP）、人工神经网络法、模糊综合评定法和 TOPSIS 法等。这些方法由于计算原理简单、结果直观而被广泛应用于多指标、多方案决策分析，但其本身也存在一些问题，如指标权重的确定往往带有较强的主观性、指标变量间容易出现重叠和相关等[②]。主成分分析法是一种多元统计方法，它能在保证原始数据信息损失最小的情况下，通过对解释变量提取彼此无关的主成分，以少数综合变量取代原有的多维变量，起到了消除共线性、简化数据结构及避免权重主观随意性的作用。基于此，本文拟从构建顾客满意度测评指标体系入手，采用主成分分析法对顾客满意度进行测评。

---

① 宋壮基．顾客满意度在住宅小区物业管理中的重要性．北方经贸，2008，7：141-142.
② 徐莉，李国银，刘浪．物业管理企业顾客满意度测评研究——基于改进的 TOPSIS 法．技术经济，2009，28（1）：118-121.

二、物业管理顾客满意度测评指标体系的构建

20世纪70年代以来，专家学者对顾客满意度的研究逐渐增加并得到重视。目前学术界普遍公认的较为准确和权威的顾客满意度定义是美国学者Oliver（1997）提出的。他指出，顾客满意度是顾客需要得到满足后的一种心理反应，是顾客对产品和服务本身满足自己需要程度的一种判断。在物业管理中，顾客满意度指的是业主对物业公司所提供服务的满意程度，这种服务不仅包含保安、清洁、安全、维护等物业管理的基础性服务，还包括业主身心上的感受等诸多方面。特别是随着社会文化的发展和人们思想觉悟的提高，人们不只重视物业环境本身，还注重环境保护、和谐小区建设、业主对物业管理活动的监管和参与权等方面。

传统文献对物业管理顾客满意度指标体系往往从顾客接待、保洁绿化、维修保养、安全交通等方面进行设置，如指标包括要求小区保安每天巡逻2次、设备完好率在99%以上等（张泽颖、高会芹，2008；袁天波、白思俊，2007；邓洁君、罗利，2006）。这些硬性指标虽然量化，但都只反映了物业管理最基本的服务内容，随着物业管理思想的普及和人们对物业管理要求的提高，已经脱离当前业主对物业管理服务的"真实"需求。传统指标还存在设置太过繁杂，导致重点不突出，信息重叠严重等缺陷。物业管理顾客满意度测评涉及因素极多，考虑到测评指标的完备性和针对性，笔者从分析小区物业管理各项服务内容入手，结合顾客满意度的相关要点，并经过实证调查和咨询有关专家，构建了一套物业管理顾客满意度的指标体系，选取了14个评价指标，反映了投诉/意见处理、环境管理服务、安全管理服务、社区文化服务、物业维护服务、信息传递、业主居家服务等多个方面的要素，如表1所示。该指标体系除涵盖物业管理基础服务的内容外，还引入信息传递服务和社区文化服务这两方面的新要素，以适应业主对无形服务越来越高的要求。信息传递服务包括日常管理信息提醒和财务信息透明性，前者反映物业管理企业对日常管理信息的提醒程度与及时性，如危险性标志预防性提醒；后者反映业主要求物业管理企业公开财务信息，便于业主对物业管理工作的监督和管理。而社区服务指标同时考虑社区活动的丰富性和频度，这两者结合起来共同说明社区文化服务的水平。

表1　　　　　　　　　　　　　　物业管理顾客满意度测评指标体系

	一级指标	二级评价指标
物业管理顾客满意度测评指标体系	投诉/意见处理	服务电话通畅性 X_1
		投诉/意见解决程度 X_2
	安全管理服务	停车与交通管理 X_3
		治安及公共秩序 X_4
	环境管理服务	公共区域卫生 X_5
		绿化养护 X_6
	社区文化服务	社区活动的丰富性 X_7
		社区活动的频度 X_8
	物业维护服务	公共区域设施的维护 X_9
		水电供应等设备运行 X_{10}
	信息传递服务	日常管理信息提醒 X_{11}
		财务信息透明性 X_{12}
	业主居家服务	户内维修服务 X_{13}
		特约服务质量 X_{14}

三、主成分分析法的测评模型

主成分分析法的主要原理是将原有的数量较多且存在相关性的指标变量，经过变换转化为原指标变量线性组合的新指标变量，新指标变量数量减少且相互无关，保持了原指标变量的主要信息量。其优点一是消除了评价指标样本之间的相互关系；二是提取的主成分保持了原指标的主要信息量，减少了评价工作量；三是分析过程客观生成指标权重，能够区分各指标在综合评价中的作用。

（一）数学模型

设评价问题有 p 个指标变量 x_1, x_2, $\cdots$, x_p，经过标准化后构成 p 维随机向量，对其进行正交变换，得到新指标 F_1, F_2, $\cdots$, F_p，新指标可由原指标线性表示，即：

$$F_1 = u_{11}x_1 + u_{12}x_2 + \cdots + u_{1p}x_p$$

$$F_2 = u_{21}x_1 + u_{22}x_2 + \cdots + u_{2p}x_p$$

$$\cdots\cdots$$

$$F_p = u_{p1}x_1 + u_{p2}x_2 + \cdots + u_{pp}x_p$$

且满足：$u_{k1}^2 + u_{k2}^2 + \cdots u_{kp}^2 = 1$，$k = 1, 2, \cdots, p$，其中 u_{ij} 由下列原则确定：（1）F_i 和 F_j 不相关；（2）F_1 是 x_1, x_2, $\cdots$, x_p 的线性函数中方差最大者，依此类推。

根据该原则确定的综合变量指标 F_1, F_2, $\cdots$, F_p 分别称为原始指标的第1, 2, $\cdots$, p 个主成分，分析时只挑选前几个方差最大的主成分。

（二）评价步骤

（1）原始指标数据的标准化变换。设评价矩阵 $X = (x_{ij})_{m \times p}$，标准化矩阵为 $Y = (y_{ij})_{m \times p}$，标准化变换公式为 $y_{ij} = \dfrac{x_{ij} - \bar{x}_j}{s_j}(1 \leq i \leq m, 1 \leq j \leq p)$，其中 $\bar{x}_j$, s_j 表示 x_j 列的均值和标准差。

（2）求指标样本的相关系数矩阵。设相关系数矩阵为 $R = (r_{ij})_{m \times p}$，相关系数为 $r_{ij} = \dfrac{1}{m-1}\sum_{k=1}^{m} y_{ki}y_{kj}$。

（3）计算相关矩阵 R 的特征值和特征向量。令 $|\lambda I - R| = 0$ 求得特征值 λ_j 并按从大到小的次序排列为：$\lambda_1 \geq \lambda_2 \geq \cdots \geq \lambda_p$。对应的单位正交特征向量 $a_j = (a_{1j}, a_{2j}, \cdots, a_{pj})^\mathsf{T}(1 \leq j \leq p)$。

（4）计算各特征值的贡献率 $b_j = \lambda_j / \sum_{j=1}^{p} \lambda_j$，表示各主成分在综合评价中的贡献。累计贡献率 $\beta_j = \sum_{i=1}^{j} b_t$，一般选择累计贡献率不小于85%且特征值大于1的前 $n(n < p)$ 个主成分 F_1, F_2, $\cdots$, F_n。

（5）构造综合评价函数，$F = \alpha_1 F_1 + \alpha_2 F_2 + \cdots + \alpha_n F_n$，其中 α_i 为标准化后第 i 个主成分方差贡献率。计算出每个样品的综合函数得分，以该得分进行排序。

四、案例应用

某物业管理公司对其在管的10个小区进行顾客满意度测评，借以考察各个小区的服务质量，明确今后改进的方向。首先根据本文建立的顾客满意度测评指标体系设置调查问卷，采用抽样调查在每个小区发放 100 份问卷，再回收统计各项指标的满意度，得到的原始数据见表 2，原始矩阵 $X = (x_{ij})_{10 \times 14}$，$x_{ij}$ 表示第 i 个小区在指标 j 上的顾客满意度。

表 2

各小区顾客满意度测评原始数据

指标	A	B	C	D	E	F	G	H	I	J
服务电话的通畅性 X_1	0.92	0.91	0.55	0.93	0.73	0.93	0.58	0.91	0.55	0.91
投诉/意见解决程度 X_2	0.63	0.81	0.63	0.66	0.62	0.66	0.26	0.83	0.26	0.63
停车与交通管理 X_3	0.91	0.75	0.73	0.95	0.55	0.91	0.55	0.73	0.76	0.55
治安及公共秩序 X_4	0.73	0.94	0.54	0.92	0.54	0.9	0.54	0.72	0.76	0.55
绿化养护 X_5	0.94	0.91	0.73	0.74	0.73	0.75	0.73	0.77	0.55	0.91
公共区域卫生 X_6	0.73	0.91	0.35	0.55	0.55	0.62	0.73	0.92	0.46	0.89
社区活动的丰富性 X_7	0.45	0.36	0.36	0.45	0.36	0.31	0.36	0.36	0.18	0.36
社区活动的频度 X_8	0.73	0.91	0.55	0.73	0.55	0.73	0.91	0.91	0.36	0.91
路灯等公共设施维护 X_9	0.66	0.33	0.26	0.52	0.58	0.26	0.26	0.31	0.42	0.33
水电供应等设备运行 X_{10}	0.55	0.91	0.91	0.73	0.55	0.73	0.55	0.91	0.36	0.73
日常管理信息提醒 X_{11}	0.92	0.91	0.36	0.55	0.36	0.73	0.55	0.8	0.73	0.91
财务信息透明性 X_{12}	0.76	0.73	0.81	0.91	0.73	0.55	0.62	0.73	0.36	0.52
户内维修服务 X_{13}	0.63	0.81	0.66	0.73	0.63	0.36	0.84	0.85	0.36	0.85
特约服务质量 X_{14}	0.73	0.91	0.73	0.73	0.73	0.36	0.91	0.91	0.36	0.91

采用主成分分析法在收集数据的基础上对 10 个小区顾客满意度进行综合评价：

（1）将上述原始数据进行标准化处理后得矩阵 $Y = (y_{ij})_{10 \times 14}$，运用 SPSS15.0 软件对标准化数据进行主成分分析，得到特征值与方差贡献率（见表 3）和初始因子载荷矩阵与主成分特征向量（见表 4）。

表 3   各成分的特征值和方差贡献率

成分	初始特征值			提取平方和载入		
	合计	方差的%	累积%	合计	方差的%	累积%
1	5.915	42.251	42.251	5.915	42.251	42.251
2	2.964	21.169	63.420	2.964	21.169	63.420
3	2.257	16.120	79.540	2.257	16.120	79.540
4	1.503	10.734	90.274	1.503	10.734	90.274
5	0.571	4.080	94.354			
6	0.363	2.596	96.950			
7	0.265	1.893	98.843			
8	0.111	0.794	99.637			
9	0.051	0.363	100.000			

表4 初始因子载荷矩阵和主成分特征向量

主成分	初始因子载荷矩阵				主成分的特征向量			
	1	2	3	4	1	2	3	4
服务电话的通畅性 X_1	0.743	0.550	-0.154	0.114	0.31	0.32	-0.1	0.09
投诉/意见解决程度 X_2	0.751	0.339	0.174	-0.293	0.31	0.2	0.12	-0.24
停车与交通管理 X_3	0.043	0.916	0.175	-0.109	0.02	0.53	0.12	-0.09
治安及公共秩序 X_4	0.183	0.844	-0.174	-0.209	0.08	0.49	-0.12	-0.17
绿化养护 X_5	0.855	0.059	-0.079	0.270	0.35	0.03	-0.05	0.22
公共区域卫生 X_6	0.774	-0.112	-0.566	0.154	0.32	-0.06	-0.38	0.13
社区活动的丰富性 X_7	0.737	0.058	0.562	0.254	0.3	0.03	0.37	0.21
社区活动的频度 X_8	0.862	-0.212	-0.304	-0.054	0.35	-0.12	-0.2	-0.04
路灯等公共设施维护 X_9	-0.016	0.366	0.414	0.796	-0.01	0.21	0.28	0.65
水电供应等设备运行 X_{10}	0.683	-0.002	0.145	-.0689	0.28	0	0.1	-0.56
日常管理信息提醒 X_{11}	0.452	0.349	-0.735	0.241	0.19	0.2	-0.49	0.2
财务信息透明性 X_{12}	0.550	0.099	0.809	-0.082	0.23	0.06	0.54	-0.07
户内维修服务 X_{13}	0.766	-0.568	0.089	0.041	0.32	-0.33	0.06	0.03
特约服务质量 X_{14}	0.766	-0.587	0.115	0.098	0.32	-0.34	0.08	0.08

由表3可知，前4个主成分包含原始数据的信息总量高达90.274%，且其特征值均大于1，因此选取前4个主成分进行分析。将表4的初始因子载荷矩阵中的数据除以主成分相对应的特征值开平方根，便得到它们的特征向量，即4个主成分表达式中每个指标的系数。主成分依次是：

$$F_1 = 0.31Y_1 + 0.31Y_2 + 0.02Y_3 + 0.08Y_4 + 0.35Y_5 + 0.32Y_6 + 0.30Y_7$$
$$+0.35Y_8 - 0.01Y_9 + 0.28Y_{10} + 0.19Y_{11} + 0.23Y_{12} + 0.32Y_{13} + 0.32Y_{14}$$

$$F_2 = 0.32Y_1 + 0.2Y_2 + 0.53Y_3 + 0.49Y_4 + 0.03Y_5 - 0.06Y_6 + 0.03Y_7$$
$$-0.12Y_8 + 0.21Y_9 + 0.00Y_{10} + 0.2Y_{11} + 0.06Y_{12} - 0.33Y_{13} - 0.34Y_{14}$$

$$F_3 = -0.10Y_1 + 0.120Y_2 + 0.12Y_3 - 0.12Y_4 - 0.05Y_5 - 0.38Y_6 + 0.37Y_7$$
$$-0.2Y_8 + 0.28Y_9 + 0.10Y_{10} - 0.49Y_{11} + 0.54Y_{12} + 0.06Y_{13} + 0.08Y_{14}$$

$$F_4 = 0.09Y_1 - 0.24Y_2 - 0.09Y_3 - 0.17Y_4 + 0.22Y_5 + 0.13Y_6 + 0.21Y_7$$
$$-0.04Y_8 + 0.65Y_9 - 0.56Y_{10} + 0.2Y_{11} - 0.07Y_{12} + 0.03Y_{13} + 0.08Y_{14}$$

根据表3中提取的方差贡献率，得到综合评价函数：

$$F = 0.42251F_1 + 0.21169F_2 + 0.16120F_3 + 0.10734F_4$$

（2）得分计算及排序。将标准化后的原始数据代入4个主成分的表达式及综合评价函数，得到10个小区的4个主成分得分及综合得分，见表5。

表5 小区主成分分析综合表

小区	F_1得分	F_1排序	F_2得分	F_2排序	F_3得分	F_3排序	F_4得分	F_4排序	综合得分 F	综合排序
A	1.315449	4	1.681845	3	0.531333	4	2.318864	1	1.246378	1
B	2.923671	1	0.599528	5	-0.98649	7	-0.70228	7	1.12779	2

小区	F_1 得分	F_1 排序	F_2 得分	F_2 排序	F_3 得分	F_3 排序	F_4 得分	F_4 排序	综合得分 F	综合排序
C	-1.20793	8	-1.18669	8	2.176638	1	-1.82802	10	-0.60692	8
D	0.926891	5	1.768774	2	2.070877	2	0.020804	6	1.102111	3
E	-1.32235	9	-1.05878	7	1.684812	3	1.047315	2	-0.39883	7
F	-1.03878	7	2.403342	1	-1.15196	8	-1.29752	9	-0.2551	6
G	-0.55901	6	-2.97882	10	-0.45044	5	0.35444	5	-0.90134	9
H	2.416245	2	-0.3386	6	-0.56639	6	-0.93226	8	0.757837	4
I	-5.34314	10	0.682004	4	-1.58396	9	0.359822	4	-2.32987	10
J	1.888958	3	-1.57258	9	-1.72442	10	0.658825	3	0.257946	5

（3）小区物业管理顾客满意度综合评价分析。由表4阴影部分数据可知，第一主成分 F_1 中，X_1、X_2、X_5、X_6、X_7、X_8、X_{13}、X_{14} 的荷载系数较大，这些指标主要表征了在投诉/意见处理、环境管理服务、社区文化建设、业主居家服务方面的顾客满意度指标；第二主成分 F_2 中，X_3、X_4 的荷载系数较大，主要刻画了顾客在安全管理方面的满意度指标；第三主成分 F_3 中，X_{11}、X_{12} 的荷载系数比较大，反映了在信息传递服务方面的满意度指标；第四主成分 F_4 中的 X_9、X_{10} 荷载系数比较大，反映了顾客在物业维护方面的满意度指标。根据定义，各个主成分的贡献率依序递减，对评价结果的影响程度越来越小，因此物业小区要提高顾客的满意度，首先要在第一主成分要素，即投诉/意见处理、环境管理服务、社区文化建设、业主居家服务这些方面加强管理，提高整体服务水平。纵观第一主成分中载荷系数较大的几个指标，我们还看出随着人们生活水平的提高，顾客对物业管理服务提出了更高的要求，已经不满足于安全管理、物业维护等物业管理常规性工作，而更关注环境养护、社区文化、投诉/意见处理等无形的和附加的服务。

根据表5的主成分分析综合评价结果判断各个小区顾客满意度的高低。排在第一的是小区A。其中，第一主成分名列第四，第二主成分名列第三，第三主成分名列第四，第四主成分排名第一，说明该小区物业维护方面顾客满意度较高，但同时在投诉/意见处理、环境管理服务、社区文化建设、业主居家服务方面的排名一般，还有待进一步提高。小区B排名第二，主要是因为第一主成分得分比较高，但第三、第四主成分得分处于中下游，企业必须重视信息传递和物业维护管理，以免日后引起更大的不满。小区I的顾客满意度最低，而且得分远远落后于其他小区，众多指标中只在安全管理和物业维护方面排名相对靠前，说明小区的管理还处在初级阶段，物业管理只保障了基本的房屋管理和安全管理工作，今后要进行大幅度的整改，扩大物业管理范畴，使物业管理发挥更大的作用。

五、结　语

主成分分析法是一种非常客观的多元统计评价方法，采用此方法建立的评价体系不需人为地确定各个指标的权重，而是根据通过原始数据的处理客观地得到每个主成分的程度和地位，构建综合评价函数，从而对研究对象进行综合评价。

本文通过案例应用验证了本文构建的物业管理顾客满意度评价体系合理且可行，主成分分析不仅能简化评价，使评价结果简单明了，且可通过比较发现各个小区的薄弱环节，这种方法应用于物业管理顾客满意度测评，能为决策者的决策提供依据，在评价系统中起着非常重要的作用。随着 SPSS 统计软件的普及，主成分分析法的计算更加快捷和方便，这使物业管理企业应用主成分分析法对研究对象进行评价变得更为可行，主成分分析法在物业管理顾客满意度测评中将发挥越来越重要的作用。

参 考 文 献

［1］张泽颖，高会芹．模糊综合评判法住宅小区物业管理顾客满意度评价中的应用研究．科技资讯，2008，27．

［2］袁天波，白思俊．基于 TOPSIS 法的物业管理用户满意度测评方法研究．新技术新工艺，2007，9．

［3］邓洁君，罗 利．住宅小区物业管理业主满意度测评研究．技术与市场，2006，9．

［4］胡久清，彭勇行．系统工程（第一版）．北京：中国统计出版社，1999．

［5］高充彦，贾建民．顾客满意度不确定性对服务质量评价的影响．管理科学学报，2007，10（2）．

［6］刘文涛．关于经济型酒店的顾客满意度研究．生产力研究，2008，10．

［7］余峻峰．顾客满意度发展及模型综述．经济论坛，2009，457（9）．

经济转型期间工业部门全要素能源效率与工业化模式分析

● 庞瑞芝[1] 王卢羡[2]

（1，2 南开大学经济与社会发展研究院　天津　300071）

【摘　要】本文基于数据包络分析法（DEA）来构建全要素能源效率（TFEE）指标，运用 1998—2007 年 30 个省级面板数据进行全要素能源效率的计算。通过构建考虑能源消耗的全要素能源效率的分析框架，本文首先从纵向时间维度来看 TFEE 与转型期间工业化模式的关系，其次从横向来看 TFEE 与各区域工业化模式差异的关系，再对传统模式与新型模式地区进行比较，最后给出我国工业化模式提升路径的建议。

【关键词】经济转型　全要素能源效率（TFEE）　工业化模式　DEA

一、引　言

当今世界能源问题日趋重要，能源不仅和一国的经济增长和社会发展密切相关，而且还关系到一国的安全和国家综合竞争力。中国是世界第一人口大国，是仅次于美国的第二能源消费大国。我国能源消耗正经历一个稳步增长的过程，这一趋势主要受我国的资源禀赋、发展阶段和增长方式的影响。改革开放以来，我国工业部门取得了较快的增长，但我国工业部门的增长是建立在资源和能源大量消耗的基础上的，仍旧沿袭着"高耗能，低产出"的发展模式。我国当前的能源利用形势仍较为严峻，一方面能源需求量日益增加，供需矛盾凸显，另一方面能源利用效率同其他国家相比差距较大，根据中国科学院开展的一项调查，我国的能源效率仅为美国的 26.9%，日本的 11.5%。在我国的能源消耗中，工业部门的能源消费问题更值得关注，因为工业部门的能源使用量占到全社会能源消耗的 50% 以上，但工业部门的能源效率却不容乐观，随着我国经济的快速发展，能源利用效率与工业化模式问题已经越来越突出。

在能源效率与工业化模式研究领域，一些学者已经进行了非常有价值的探索，如 Khazzoom（1980）、Samuels et al.（1984）、Richard（1999）、Boyd 和 Pang（2000）。Hu 和 Wang（2006）基于 DEA 研究了中国 1995—2002 年间 29 个省的全要素能源效率与各地区发展的关系；Honma 和 Hu（2008）基于 DEA 研究了日本 1993—2003 年间 47 个地区的全要素能源效率。对于中国能源效率的研究，很多学者都做出了非常有意义的探索（Hu 和 Wang，2006；史丹，2002；高振宇等，2006；金三林，2006；魏楚等，2007）。总体来看，这些学者从不同角度对中国能源效率问题进行了较为深入的分析，但是对于中国各区域工业部门全要素能源效率与工业化模式问题的研究却很鲜见。本文采用 Honma 和 Hu（2008）的全要素能源效率分析框架来探讨中国各区域工业部门的全要素能源效率问题，从以下几个方面对上述文献进行拓展：（1）

在 Hu 的全要素能源效率框架下，运用 DEA 建立各区域工业部门的能源效率计算模型，利用 1998—2007 年的省级面板数据进行工业部门能源效率计算。（2）分析各区域工业部门全要素能源效率与工业化模式的关系。这种拓展可以从区域的角度讨论提升能源效率的方式，对于依赖工业增长实现经济高速增长的中国而言更具有现实意义。

本文结构安排如下：第二部分是对 DEA 的描述和介绍，并建立区域工业部门能源效率计算模型；第三部分是能源效率与工业化模式实证分析；第四部分是我国工业化模式的提升路径。

二、研究方法与数据处理

本文采用全要素能源效率（TFEE）框架，通过实际的样本观测点来构建一个非参数的线段凸面，以此分析我国各区域工业部门的全要素能源效率与工业化模式的关系，下面对 TFEE 与数据包络分析法做简单介绍。

（一）全要素能源效率（TFEE）的概念

在工业部门的生产中，能源和其他投入要素（如劳动和资本）一样必不可少，它们共同创造经济产出（如工业增加值）。全要素能源效率衡量的是在既定能源投入和其他投入下，实际经济产出与最大可能产出的比例，或者是在给定产出条件下，能源消费能够减少的程度。这是在一个全要素生产关系框架内探讨的能源效率，因此被称为全要素能源效率（TFEE）。

（二）数据包络分析法（DEA）

本文采用数据包络分析法（DFA）来研究中国工业部门的全要素能源效率。这里效率的观念采用 Farrell（1957）提出的概念，并采取规模报酬不变（CRS）投入导向的 DEA 模型（Charnes，Cooper 和 Rhode，1978）。如图 1 所示，每个点代表生产相同产出水平的投入组合，包络线 SS' 为生产前沿（边界），C 和 D 在包络线上，为有效率的生产点，而 A 和 B 在包络线的内部，是无效率的生产点。A 点和 B 点在边界上的有效参照点分别为 C 和 B'。从 A 点到 C 点包括两部分无效率：一部分是射线冗余（radial slack）形成的，这部分冗余反映了 A 点的技术无效率，另一部分是非射线冗余（non-radial slack）形成的，这部分冗余反映了投入要素在资源配置中的无效率（Ferrier，Lovell，1990）。因此，从生产无效点 A 到生产有效点 C 的效率提升部分 ΔAC 为能源效率的浪费部分，其中 $\Delta AC = \Delta AA' + \Delta A'C$。

我们定义"能源节省目标"（EST）为在保持产出水平不变的情况下射线冗余与非射线冗余之和，即：

$$EST\ (i,\ t) = radial\ slack\ (i,\ t)\ + nonradial\ slack\ (i,\ t)$$

其中 EST $(i,\ t)$ 代表第 i 个区域第 t 年的"能源节省目标"，再定义全要素能源效率（Total Factor Energy Efficiency，TFEE）为：全要素能源效率 $= \dfrac{实际能源投入 - 能源节省目标}{实际能源投入}$，即：

$$TFEE\ (i,\ t) = \frac{actual\ energy\ input\ (i,\ t)\ -EST\ (i,\ t)}{actual\ energy\ input\ (i,\ t)}$$

其中 TFEE $(i,\ t)$ 代表第 i 个区域第 t 年的全要素能源效率。本文通过构建全要素能源效率框架来计算中国工业部门的能源效率，能够更全面深入地分析各区域能源使用情况。

（三）考虑能源消耗的生产函数

本文将采用考虑能源消耗的生产函数来衡量我国工业部门的能源消费情况，全要素能源效率框架下的

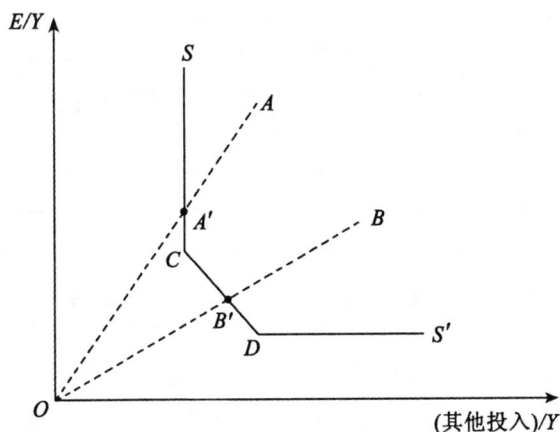

图 1　规模报酬不变的 DEA 模型中的效率评估

工业部门生产函数可以表示为：$Y(i, t) = Y(K_{i,t}, L_{i,t}, E_{i,t})$，其中，$Y(i, t)$ 代表区域 i 在 t 时期的工业增加值，$K_{i,t}$ 代表区域 i 在 t 时期的资本使用量，$L_{i,t}$ 代表区域 i 在 t 时期的劳动使用量，$E_{i,t}$ 代表区域 i 在 t 时期所使用的能源。

（四）投入产出变量的选取与数据来源

本文对 1998—2007 年我国 30 个省进行研究，以工业企业固定资产净值年平均余额、第二产业从业人数年均余额、能源消费量为投入变量，以工业增加值为产出变量。各项指标数据来自于《中国统计年鉴》、《中国能源统计年鉴》和中经网统计数据库。此外，所有的名义变量都经过 1998 年价格指数进行调整转换成了实际变量，以便进行跨年度的数据比较。

三、实证结果

由 DEAP2.1 软件包计算得到我国 30 个省在 1998—2007 年的能源效率。为全面考察经济转型期中国工业部门全要素能源效率（TFEE）与工业化模式的关系，我们将从以下三个方面来分析。

（一）TFEE 与转型期间工业化模式

根据 TFEE 和生产函数分析框架及 1998—2007 年的样本数据，我们可以计算出 1998—2007 年中国工业部门的 TFEE，同时用调整后当年的工业增加值与上一年的工业增加值的比值来表示工业增加值的增长速度。根据这些信息，我们可以画出 1998—2007 年中国工业部门 TFEE 与工业增加值增长速度变化趋势图。如图 2 所示，在 1998—2007 年，中国工业部门 TFEE 绝大多数年份在 0.65 ~ 0.85。这表示在转型期间，中国工业部门的平均能源效率较低，在 2005 年 TFEE 最低。在此期间，工业增加值增长速度均在 6.7% ~ 18% 波动。

1998—2002 年，TFEE 与工业增加值增长速度有一定的正向关系：1998—2000 年，TFEE 降低而工业增加值增长速度也降低，2001—2002 年则反之。TFEE 提高说明能源消耗相对降低，工业增加值增长速度提高说明这些耗能部门的工业增加值在增加。这看起来是一种较理想的工业化模式，但从图 2 可以看出，1998—2002 年，除 1998 年的工业增加值增长速度为 10.7% 以外，其余年份均在 10% 以下。这表明在此期间，我国工业部门发展不足且发展速度较慢。虽然这种工业化模式较为理想，但工业增加值增长速度较

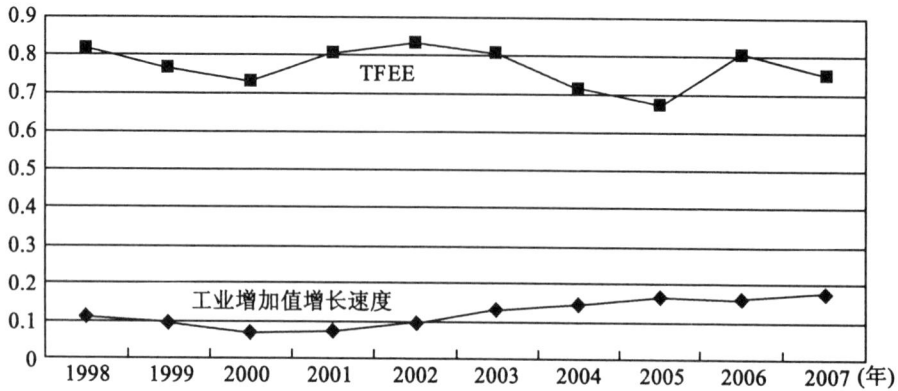

图 2   从纵向时间维度来看 TFEE 与转型期间工业化模式的关系

低，这种工业化模式不利于我国工业部门落后而亟待发展的情况。2003—2007 年，TFEE 与工业增加值增长速度有一定的负向关系：2003—2005 年，TFEE 降低而工业增加值增长速度在提高，2006 年 TFEE 提高而工业增加值增长速度在降低，2007 年 TFEE 降低而工业增加值增长速度在提高。TFEE 降低说明能源消耗相对增加，而工业增加值增长速度提高说明这些耗能部门的工业增加值在增加，即工业增加值增加的同时能源消耗在增加。一个原因可能是由于在此期间我国大力发展重工业，导致工业部门以高耗能的重工业为主，工业增加值增长速度提高说明重工业比重增加、增长加快，使得工业部门能源效率降低。另一个原因可能是由于我国正处在工业化加速的进程中，在这一阶段中能源消费强度不会有很大下降，同时，在长期的价格扭曲下，能源生产企业内部效益较低，造成了能源供给不足，但这不等同于无效率的消耗减少，长期的能源价格偏低使一些高能耗工业企业的利润加大，并带动了一些高能耗工业企业盲目重复建设，这就使得在能源需求方面加大了能源消耗、降低了能源利用效率。

（二）TFEE 与各区域工业比重的差异

根据前面考虑能源消耗的 TFEE 和生产函数分析框架及 1998—2007 年 30 个省的样本数据，我们计算了各省份 1998—2007 年工业部门的平均 TFEE，同样用调整后的工业增加值与调整后的 GDP 的比值来表示工业比重。根据这些信息，我们可以画出 30 个省在 1998—2007 年工业部门平均能源效率与工业比重的关系图，见图 3。

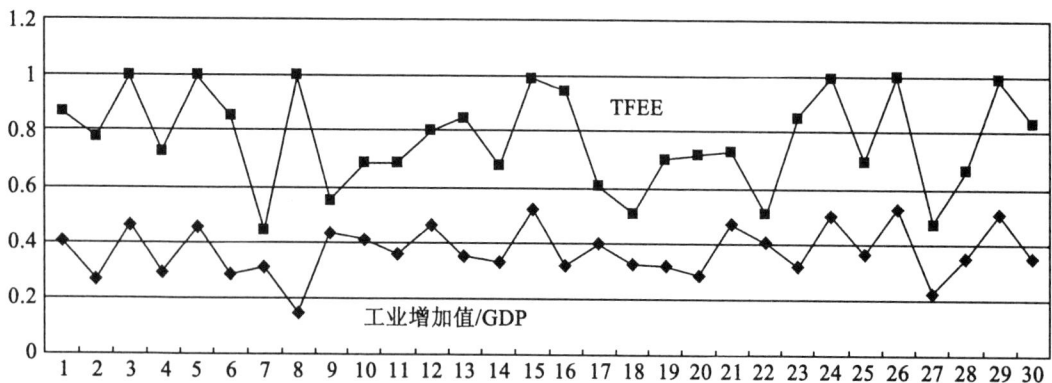

图 3   我国 30 个省份 TFEE 与工业比重的关系

从图3可以看出，有些省份的TFEE与工业比重双高，如24（上海）；有些省份的TFEE与工业比重双低，如27（新疆）；有些省份TFEE高，而工业比重低，如8（海南）等；有些省份TFEE低，而工业比重高，如9（河北）等。为了表现得更直观，我们以工业比重为横坐标，TFEE为纵坐标对30个省进行分类。TFEE<0.6的省份为TFEE低的省份，0.6<TFEE<0.9的省份为TFEE中等的省份，0.9<TFEE≤1的省份为TFEE高的省份；工业比重<30%的省份为工业比重低的省份，30%<工业比重<40%的省份为工业比重中等的省份，40%<工业比重<55%的省份为工业比重高的省份。这样对30个省份进行划分得到9组省份集合，如图4所示。

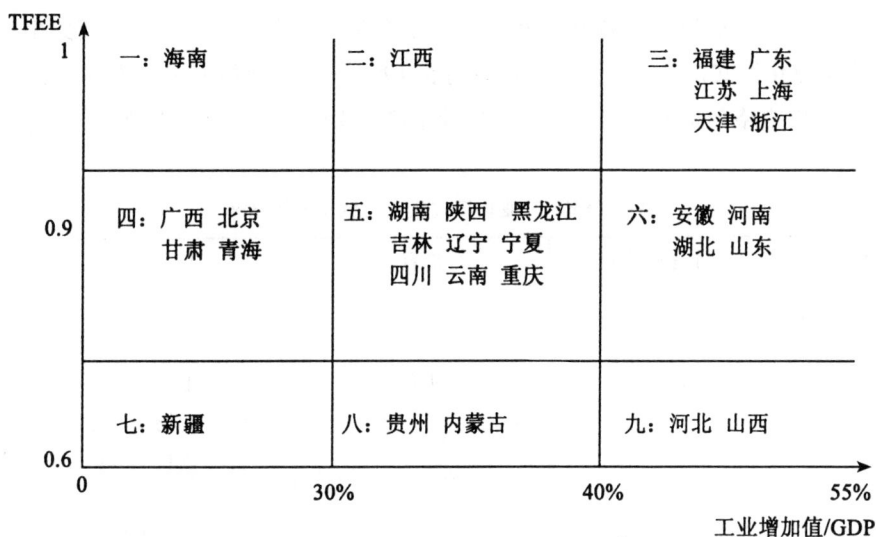

图4 从横向来看TFEE与各区域工业比重差异的关系

（1）以海南、江西、上海为代表的高全要素能源效率工业化模式。在这个模式中，又可以根据工业比重的高低分为工业化模式一、二、三。这些省份在1998—2007年研究的样本期间，平均TFEE较高，均在0.9~1。我们以表格的形式简要列出产生这种高TFEE工业化模式的原因，见表1。

表1 高TFEE工业化模式代表性城市原因剖析

TFEE	工业化模式	代表	原因剖析（工业发展特征）
高（0.9~1）	一	海南	（1）工业比重：低 （2）工业发展速度：慢 （3）重工业比重：低 （4）市场开放程度：较高 （5）创新能力：中等
	二	江西	（1）工业比重：中等 （2）工业发展速度：中等 （3）重工业比重：较低 （4）市场开放程度：中等 （5）创新能力：较弱

TFEE	工业化模式	代表	原因剖析（工业发展特征）
高（0.9~1）	三	上海	（1）工业比重：高 （2）工业发展速度：快 （3）重工业比重：低 （4）市场开放程度：很高 （5）创新能力：较强

（2）以北京、辽宁、山东为代表的中等全要素能源效率工业化模式。在这个模式中，又可以根据工业比重的高低分为工业化模式四、五、六。这些省份在1998—2007年研究的样本期间，平均TFEE中等，均在0.6~0.9。我们以表格的形式简要列出产生这种中等TFEE工业化模式的原因，见表2。

表2　　　　　　　　　　　　　中等TFEE工业化模式代表性城市原因剖析

TFEE	工业化模式	代表	原因剖析（工业发展特征）
中（0.6~0.9）	四	北京	（1）工业比重：较低 （2）工业发展速度：较快 （3）重工业比重：较低 （4）市场开放程度：较高 （5）创新能力：较高
	五	辽宁	（1）工业比重：中等 （2）工业发展速度：较慢 （3）重工业比重：较高 （4）市场开放程度：中等 （5）创新能力：中等
	六	山东	（1）工业比重：较高 （2）工业发展速度：较快 （3）重工业比重：中等 （4）市场开放程度：中等 （5）创新能力：中等

以新疆、贵州、河北为代表的低全要素能源效率工业化模式。在这个模式中，又可以根据工业比重的高低分为传统工业化模式七、八、九。这些省份在1998—2007年研究的样本期间，平均TFEE较低，均在0.6以下。我们以表格的形式简要列出产生这种低TFEE工业化模式的原因，见表3。

表3　　　　　　　　　　　　　低TFEE工业化模式代表性城市原因剖析

TFEE	工业化模式	代表	原因剖析（工业发展特征）
低（0~0.6）	七	新疆	（1）工业比重：较低 （2）工业发展速度：较慢 （3）重工业比重：较低 （4）市场开放程度：较低 （5）创新能力：较低

TFEE	工业化模式	代表	原因剖析（工业发展特征）
低（0~0.6）	八	贵州	（1）工业比重：中等 （2）工业发展速度：中等 （3）重工业比重：较低 （4）市场开放程度：中等 （5）创新能力：较弱
	九	山西	（1）工业比重：较高 （2）工业发展速度：中等 （3）重工业比重：较高 （4）市场开放程度：中等 （5）创新能力：中等

（三）低 TFEE 工业化与高 TFEE 工业化模式比较分析

前面我们在测算了各省份工业部门全要素能源效率和工业比重的基础上，对于各省份工业化模式进行了分类。由于 TFEE 和工业比重是衡量一个地区工业化模式的重要指标，我们拟从影响 TFEE 和工业比重因素角度对低 TFEE 工业化模式与高 TFEE 工业化模式的地区进行比较分析，以找出提升工业化模式的路径。

在低 TFEE 工业化模式地区中，无论是依靠高投入高能耗来实现低产出的工业化模式九地区还是工业部门发展缓慢的工业化模式七地区，其 TFEE 均在 0.6 以下，说明这些省份的工业部门能源效率较低，这种发展模式是不可持续的；而高 TFEE 工业化模式地区则刚好相反，无论是大力发展工业部门的工业化模式三地区还是不以工业部门为主的工业化模式一地区，其 TFEE 均在 0.9 以上，说明这些省份的工业部门能源效率较高，工业部门走的是集约发展的新型工业化模式。关于各地区工业化模式差异性的影响因素，根据现有文献对中国工业化模式的研究，以及中国经济转型期的特性，本文认为以下四个方面是构成影响各地区工业化模式差异的因素：

（1）科学技术水平。科学技术是第一生产力，一个地区的科学技术水平将直接影响其工业部门能源利用效率的提高，事实表明"两高一低"的工业化模式已经走到尽头，怎样转变工业部门增长方式成为焦点，而这种转变离不开科学技术的支持。

（2）地域因素。属于缓慢增长型地区的省份大部分是西部地区，这些地区处于我国内陆，与外部联系较少，对外开放程度也不高，较难与国际先进水平接轨，造成工业化水平普遍较低。

（3）国家的产业政策。在我国工业部门发展的进程中，国家通过宏观调控对工业部门的发展发挥着不可替代的作用，从而对各地区工业化模式产生或大或小的影响。

（4）地方政府财政的支持。政府财政收入主要来源于税收、事业性收费及中央或上一级政府的转移支付。对于西部地区来说，效益好的大多是中央直属的大中型企业，其利税都上缴国家而非地方政府，因此企业对当地政府财政收入的贡献不大，所以西部地区地方政府财政收入与地方企业发达的东部地区相比很少。没有财政的支持，各种先进的工业设备不能引进、人才难以被吸引过来，资金的作用对于发展工业来说毋庸置疑。

四、我国工业化模式的提升路径

实证分析结果表明，我国工业增加值占到了国内生产总值的40%左右，而工业能源消费占能源消费总量的比重始终保持在70%左右。工业是我国能源消费的最大部门，既反映出我国工业领域能效偏低的事实，也表明降低工业耗能是提高能效的关键。由图4我们可以看出，属于工业化模式五的省份最多，几乎占了1/3，说明这种模式是我国当前的主导工业化模式。怎样使这些省份提升到工业化模式一或模式三成为提高工业部门TFEE的关键问题。

（一）以信息化带动工业化，发挥信息技术的创新作用与倍增效应，改造提升传统工业化模式

加快应用信息技术改造传统工业化模式，是我国工业化模式提升的主要途径。信息技术在传统工业领域的广泛应用，可以极大地提高能源的使用效率，促进能源的再循环利用。加快信息技术对传统工业的改造，将加快我国的经济增长方式由粗放型向集约型转变，使经济增长主要靠物质和能源的消耗，转变为依靠信息和知识的推动，从而提高经济效益，节约和合理利用能源，实现可持续发展。同时信息技术具有高度的创新性和倍增性，传统工业化模式的提升要围绕节能降耗、防治污染和提高劳动生产率进行，带动产业结构优化升级，加快经济增长方式转变，努力提高我国国民经济的整体素质和国际竞争力。

（二）大力发展循环经济，以循环经济促进工业化模式的提升

传统经济是由"资源—产品—污染排放"所构成的物质单向流动的经济，传统经济中的生产加工和消费过程把污染和废物大量地排放到环境中去，通过把能源资源持续不断地变成废物来实现经济的数量型增长，导致能源利用效率低下；而循环经济是由"资源—产品—再生资源"所构成的物质反复循环流动的经济，是一种最大限度地利用能源资源和保护环境的经济发展模式，它主要通过对传统工业化模式的技术改造，最大限度地减少能源消耗和废物排放，从根本上解决长期以来环境与发展之间的尖锐冲突，使得整个经济系统基本上不产生或者只产生很少的废物，从而实现能源的高效率利用。

（三）发挥好政府的宏观调控和产业导向作用

在提升工业化模式过程中，政府应充分发挥宏观调控和产业导向的作用，在市场经济条件下，促进工业模式的提升不可能完全依赖国家投资的方式，更要运用金融创新手段、制度创新来吸引国内外投资，调动区际资本流动，达到提升工业化模式、提高工业部门能源效率的目的。同时，政府要着力提高重化工业的能源效率，在深化能源价格市场化改革、加强社会性管制的基础上，尽量减少对能源市场的干预，对外开放要适度，要根据自身的发展基础选择能够从中获取技术或知识的高质量外资。此外，各个区域要根据自身所处的工业化阶段和实际情况来决定产业结构调整的方向、对外开放的程度。

参 考 文 献

[1] Coelli, T., D. S. Prasada Rao, and Battese, G. E.. An introduction to efficiency and productivity analysis. Boston: Kluwer Academic Publishers, 1998.

[2] Satoshi Honma, and Jin-Li Hu. Total-factor energy efficiency of regions in Japan. Energy Policy, 2008, 36.

[3] Hu, J. L., and Wang, S. C.. Total-factor energy efficiency of regions in China. Energy Policy, 2006, 34.

［4］Hu, J. L. , and C. H. Kao. Efficient energy-saving targets for APEC economies. Energy Policy, 2007, 35.

［5］Ian S. W. , S. Richard. Explaining long-run changes in the energy intensity of the U. S. economy. Working Paper, 2004.

［6］高振宇，王益．我国能源生产率的地区划分及影响因素分析．数量经济技术经济研究，2006，9.

［7］金三林．能源约束对我国潜在产出增长的影响及对策．改革，2006，10.

［8］庞瑞芝．我国主要沿海港口的动态效率评价．经济研究，2006，6.

［9］史丹．中国能源效率的地区差异与节能潜力分析．中国工业经济，2006，10.

［10］魏楚，沈满洪．能源效率及其影响因素：基于 DEA 的实证分析．管理世界，2007，8.

［11］陈文林，任保平．新型工业化道路与企业行为转变．重庆工商大学学报（西部论坛），2005，15（2）

《珞珈管理评论》 投稿体例要求

一、来稿请用 A4 纸单面打印，打印稿邮寄至湖北省武汉市武昌珞珈山武汉大学经济与管理学院《珞珈管理评论》编辑部；邮编：430072。相应的电子稿请发至我们为投稿所设的电子邮箱：ljglpl@163.com。

二、在第 1 页只需写出论文的中文标题和英文标题、作者姓名、单位、通信地址、邮编电话及电子信箱地址；第 2 页及以后的内容是文章标题、摘要、关键词、正文、注释和参考文献。

三、来稿以 8 000 字左右为宜。限于财力和人力，来稿一律不退。

四、投稿者来稿时提供：100～200 字的论文摘要（浓缩基本观点），不需要译为英文。

五、来稿注释一律用脚注，请勿用尾注。注释采用实注，详细标出引文页码；不要采用国外的虚注（即括号中人名加年代的注释法）；参考文献则一律放在文后，不必标注引文页码。请遵照"参考文献著录规则"将正文中的脚注与文后的参考文献规范化（见附录）。

附录：参考文献著录规则

1. 脚注在正文中的标注格式

1.1 按正文中引用的文献出现的先后顺序用阿拉伯数字连续编码，并将序号用右上标①、②、③标示。

1.2 同一处引用多篇文献时，将各篇文献序号间用"，"间隔。如遇连续序号，可标注在一起 。

1.3 中国著者姓名的汉语拼音按 GB/T 16159—1996 的规定书写，名字不能缩写。

示例：Zheng Guangmei。

欧美著者采用名在前姓在后的著录形式，欧美著者的名也可以缩写，不能省略缩写点；如用中译名，可以只著录其姓。

示例 1：Alberd Einstein 还可表示为：Einstein, A.

示例 2：伏尔特·韦杰

示例 3：P. S. 昂温

1.4 作者在 3 人以下全部著录，3 人以上可只著录前 3 人，后加"，等"，外文用"，et al."，" et al. "不必用斜体。责任者之间用"，"分隔。

1.5 版本的著录采用缩略的形式。

示例 1：3 版（原题：第三版）

示例 2：5th ed（原题：Fifth edition）

1.6 正确著录期刊文献的年、卷、期

示例：年，卷（期）：2005，10（2）

1.7 脚注中各部分的顺序为：

作者．题名（或加其他题名信息）．版本项．出版地：出版者，出版年：引文页码（报纸需标注日期及版面）．

示例：①中国社会科学院语言研究所词典编辑室．现代汉语词典．修订本．北京：商务印书馆，1996：258-260．

②谢希德．创新学习的新思路．人民日报，1998-12-25（10）．

1.8 对于电子出版物除按照此著录规则外，还需在最后增加［引用日期］．获取和访问路径。

示例：江向东．互联网环境下的信息处理与图书管理系统解决方案．情报学报，1999，18（2）：4 ［2000-01-18］．http//www.chinainfo.gov.cn/periodical/qbxb/qbxb99/qbxb990203．

1.9 正文采用脚注，脚注信息详细到页码。

示例：①余敏．出版集团研究．北京：中国书籍出版社，2001：179-193．

②G. 昂温，P. S. 昂温．外国出版史．陈生铮，译．北京：中国书籍出版社，1988：22．

③王夫之．宋论．刻本．金陵：曾氏，1845（清同治四年）．

④李晓东，张庆红，叶瑾琳．气候学研究的若干理论问题．北京大学学报：自然科学版，1999，35（1）：101-106．

⑤Admati, A. R., Ross, S. A.. Measuring investment performance with a rational expectations model. Journal of Business, 1985, 58：42．

⑥Kirzner, I. M.. Discovery and the capitalist process. Chicago：University of Chicago Press, 1985：33-34．

2. 参考文献的标注

参考文献的标注与注释（即脚注）方式基本一致，只是不需要标注页码。注释（即脚注）放在正文中，参考文献放在正文后。

示例：［1］马克思．关于《工资、价格和利润》的报告札记．马克思恩格斯全集：第44卷．北京：人民出版社，1982．

［2］卞葆．编辑体制改革中的质量管理工作．出版转制与编辑工作——中国编辑学会第九届年会论文集．北京：中国大百科全书出版社，2005．

［3］谢希德．创新学习的新思路．人民日报，1998-12-25．

［4］Becker, G. S.. Human capital. New York：Columbia University Press, 1964．

［5］Reshmi, M.. The growth pattern of women-run enterprise：an empirical study in India. Journal of Developmental Entrepreneurship, 2002, 7（2）．

［6］江向东．互联网环境下的信息处理与图书管理系统解决方案．情报学报，1999，18（2）：4 ［2000-01-18］．http//www.chinainfo.gov.com．

特别声明：本集刊已经在武汉大学经济与管理学院网站《珞珈管理评论》栏目中将所有过刊全文录入，以飨读者查找及阅览之需！同时欢迎在线投稿！

本集刊的网络链接：http：//jer.whu.edu.cn/ljglpl/CN/volumn/home.shtml

投稿地址：湖北省武汉市武昌珞珈山　武汉大学经济与管理学院《珞珈管理评论》编辑部

邮编：430072

投稿信箱：ljglpl@163.com

电话、传真：027—68755911

复杂科学管理首届国际研讨会征文启事

2010 年 10 月 23—24 日 中国·武汉

21 世纪人类已经进入了全球化的时代，很多事情的依赖程度愈来愈深，互动关系愈来愈重；人们对社会经济系统的看法是：它是一个有人的思维介于其中的复杂系统；自然科学出现了非线性、不确定性、复杂性、混沌等概念；新的科学——复杂科学正在兴起；信息技术、网络技术发展迅猛。作为一种新的管理思想——复杂科学管理已经形成了包括思维模式、基本理论、研究工具和研究方法等在内的理论体系，并在资本市场、供应链管理和应急管理等领域得到了广泛的应用。

本次会议将邀请复杂科学管理领域的国内外知名专家学者，就复杂科学管理的基本理论、研究方法及其在社会、经济、管理等领域的应用进行广泛交流。本次会议将成为复杂科学管理领域的国际盛事，也将会是国内外相关领域专业人员的一次高水平交流机会。

热忱欢迎国内外专家学者踊跃投稿。

一、会议主题

复杂科学管理的理论、方法与实践

二、会议议题

会议主要包括但不限于以下议题：

1. 复杂科学管理的基本理论：系统思维、互动理论、整体观理论、整合理论、新资源观理论、无序—有序理论及创新理论；

2. 复杂科学管理的研究方法：复杂系统建模、复杂系统优化、多 agent 方法、数据挖掘、统计分析、复杂网络等；

3. 复杂经济系统：宏观经济系统，金融系统，企业的成长和结构，生产和供应网络，循环经济，可持续发展理论，技术经济；

4. 复杂管理系统：战略管理，基于人的行为的运作管理，基于人的行为的供应链管理，组织行为与人力资源管理，知识管理，技术管理，创业管理，风险管理，现代服务管理，财务管理；

5. 复杂社会系统：社会网络，公共管理，应急管理。

三、会议时间、地点以及语言

2010 年 10 月 23—24 日；武汉大学经济与管理学院；中文、英文

四、论文要求

1. 论文用英文，请使用 MS Word。请用电子邮件寄发给组委会。

2. 论文应包含：Abstract（摘要）、Keywords（关键词）、Instruction（引言）、Text（正文）、Conclusion（结论）、References（参考文献），引言中请解析国内外同类研究的现状及存在的问题。

3. 论文排版格式样张请到：ems.whu.edu.cn/csm 下载。请严格按样张排版。排版可有脚注，不可有页眉。

4. 投寄论文时请按回执要求附上个人信息，包括作者单位、职称、职务和 E-mail 地址。

5. 文责自负，严禁一稿多投。

五、会议出版物

所有会议录用的论文，作为会议文献将由澳大利亚"澳华学者出版社"以会议专刊形式出版。本届会议论文将送交国际权威检索 ISI 机构的 ISSHP 检索审查收录。论文审稿通过后即通知作者交纳版面费，每篇 1500 元（限 5 页内），超过 5 页者每超 1 页加收 300 元。

并挑选优秀论文发表：1）斯普林格（Springer）书籍受 EI 检索约 70 篇，版面费另计，每篇不超过 900 元；2）推荐在杂志《Human & Ecological Risk Assessment》（影响因子 1.29）和《expert systems》（影响因子 0.729）上发表。

六、重要日期

2010 年 7 月 15 日截稿；2010 年 8 月 15 日发完录用通知；2010 年 9 月 15 日截止收费；2010 年 9 月 30 日截止会议注册。

七、会议组织

主办单位：
中国技术经济研究会；武汉大学；武汉系统工程学会
承办单位：
武汉大学经济与管理学院；武汉大学国际软件学院；
武汉大学复杂科学管理研究中心
协办单位：
华北电力大学管理学院；多伦多大学中国风险管理研究中心；
武汉大学经济与管理学院《珞珈管理评论》编辑部

八、联系方式

通讯地址：湖北省武汉市武汉大学经济与管理学院科研外事与学科建设办公室
联 系 人：李秀毅 老师
邮 编：430072
电 话：027-68753845
传 真：027-68754150
电子邮箱：csm21st@gmail.com
网 站：http://ems.whu.edu.cn/com